제3판

Abstract 작성에서
oral presentation까지

이공계 연구자를 위한

영어논문 작성법

명현국·홍희기 편저

문운당

제 3 판 머리말

이 책의 초판이 발간되고 어느덧 7년이 넘게 경과하였다. 많은 것이 변화하였지만 특히 대학에서 영어논문의 작성은 이제 너무나도 보편화된 일로 정착한 것 같다. 아직도 세계적인 대학과 SCI급 논문의 수를 비교하면 보다 분발해야겠지만 단시일 내에 괄목할 만한 성과가 이루어졌음은 높이 평가할 만한 일이다. 그리고 나름대로 이 책이 일조하였다는 사실에 보람을 느낀다.

주지하다시피 이 책은 편저로서 이공계 영어논문작성에 직접적으로 도움이 되는 내용을 정리한 것이다. 초판은 일본원자력학회의 吉田正男씨가 집필한 「영어논문을 쓰다－영문지 투고자를 위해서」를 근간으로 한 것이며, 특히 제 1 장에는 일본물리학회의 「과학기술영어논문의 모든 것」의 내용이 참고되었다. 그리고 개정판 제 1 장의 풍부한 예문 및 제 4 장의 구두 의사소통은 三共出版(주)에서 발간한 多田旭南 외 3인의 「액티브 과학영어」를 많이 인용하였음을 밝힌다.

이번 제 3 판에는 직접적으로 논문에 사용할 수 있는 예문을 추가・보완하였으며, 특히 제 1 장을 재구성하였다. 즉, 일반적인 영어논문의 체제 및 작성요령과 주의사항을 제 1 장의 앞부분에 배치하고, 영어논문 작성시 바로 인용할 수 있는 풍부한 예문을 뒷부분에 배치하여 참고하기 보다 편리하게 재구성하였다. 그리고 책의 포맷을 일신하여 친근감 있게 편성하려고 노력하였다. 앞으로도 지속적인 보완을 약속드리며 많은 성원을 바라는 바이다.

2005월 6일
편저자 씀

개정판 머리말

이 책이 이공계통의 과학자, 공학자 및 학위과정중인 대학원생을 대상으로 영어논문과 기술보고서를 작성하는 데 조금이라도 도움이 되었으면 하는 바람에서 만들어진지도 벌써 1년이 넘었다. 그 동안 여러 독자들로부터 크게 도움이 되었다는 말을 들으며, 필자들은 미력하나마 이 책을 국내에서 낸 보람을 느꼈다.

이 책의 초판은 3장으로 구성되어, 「제 1 장 영어논문 체제」에서는 이공계 논문의 일반적 구조 및 문장구조에 관해, 「제 2 장 문의 구성」에서는 어순 및 용어법에 관해서 이해하기 쉽도록 예문을 곁들여 기술하였다. 마지막 「제 3 장 품사」에서는 적절히 사용함으로써 효과를 극대화시킬 수 있는 용어 및 사용시 주의가 요구되는 표현 등을 명사, 형용사, 동사 등 각각의 품사에 관해서 예문을 곁들여 정리하였다. 또한 자칫 소홀하기 쉬운 '숫자', '기호', '약자'의 올바른 사용법에 대해서도 살펴보았다.

그러나 많은 독자들로부터 이공계 영어논문 작성시 많이 쓰이는 예문이 부족하다는 지적과 함께, 구두로 논문을 발표하는 데 따른 어려움이 있으므로 이에 대한 것도 책에 포함시켰으면 좋겠다는 의견을 듣게 되었다. 이에 필자들은 이러한 독자들의 의견을 받아들여 이 책의 기본 틀은 유지하면서 전면 개정하였다. 개정판의 「제 1 장 영어논문 체제」에서는 일반적인 영어논문의 체제 및 작성요령과 주의사항을 기술하고, 또한 영어논문 작성시 즉각적으로 쓰일 수 있는 풍부한 예문을 포함시켰다. 따라서 영어논문을 작성하는 데 시간적 여유가 없는 경우 제 1 장만을 참고해도 많은 도움이 될 것이다. 반면에 체계적으로 학습하고자 하는 독자들에게 1장의 많은 예문은 오히려 부담이 될 수도 있으므로 건너뛰는 것도 일책이다. 「제 2 장 문의 구성」 및 「제 3 장 품사」는 미비한 부분의 추가 및 오류를 고치는 정도로 다소 보완하였다. 「제 4 장 구두 의사소통」은 개정판에서 새롭게 추가된 부분으로 영어논문을 구두로 발표하는 oral presentation 방법, 슬라이드/transparency 작성요령, 발표장에서의 사회요령, 영어로 논문을 소개하는 방법 등 여러 경우에 의사소통을 하는 데 있어 빈번하게 사용되는 많은 예문을 포함시켰다.

이 책이 여러분의 우수한 논문을 세계의 공통어가 되다시피 한 영어로 발표하여 각국에서 널리 평가되고, 우리나라의 연구수준을 높이는 데 많은 도움이 될 수 있기를 기대한다.

1999년 3월
편저자 씀

머리말

이 책은 이공계 과학자 및 공학자가 영문논문을 작성하는 데 조금이라도 도움이 되었으면 하는 바램에서 만들어지게 되었다. 필자들은 비영어권인 일본에 유학하여 박사학위 과정을 거치면서 다수의 영문논문을 발표한 적이 있다. 이 과정에서 많은 시행착오와 경험을 통하여 영문논문 작성의 어려움을 피부로 느꼈다. 이러한 사항은 환경이 유사한 국내의 학자 및 학위과정을 거치는 학생들도 거의 유사할 것이다.

주위의 많은 경험자들의 조언이나 서적을 참조해 보면 영어논문을 작성하는 요령으로 남의 논문을 많이 볼 것을 추천한다. 그리고 그 중에서도 좋다고 생각되는 표현이 있으면 기록해 두고 적절히 활용하도록 한다. 표현만을 빌리는 것은 절대 논문의 표절이 아니며 새로운 출발이라 할 수 있다. 이것은 필자들도 전적으로 옳다고 생각하며 적극적으로 추천하는 방법이다.

구두로 논문을 발표할 때에도 동일하다. 우수한 발표자의 발표기법은 확실히 알기 쉽고 논리정연하며 군더더기가 없다. 독자 중에는 강의법이 우수하지 못한 교수의 강의 내용이 어렵고 이해하기 곤란했던 경험이 있을 것이다. 더욱이 설명보다는 수많은 수식을 인용하면서 강의가 진행되는 것을 느꼈을 것이다. 물론 그 교수가 내용을 충분히 파악하지 못하여 그럴 수도 있으나, 상대방 입장에서 생각하려는 노력이 부족해서 그러한 강의가 되었을 가능성이 크다.

논문작성도 마찬가지이다. 아무리 우수한 내용의 독창적인 연구가 이루어졌어도 이를 읽을 독자에게 내용이 제대로 전달되지 못한다면 그러한 연구의 가치는 이미 절반 이상을 상실하였다고 하여도 과언이 아닐 것이다. 물론 역설적으로 빈 껍데기의 논문을 절묘하게 포장하여 그럴싸하게 보이게 하는 것이 낫다는 의미는 아니다. — 실제로 그러한 논문을 적지 않게 접하게 되나 — 이는 연구자의 양식과 관련되는 것으로 돌리기로 한다.

앞에서도 잠시 언급하였듯이 많은 경험과 시행착오에 의해서 점차 세련된, 그리고 자기 자신의 의사표시가 자연스럽게 이루어질 수 있는 단계에 이르기까지는 비영어권의 연구자로서 힘겨운 일이 아닐 수 없다.

막상 영어로 논문을 투고해야 하는 상황에 처해 있다고 하자. 금과옥석의 좋은 말과 글이 있음에도 평상시 준비하지 않은 독자들에게는 별로 도움이 되지 않을 것이다. 그래서 답답한 심정으로 서점을 찾아가 본다. 그나마 일본에서는 이러한 종류의 서적이 상당수 있어서 이책 저책을 뒤져 볼 수 있다. 그러나 우리나라 대부분의 서적에는 현재 독자가 읽고 있는 이 책의 앞부분에 해당하는 내용이 주가 되며, 일부 예제와 비교적 많이 사용되는 단어의 정확한 사용법 등이 대부분의 지면을 차지하는 것을 보고는 다시 한번 좌절을 느끼지 않을 수 없다.

실제로 많이 사용되고 마음에 드는 문장을 정리한 노트를 만들어 나가는 것이 가장 이상적이나 그것이 여의치 않다면 정말 필요로 하는 논문작성에 직접적으로 도움이 되는 책은 없을까? 여기까지가 저자들이 겪은 경험이었다.

그리고 가장 이와 유사한 형태를 갖춘, 그러나 제대로 책의 형태를 갖추지 못한 출판물을 접하게 된다. 바로 일본원자력학회(日本原子力學會)에 1974~1979년까지 만 5년 간 50회에 걸쳐서 연재된 「영어논문을 쓰다 – 영문지 투고자를 위해서」였다. 원저자인 요시다 마사오(吉田正男)씨는 연재의 마지막 회에 원고를 다시 정리하여 1년 후에 단행본으로 출판할 것을 약속하였으나 결국 이 약속은 지켜지지 못하고 말았다.

이 책이 실제로 일본에서 이공계 영어논문을 쓰려는 연구자들에게 얼마나 알려져 있는가 정확히 알 수는 없으나 적어도 필자의 주변 사람들에게는 시판되는 서적들보다 애용되고 있는 것은 틀림없는 사실이며, 필자들은 아직도 영문논문을 작성할 경우 이 책을 곁에 두고 사용하고 있을 정도로 매우 유익하다고 생각하고 있다.

그러나 귀국 후 국내의 서점에 이공계 연구자를 위한 영문논문 작성에 조금이라도 도움이 될 만한 서적이 거의 없다는 사실에 놀라지 않을 수 없었다. 책의 내용이 좋고 나쁜 것은 이차적인 문제로 치더라도.

이에 필자들은 먼저, 필자 자신이 영문논문 작성시 항상 곁에 두고 참고할 한국어로 된 책을 가지려는 생각과 필자들과 비슷한 환경에 놓여 있는 국내의 과학자 및 공학자에게 조금이나마 도움을 주려는 생각으로, 요시다씨의 연재물을 중심으로 하되 그 동안 필자들이 경험한 내용들을 포함시켜 이 책을 준비하게 되었다. 처음 의도한 지 2년이 지나도록 뚜렷한 성과 없이 시간만 경과하다 이제는 시기적으로 늦출 수 없다는 데에 뜻을 같이 하고 분발하였다. 특히 원저에서 사용된 예문들 중 원자력과 관련된 문장도 적지 않은 만큼 가능하면 이공계의 연구자에게 공통분모가 되는 가장 기본적인 물리, 화학에서 사용되는 용어를 중심으로 재편성하려고 노력하였다.

이 과정에서 적지 않은 오류가 있을 것으로 생각되나, 계속해서 논문에 직접적으로 참고가 될 예제를 포함시키려는 계획과 함께 보완해 나갈 것을 약속 드린다.

마지막으로 일본원자력학회의 관계자와 흔쾌히 자신의 연재물이 이 책의 근간이 될 수 있도록 허락해 준 요시다씨에게 심심한 감사의 뜻을 표하며, 16년 전의 약속을 지키기 위하여 현재 단행본 작업에 열중인 그에게 경의를 보내는 바이다. 또한 많은 관심을 가지고 원고를 끝까지 사독하여 주시고 좋은 충고를 아끼지 않은 서울시립대학교 오명도 교수님에게도 지면을 통하여 감사의 뜻을 전한다.

1997년 11월
편저자 씀

추천의 글

일본원자력학회에서 발행하는 영문학회지에 투고되는 논문의 영문첨삭을 부탁 받아 수년에 걸쳐 작업을 한 적이 있습니다. 이 과정에서 종종 발견되는 유사한 수정사항을 정리해서, 영어로 논문을 쓰는 일본의 연구가를 대상으로 「영어논문을 쓰다」라는 소책자를 동 학회에서 출판하였습니다.

이번에 홍희기 교수와 명현국 교수가 본인의 졸문을 토대로 한국어판을 만들어 출판에 이르게 되었습니다. 한국의 우수한 논문이 세계의 공통어가 되다시피한 영어로 발표되어 각국에서 널리 평가될 수 있는 계기가 될 수 있다면 더할 나위 없는 멋진 일이며 기쁨을 금할 수가 없을 것입니다. 귀저가 높은 평판을 받아 널리 배포될 수 있기를 간절히 바라는 바 입니다.

1997년 10월 27일
吉田正男

일러두기

1. 영어 예문에 사용된 기호의 설명

A [→ *B*] : 본문 중의 *A* 를 *B* 로 바꾸어주는 것이 좋다.
(*A* 와 *B* 는 italic / bold / underline 등으로 표시하며, 이하 동일하다)

A [⇒ *B*] : *A* 가 잘못된 것이므로 *B* 로 바꾸어야 한다.

A [= *B*] : *A* 는 *B* 로도 표현할 수 있다.

A [*B*] 또는 *A*/*B* : *A* 또는 *B*

[+*B*] : 문장 중에 *B* 를 덧붙이는 것이 좋다.

A (→ omitted) : 문장 중의 *A* 는 생략하는 것이 좋다.

A (⇒ omitted) : 문장 중의 *A* 는 생략해야 한다.

(−) : 그 자리에 아무것도 없음(주로 무관사를 표시할 때 사용됨)

2. 예문 번호 중의 A, B, C

예문 번호 중에 A, B, C가 붙은 것은 특별히 언급이 없는 한 ABC의 순으로 개선된 것임을 나타낸다.

차 례

1장 영어논문 체제

2장 문의 구성

3장 품 사

4장 구두 의사소통

CHAPTER 01

영어논문 체제

1.1
왜 영어논문을 쓰는가?

최근 우리나라의 이공계 과학자 및 공학자가 발표하는 영어논문의 수는 괄목할 만한 속도로 늘고 있다. 세계화 추세에 맞추어 고무적인 현상임에 틀림없으며, 우리의 과학 및 공학 수준이 국제적으로 인정받고 있는 것으로 볼 수 있다.

저자가 의도하는 좋은 내용의 논문이라 하더라도 진정으로 전달하고 싶은 내용을 훌륭하게 소화하여 집필하는 것은 결코 쉬운 작업이 아니다. 결국 과학자, 공학자가 행한 우수한 연구업적은 최종적으로 논문이라는 형태를 빌려 평가받는다는 점을 깊이 인식하고 꾸준히 좋은 연구논문의 집필이 가능하도록 평상시부터 연마해야 한다. 그러나 이러한 평상시의 연마를 의식하여 나름대로 노력하고자 하여도, 학교 교육을 통해서 체계적으로 공부한 적이 없는 우리의 실정에서 보면 난감하기 그지없는 것이 현실이다.

영어논문을 작성하기 위한 세미나나 특별강연 역시 드문 실정에서 결국 선택할 수 있는 방법은 일차적으로 작성된 논문을 지도교수에게 보여 수정을 의뢰하는 시행착오를 통한 방법뿐이다. 지도교수 입장에서는 거의 완성된 논문을 첨삭함으로써 최소한의 시간으로 좋은 형태의 논문이 완성될 수 있도록 도와주는 본연의 임무에서 벗어나 어쩔 수 없는 잡무가 될 수도 있다. 더욱 우려되는 것은 만약 지도교수마저 이러한 시행착오를 통한 트레이닝을 받을 기회가 없었다면 어떻겠는가?

아무리 훌륭한 연구내용이라 하더라도 여러 사람에게 읽혀질 수 없는 것이라면 이미 그 연구의 많은 부분은 상실되었다고 해도 과언이 아니다.

따라서 현대의 과학자나 공학자는 논문·보고서 등을 영어로 쓰는 능력을 스스로 배양해야 되는 상황에 처해 있다. 올바른 영어로 연구한 결과 및 새로운 학설을 발표하고, 또한 학문의 진보에 관한 소개·전망·견해 등 모든 과학적, 공학적인 기술을 해야 한다. 학문, 기술이 국제적인 성격을 띠는 지금의 시대상황에서는 당연한 것이며, 영문으로 스스로 논문을 집필할 수 있는 능력이 상당히 요구되고 있다.

그럼에도 아직도 왜 논문을 써야 하며, 그것도 영어로 논문을 써야 하는가에 대해서 회의적인 독자가 있을 수도 있기에 여기에서 간략히 필요성을 언급하기로 한다.

연구의 전부 또는 일부가 완료되어 논문을 작성하는 것은 일관된 연구과정의 한 단계로서, 논문을 씀으로써 비로소 일련의 연구가 완성된다고 할 수 있다. 즉, 연구논문은 연구 전체를 대표하는 얼굴이 되는 것으로, 어떠한 연구를 할 것인지 결정하고 구체적인 방법을 강구하며 실험·해석 등을 통하여 연구결과를 얻고 이를 고찰하는 것과 동등한 연구과정의 하나라는 것을 잊어서는 안 된다. 구체적으로 논문을 통하여 다음과 같은 것을 취할 수 있다.

(**a**) 수행한 연구의 성과를 정리하고 기록하는 역할
(**b**) 연구업적의 확립 및 연구의 우선권 획득
(**c**) 얻어진 연구결과를 그 분야에서 활동하는 다른 연구자들이 활용하도록 함
(**d**) 연구결과가 활용됨으로써 과학·기술·산업의 발전에 기여함

우선 (a)는 모처럼 훌륭한 연구성과가 얻어지더라도 그것을 정리하여 논문의 형태를 갖추지 않으면 결국 연구의 상세한 사항은 기억의 저편으로 사라져 버릴 것이다. 또한 수많은 데이터는 흩어지고 후에 다시 필요할 때에도 이용할 수 없는 상황에 처하게 된다. 이러한 이유에서 논문으로 작성하는 것인 만큼 적극적인 동기라고는 할 수 없다. 그러나 (b)~(d)는 연구나 개발이 활발한 최근의 상황에서 지극히 중요하며, 앞으로도 그 중요성은 더해 가리라고 본다.

(b)의 우선권 확보는 논문의 저자가 갖는 권리 중의 하나로, 저자가 세계적으로 앞서서 그 연구를 달성한 것을 주장하는 것으로서 특허문제 등과도 관련되는 매우 중요한 권리이다. 이 중요한 권리의 확립은 적당한 학술지에 논문을 발표함으로써 처음으로 달성된다. 참고로 논문과 특허 둘 다 원한다면 일반적으로 특허를 먼저 출원해야 한다.

혹시 학문발달의 역사상 이정표를 세울 정도의 중요한 연구를 완성하였다면, 가능한 한 조속히 영어로 논문을 발표할 것을 추천하고 싶다. 뛰어난 연구를 빠르게 출판하여 우선권을 주장하기 위해서는 유명한 letters지를 이용할 수 있으며, 이를 통하여 신속한 출판이 보장된다. letters지에 투고하는 논

문은 간결하면서도 중요한 사항을 명료하게 기술하여야 한다. 중요한 연구결과가 얻어진 후에 좋은 논문을 쓰려는 공부를 한다는 것은 너무 늦다. 중요한 연구결과가 즉시 영어논문으로 표현될 수 있도록 평상시부터 연습해 두지 않으면 불가능한 일이다.

또한 연구업적이라는 것은 현재 연구자의 능력을 가늠하는 가장 신뢰성 있는 평가척도이다. 이러한 연구업적은 권위 있는 학술지에 공표된 논문 이외에는 달리 없다. 대학이나 연구소의 교수, 연구원은 취직과 승진 모두 연구업적에 의해서 평가된다. 물론 한국어로 인쇄되어 발표된 논문이 연구업적으로 인정받지 못할 리는 없으나, 우선적으로 연구업적이라고 인정되는 것은 영어로 작성되어 권위 있는 국제적인 학술지에 인쇄・공표되는 연구논문이다.

앞서 언급하였지만 혹시 학문발전의 이정표가 될 수도 있는 가치 있는 연구를 달성하였다면, 신속하게 letters지에 발표하여 우선권을 확보할 것을 추천한다. letters지에 게재되는 논문은 일반적으로 길이가 짧은 속보의 성격이 강하다. 그러나 letters지에 게재되는 뛰어난 연구는 그와 같은 짧은 논문만으로 끝나는 것이 아니고, 보다 깊이 있고 폭넓게 진행되는 것이 일반적으로 제일보에 계속되는 성과가 속속 나오게 된다. 이러한 성과가 어느 정도 종합되면 이번에는 짧은 논문이 아니라, 본논문(full length paper)으로서 완전한 논문을 써서 letters지가 아닌 본논문용 전문학술지(journal)에 투고할 것을 추천하고 싶다.

이는 논문을 업적으로서 평가할 때 한국에서는 제대로 작성된 본논문쪽이 높게 평가되기 때문이다. 본논문쪽이 letters보다도 높게 평가되는 이유는 앞에서 언급한 기록적인 측면의 중시와도 관계된다.

(c), (d)에 관해서 특별히 설명할 사항은 없으나 독자에게 잘 읽혀지기 위해서는 읽어서 알기 쉽고, 주장하고 싶은 것이 명료하게 작성된 논문이어야 한다는 점을 강조해 둔다. 특히 최근에는 여러 종류의 학술지가 논문으로 가득 채워진 상태로 매달 출간된다. 이러한 정보의 홍수 속에서 독자에게 흥미를 줄 수 있는 논문을, 그것도 언어의 구조가 전혀 다른 외국어로 쓰는 것이 결코 쉬운 일은 아니다. 그러기 위해서는 논문작성법에 대한 연구와 올바른 영어로 논리적으로 명료하게 표현할 수 있는 어학력이 요구된다. 독자에게 발표하고자 하는 연구의 의의를 이해시키고 독자가 가질 수도 있는 의문에 전부 답하면서, 독자를 설득할 수 있는 정도의 각오와 수련이 필요한 것은 의심의

여지가 없다.

이와 같은 관점에서 (a)의 목적과 (b)~(d)의 목적의 차이는 명료하다. (a)는 단지 연구의 성과를 정확히 기록하면 달성된다. 그러나 (b)~(d)는 연구의 성과를 독자에게 정확히 이해할 수 있게 전달하지 않으면 달성할 수 없다. 즉, (a)의 목적은 독자와 상관이 없으나, (b)~(d)의 목적은 전적으로 독자를 의식하고 있다. 논문에 의해서 주장하고 싶은 내용이 독자에게 충분히 전달될 수 있는지의 여부는 매우 중요하다.

논문이라는 것은 이 두 측면, 기록적인 측면과 독자에게 알기 쉽게 전달하는 측면을 갖고 있으나, 문제는 어느쪽을 중시하는가이다. 과거에는 기록적인 측면이 상당히 중요시됨으로써 독자를 의식한 측면은 별로 고려되지 않는 경향이 있었다. 그러나 독자를 염두에 둔 논문이 최근의 추세인 만큼 이에 대한 충분한 고려가 필요하며 이에 대해서는 다음 절에서 보다 상세히 거론하기로 한다.

1.2 영어논문 이전의 문제

이공계 논문의 내용은 지극히 전문적이다. 따라서 어떠한 논문을 쓸 것인지의 선택은 다음의 양자택일에 달려 있다. 첫 번째는 정확한 내용은 저자만 알면 되며, 독자가 알든 모르든 상관하지 않고 쓴다. 아무리 난해해도 괜찮다. 두 번째는 엄밀함과 정확성을 손상시키지 않도록 주의하면서, 공정한 입장에서 충분히 주의하여 가능하면 많은 독자에게 읽혀지기를 바라며 알기 쉽게 쓴다.

"어느쪽이 바람직할까?"라는 질문을 던지는 것은 어리석은 일이며, 누구도 그 내용을 알 수 없는 논문, 독자가 한 사람도 없는 논문이라면 더 이상 쓰는 의미가 없다. 그럼에도 이러한 유의 논문이 종종 눈에 띄는 것은 마치 어려운 것은 심원하고 가치가 있다고 착각하기 때문은 아닌지 모르겠다.

우수한 이공계 논문을 작성하기 위해서는 먼저 그 논문의 목적이 사실과 그 사실로부터 이끌어진 결론을 왜곡시키지 않고 독자에게 전달하는 것임을 다시 한번 명심할 필요가 있다. 따라서 뛰어난 과학적인 기술이란 평범하고 명확하지 않으면 안 된다. 표현하려는 사실이 감정에 의해 흔들려서는 안 되며, 그 표현은 명료하고 간결해야만 한다. 또한 의미하는 내용이 바로 독자에게 전달되어 이해될 수 있도록 노력하는 배려가 필요하다.

독자 중에는 국내외 논문을 막론하고 서론만 써놓은 상태에서 그 뒤를 잇지 못하고 한동안 방치해 두었던 경험이 있을지도 모른다. 많은 경우에 이 현상은 논문을 통해서 나타내려고 하는 내용이 아직 불충분하여 일어날 수 있음을 먼저 생각해 볼 필요가 있다. 이러한 경우 다시 한번 최소한으로 이 논문에서 주장하려고 하는 것은 무엇인지, 어떤 점이 흥미로운 사항인지, 또한 새로운 것은 무엇인지 되새겨 볼 필요가 있다. 그리고 논문의 초점을 잡으려는 시도가 필요하다. 우수한 논문의 요건 중 하나는 초점이 부각되어야 한다는 점이다. 실제로 이러한 작업은 연구 초기단계에서 해 두어야 할 초보적인 사항임에도 현실적으로는 결코 쉽지 않으며, 실제로 논문을 쓰는 단계에서 고민하게 되는 경우가 많은 것이 사실이다. 이 상황에서 다시 한번 다음의 질문을 스스로에게 던짐으로써 해답을 찾을 수 있을지도 모른다.

(**a**) 지금까지 알려진 것은 무엇인가?
(**b**) 무엇을 새롭게 알아내기 위하여 이 연구를 하였는가?
(**c**) 왜 이 연구결과가 중요하고, 무엇이 흥미로운가?
(**d**) 이번 연구를 통하여 결과로서 알아낸 것은 무엇인가?
(**e**) 이 결과는 이 분야의 연구에서 어떠한 의미가 있는가?

이 정도의 문제에 쉽게 답할 수 있다면 논문작성은 단순한 일상적인 일에 불과할 정도로 간단하다. 역설적으로 그렇지 못하다면 논문의 필수조건인 (a)~(e)의 어느 부분을 만족하지 못하고 있는 것이며, 결과에 모순이 있다는 것을 의미한다. 이러한 의문점을 해결하지 못한 상태로 논문을 쓰려고 한다는 것은 바로 위에서 지적한 초점 없는 논문을 엮어보려는 무모한 시도에 불과하다. 그 중에서도 그 연구결과의 중요한 점과 특히 흥미로운 점을 부각시킬 수 없다면 논문작성의 필수적인 요구사항을 만족시킬 수 없으며 당연히 초반부에서부터 벽에 부딪히고 마는 것이다.

또 한 가지 실제로 논문을 작성하는 경우에 주의해야 할 사항으로서, 추상적인 표현을 가능하면 피하라는 것이다. 내용을 이해하기 힘든 논문의 상당부분은 바로 이러한 데 원인이 있다. 실험의 세부사항을 설명하는 데에는 특히 친절할 정도로 구체적으로 쓰는 노력이 필요하다. 영어로 논문을 작성할 경우에는 평상시 구체적으로 내용을 기술해야 하는 것을 잘 알고 있는 사람조차도 단지 귀찮다는 이유로 적당히 얼버무리려는 경향이 있다. 이공계 논문은 다소 지루하다고 생각이 들 정도로 세부적인 사항까지 구체적으로 기술하지 않으면 독자가 동일한 실험 또는 수치계산을 시도하려는 경우에 재현할 수 없다.

마지막으로 적절한 참고문헌과 인용을 하는 경우의 주의사항으로서 특히 해외에 제출하는 논문에서는 이것이 대단히 중요하게 취급되어야 한다는 점이다. 연구업적으로 발표된 논문의 숫자가 양적인 의미로 중요하다면, 자신의 논문이 참고문헌으로 얼마나 인용되었는가가 질적인 의미로 평가되는 것이 일반적이다. 따라서 타인의 논문을 인용함으로써 그에게 상응하는 "명예(credit)"를 부여하게 되는 것이다.

참고문헌을 사용하는 것은 정보와 아이디어의 계보를 명확히 하는 데 있는 것으로 저자가 주장하는 내용의 정당성을 부여하는 근거를 나타내는 것이다. 서구권에서는 독창적인 아이디어를 누가 최초로 발표하였는가를 명확히 하는 것에 매우 예민하여 무심코 인용해야 할 문헌을 빠뜨림으로써 뜻하지 않게 적을 만드는 수도 있다. 한국에서는 이러한 훈련을 특별히 하지 않고 있으나 미국 등지에서는 고등학교에서부터 자신의 고유한 아이디어인지 다른 데서 인용해 온 것인지 확실하게 구분하는 훈련을 하고 있으며, 일반적으로 작성하는 보고서에서도 항상 참고문헌을 명백히 한다. 반면에 우리나라 대학생들은 물론 전문적인 연구원들조차도 이를 가볍게 넘기는 경우가 많다.

국내에서는 이것이 어느 정도 통용될지 모르나, 일종의 범죄행위로까지 간주되는 — 그리고 그것이 오히려 당연한 — 풍토에서 해외에 논문을 투고하는 경우에는 이 점을 각별히 유념해야 할 것이다. 실제로 국내의 가까운 연구자로부터 이와 유사한 이야기를 들었는데, 즉 타인이 발표한 중요한 결과식을 그대로 인용하면서 전혀 언급이 없이 슬그머니 넘어감으로써 비록 인용한 사람은 자신이 만들어낸 것이라고 명기하지는 않았으나 적어도 독자들에게 그렇게 생각할 수도 있게 유도할 의사가 없었다고 단정지을 수는 없을 것이다.

운이 나쁘게도 인용을 명시해야 할 상대방이 논문 심사위원이 되어 곤욕을 치르는 경우도 종종 있다. 가능성이 희박할 듯하지만 같은 분야의 전문가인 만큼 확률적으로 적지 않다. 즉, 자신의 역작인 논문이 연구한 분야에서 널리 인정받기를 기대하면서 투고해야 할 것이며, 실제로 그 분야의 많은 전문가들로부터 읽혀진다는 것을 명심하기 바란다(물론 정독한다는 보장은 없으나 신문 보듯이 대충 한 번만 훑어보아도 유사한 분야의 연구자에게는 그 내용이 들어온다. 이때 그의 눈에 자신의 독창적인 내용이 인용도 되지 않은 채 기재되어 있는 것을 상상해 보라. 더더욱 그가 심사위원이라면).

따라서 논문을 준비하는 단계에서부터 타인의 논문을 다수 접할 것이며, 나름대로 유관성 있는 논문에 대해서는 내용을 간략히 요약하는 것과 함께 인용목록을 작성해 두는 것이 실수로 빠뜨리는 우를 방지하는 길일 것이다. 더불어서 비단 해외 논문뿐만 아니라 국내에 투고하는 논문, 연구보고서, 일반 리포트 등에도 반드시 인용한 문헌을 명기하는 습관을 들여야 한다.

1.3 이공계 논문의 문장구조

한국인이 작성한 영어논문에서 전형적으로 나타나는 잘못된 형태의 문장은 확실히 되풀이되는 경향이다. 이들 대부분은 상당히 간단한 규칙을 따름으로써 쉽게 피할 수 있다. 이 절은 흔히 있는 잘못의 근원과 한국인이 쓴 영문을 읽기 어렵게 하는 불명료함의 근원을 제거하기 위한 시도로서 전개해 나간다.

가장 쉬우면서도 확실한 방법으로서 **첫째, 영문은 우아한 것보다는 명확하고 읽기 쉬워야 한다.** 즉, 우아하지만 혹시 사용방법이 잘못되면 큰 혼란을 초래하는 표현형식과, 우아함은 뒤떨어지지만 누구라도 쓸 수 있는 표현형식이 있는 경우라면 후자를 추천한다.

둘째, 중요한 사항의 표현을 잘못하지 말아야 한다. 이것을 잘못하면 독자에게 큰 오해를 주게 되고 초조함과 피로를 야기하게 된다.

셋째, 문장의 작성에 적용하는 규칙은 간명하여야 한다. 규칙이 지나치게 복잡해지면 그 유용성은 대폭 줄어버린다. 그러므로 어떤 경우라도 정확한 문장이 될 수 있는 복잡한 규칙보다는, 95 %의 경우에는 정확하고 나머지 5 %의 경우도 혼란을 일으킬 소지가 없는 단순한 규칙의 표현이 필요할 것이다. 이러한 방법에 따르면 누구나 아름다운 영어 또는 항상 옳은 영문을 쓸 수는 없으나, 그 문장은 적어도 명확하고 읽기 쉬우며 비록 잘못이 있더라도 사소한 것이 될 것이다.

이와 같이 문장의 구조는 위의 규칙을 지키면 대폭 개선할 수 있으나, 또 한 가지 염두에 두어야 할 사항이 바로 논리전개의 차이점이다. 한국어로 논문을 쓰는 경우에는, "*A*는 *B*와 같고, *C*와 *D*의 관계는 …, 더구나 *B*와 *C*의 사이에는 위에서 언급한 관계가 있다는 사실을 알았으므로, *A*와 *D*는 …의 관계로 맺어지는 결론에 도달하였다."와 같은 문장이 가능하다. 이것을 영역하고자 하면 대단히 번거롭다는 것을 바로 알 수 있을 것이다. 한국어로는 이유를 먼저 나열하고, 마지막에 가서 "… 이므로, 이렇게 되었다."라는 내용이 하나의 문장 안에서 처리할 수 있지만, 영어로는 그렇게 많은 이유를 한 문장 속에 포함시키는 것이 불가능하다. 영어로 한 문장에서 이유와 결과를 표현하기 위해서는 "*A* is *B*, because *C* is *D*." 또는 "Since *A* is *B*, *C* is *D*."라고 할 수밖에 없다. 그리고 since나 because 뒤에는 2개 정도의 이유밖에 표현할 수 없다. 이와 같은 점이 전형적인 한국어와 영어의 구조상의 차이이다. 우리의 사고방식으로는 이차원적인 평면상에 사실을 열거하고, 거기에서 어떤 패턴을 발견하여 결론에 도달하는 경우가 많다. 이에 비하면 서구권의 논리는 훨씬 일차원적으로, 사물을 둘씩 짝지어 나가, "*A* is *B*" and "*B* is *C*"; therefore "*A* is *C*"와 같은 형태가 되지 않으면 논리적으로 명백하지 않다고 간주된다. 그러므로 영어로 논문을 쓰는 경우 우리에게는 조금 미적지근하다는 생각은 들겠지만, 끈기 있게 이유와 결론을 하나의 짝으로 잇는 노력이 필요하다.

만약 위에서 예로 든 문장을 구체적으로 영어로 나타내려면, 문장을 나누는 수단을 사용한다. 이 과정에서 이차원적으로 열거된 사실 또는 이유를 일차원적인 관계로 풀어 써야 한다. 바로 이차원에서 일차원으로 옮기는 과정에서 각 이유간의 관계를 밝히는 것이다.

1.3.1 언어체계의 상이함

좋은 영문을 쓴다는 것을 우선 좋은 한글 문장을 쓰고 그것을 완전하게 번역함으로써 가능하다고 생각하는 경향이 있다. 그러나 이것은 반드시 옳다고는 할 수 없으며, 한국인이 쓴 영문은 문법적으로 완전하고, 제대로 이해할 수 없는 것은 아니라고 하더라도 적어도 불명료하며 일반 독자에게는 어떤 의미인지 확실히 이해할 수 없는 특성을 갖고 있다. 원래 한국어로 쓰여진 논문을 그대로 영역하면 상당히 숙달된 번역자조차도 이러한 경향이 남게 된다.

따라서 이러한 경향은 나쁜 번역에 의한 것이 아닌 것은 틀림없다.

한국어로는 일반적으로 받아들여지는 어떤 사고방식이 영어로는 전혀 통하지 않거나 또는 기이한 느낌을 주는 상황이(그리고 당연히 그 반대도) 있다는 것을 인식할 필요가 있다. 더구나 한국이라는 배경하에서는 의미가 있는 전개방법도 서구권이라는 배경하에서 해석되었을 때에는 넌센스 또는 전혀 잘못된 인상을 줄 수도 있다(예를 들면, 혹시 결론을 단정짓지 않고, 조금 애매함을 남겨서 기술하였다면 국내의 독자라면 이것을 지나치게 무례하거나 단정적이지 않기를 원하는 것으로 이해하지만, 서구권의 독자는 정말로 확신하지 않는 것으로 생각해버릴 가능성이 높다). 영어논문을 읽는 독자의 대다수는 서구권이라는 공통의 배경을 갖고 있으므로, 이러한 사실을 고려할 필요가 있다. 물론 이 문제는 이공계의 논문이 다른 계통의 논문에 비하면 훨씬 덜 심각하며, 한국의 이공계 연구자의 대다수는 그것을 분명히 인식하고 있을 것이다. 그러나 그러한 사실을 인식하지 않았을 때 발생하는 혼란이 매우 크며 간단히 해결할 수 없는 것이기 때문에 강조하여 둔 것이다. 각각의 언어체계에서 당연하다고 생각되는 표현양식은 각기 다르다. 영어와 한국어에서 상이한 점 몇 가지를 들어본다.

(1) 사고의 전개

서두에서도 한 번 언급하였으나 한국어에서는 몇 가지의 사고를 전개하는데, 그것들의 상호관계나 어떤 특정한 사고의 의미가 그 문장 전체 또는 논문 전체를 다 읽지 않고는 알 수 없는 방식을 취하더라도 양해된다.

반면에 영어에서는 그렇지가 않다. 각각의 문장은 이미 쓰여져 있는 것만으로 완전히 이해할 수 없으면 안 된다. 더욱이 하나의 사고와 다음 사고 사이의 관계는 그것을 읽은 시점에서부터 완전히 명확하게 되어 있어야 한다. 예컨대, 옆길로 빠져 사고의 줄기로부터 벗어나면, 이것은 옆길의 끝이 아니고 시작되는 점이라는 것을 분명히 해야 한다. 영어로 읽고 쓰는 독자에게 느닷없이 옆길에서 본 줄기로 들어오거나, 옆길에서 또다시 가지치기를 하여 옆길로 벗어나는 전개방식은 허용되지 않는다. 또한 영어에서는 본 줄기에서 훨씬 벗어나 방황하는 것도 일반적으로 좋지 않다.

(2) 명확한 사고의 연결

한국어에서는 독자에게 어떤 사고와 별도의 사고의 관련을 상상시켜 보완하려 하는 방식을 사용하여도 양해가 되나, 영어에서는 사고의 연결이 명확하게 되어 있지 않으면 안 된다. 물론 독자가 알고 있는 예비지식의 정도에 따라서는 어느 정도까지는 생략하더라도 지장은 없다. 그러나 충분히 명확하지 않은 것보다는 끈질길 정도로 명확한 쪽이 훨씬 좋다.

(3) 모호함의 배제

영어에서는 혼동의 여지가 없는 표현이 매우 중요하다. 어떤 사실을 기술함에 어느 정도의 모호함, 즉 표현변경의 여지를 남겨 놓는 것이 바람직하다고 느낄지도 모르나, 영어에서는 결코 용납되지 않는다.

"이 문장은 정확히 무엇을 의미하는 것일까?"라고 자문하기 바란다. 만약 이 질문에 대답할 수 없다면 그 문장을 전부 생략하는 수밖에 없다. 마찬가지로 가주어가 아닌 it(또는 which, this 등)을 쓸 때에도 언제나 그것이 무엇을 지칭하는지 자문할 필요가 있다. 영어의 it은 언제나 명확한 어떤 물건을, 더구나 본문에서 이미 언급한 사물을 가리켜야 한다. 간혹 자기의 머릿속에 있다고 독자의 머릿속에도 있을 것이라고 기대하고, 어떤 사물을 지칭하여 it을 쓰지 않도록 해야 한다.

(4) 명확한 기술

한국어는 너무 명확하거나 단정짓는 것을 피하는 경향이 있다. 이것은 다른 견해도 있을 수 있는 것을 인정하지 않고 독자에게 자기 자신의 견해를 강요하는 것이 불손하게 생각되는 사고가 반영되었기 때문일 것이다(특히 요즈음의 젊은이들이 즐겨 사용하는 "… 인(일) 것 같다."라는 표현이 확실한 사실을 언급하는 경우조차도 무분별하게 사용되는 것이 좋은 예이다).

이러한 사고방식은 대다수의 서구권 독자에게는 전혀 익숙하지 않으며, 그들에게 우리가 의도하는 것을 짐작할 수 있을 정도의 사고의 비약을 기대하는 것은 무리이다. 만약 가능한 여러 가지의 해석을 위하여 여지를 남겨 놓고 싶어 막연한 표현을 사용하였다면, 그들은 단순하게 사고의 혼란을 일으키고 있구나라고 받아들이기 십상이다. 그 때문에 가령 조금 부자연스러운 느낌이 들더라도 가능하면 명확하게 단정짓는 것이 낫다. 만약 구체적인 별도의 견해 또는 결론을 갖는다면 그것들도 명확히 기술하여야 한다. 특히 "… 일 것이다.", "… 이 좋은 것은 아닌가 하고 생각된다.", "… 라고 봐도 좋다." 등을 영역하려고 시도하는 것은 전혀 의미가 없다.

(5) 막연한 표현의 배제

한국인이 쓴 영문은 막연하면서도 질질 끄는 느낌이 든다. 즉, 실질적으로는 아무 것도 새로운 의미를 덧붙이지 않은 절이나 문장이 사족처럼 달려 있는 것처럼 보인다. 영어는 모든 절이 자기의 역할을 달성해야 한다. 특히 명확히 설명할 생각이 아니거나, 설명할 것이 남아 있으면서도 막연하고 어렴풋하게 처리하는 것은 대단히 나쁜 습관이다. 다음과 같은 문장은 피해야 한다.

- This may give a very definite picture.
- This may be viewed from the standpoint of various considerations.
- It will be essential to study the problem from this point of view.
- This is useful not only for ... but also for examination of the effect from various sides.

단, 이러한 문장이라도 바로 다음에 명확한 내용이 계속된다면 전혀 상관없다.

1.3.2 문장의 구조

(1) 짧은 문의 사용

서양인이 한국인이 쓴 영문을 보고 지나치게 문장이 짧고 부드럽지 않다고 비판하는 경우가 있다. 이것은 어느 정도 옳은 지적이나 반드시 정곡을 찔렀다고는 할 수 없다. 길고 구성이 나쁜 문장을 구분하고 정리하려는 시도보다는 각각의 단문이 적절히 관련되어 있으면, 연속되는 짧은 문을 읽는 쪽이 알기 쉽다. 문장이 짧을수록 불명료해질 경우가 적어지는 것은 당연하다.

그래서 만약 문장이 40단어 이상의 길이라면, 적어도 하나의 세미콜론으로 그 문장을 분할할 수 없는지를 진지하게 생각해야 할 것이다. 한 문장의 평균적인 길이에 관해서는 20단어를 목표로 하는 것이 좋으며, 15단어라도 지나치게 짧지는 않다. 어떤 경우라도 영문이라는 것은 용량이 엄밀히 한정되어 있지 않다는 것을 기억하기 바란다. 일반적으로 영문은 2, 3개의 종속절밖에는 가질 수 없으며, 이들의 절은 모두 문장구조에 정확히 들어맞아야 한다. 영어에는 한국어의 모호한 구문과 비슷한 것은 없다. 특히 주의해야 할 점을 이하에 제시한다.

(1) 만약 표명해야 할 중요한 사항이 있다면, 종속절이 아니고 새로운 문장으로 시작하여 나타내도록 한다. 예로서 다음의 문장을 검토해 보기로 한다.

- Compared with the Lee model, these newer models seem to be rather more plausible in explaining the mechanism binding the baryons and leptons, by introducing a third quantum number besides the usual and bosons to represent a neutral state of this quantum number, although they must generally produce many particles so far undiscovered, as a result of the increased number of elements and the reduced symmetry.

이 문장(76단어)은 일반론적으로 볼 때 지나치게 길다. 더구나 문장 중에는 다음과 같이 서로 다른 세 가지의 중요한 내용이 포함되어 있다.

(**a**) The newer models are better than the Lee model in explaining the binding mechanism
(**b**) The origin of this superiority is the introduction of a third quantum number, etc …
(**c**) Nevertheless they predict many particles so far undiscovered.

이러한 내용의 각각은 하나의 문장 또는 적어도 하나의 주동사를 할당해야 할 가치가 있다.

- Compared … leptons. This is because they introduce … number. However, they must … symmetry.

이러한 주의사항은 특히 마지막 부분에 긴 관계절을 갖는 문장에 적용된다.

(2) 종속절이나 구는 그것이 가리키는 것이 완전하게 명확하지 않다면 문장의 마지막에 위치하지 않도록 한다. 특히 as, similarly to, by (in) ··· ing 등으로 시작하는 절에는 각별히 주의해야 한다. 지극히 흔하면서도 독자를 혼동시키는 예를 다음에 들어본다.

- We find that the function $F(x)$ has an infinite range but the magnetization below T_c does not tend to a finite value, as was suggested by Hong.

이 상태의 문장이라면 Hong의 일을 잘 모르는 독자에게는 Hong이 제시한 것이 다음 세 가지 중 하나라고 생각할 것이다.

(**a**) The function F has an infinite range and the magnetization does not tend to a finite value.
(**b**) The magnetization does not tend to a finite value.
(F 에 대해서는 어떠한 결론도 없다)
(**c**) The magnetization tends to a finite value.

마침표나 세미콜론으로 문장을 둘로 분할함으로써 애매함을 제거하는 것은 간단하다. 의미가 (a), (b), (c)에 따라서 다음과 같이 표현해야 한다.

(**a**) We find ··· value. These results agree with the suggestion of Brown.
(**b**) We find ··· value. This second result agrees with ···.
(**c**) We find ··· value. This second result conflicts with ···.

이 방식은 언제나 애매함의 소지가 없는 가장 좋은 방식이라고 할 수는 없으나, 확실하고 안전한 방식임에는 틀림없다. 또다른 예를 들어 보자.

- This feature seems to be disadvantageous to the collective nature of the excitation ··· especially in bringing about a large transition probability.

이 문장은 문제의 특징이 커다란 천이확률을 초래할 것인지의 여부이나 — 대개의 독자라면 초래할 것이라고 추측할 것이다 — 어느쪽을 의미하는지 명확하지 않다. 모호함을 없애는 평범한 방식은 역시 새로운 문장으로 시작하는 것이다.

- In particular, it cannot bring about ….

요컨대 주절 뒤에 종속절을 쓰고 싶을 때는 항상 새로운 문으로 시작하는 것이 보다 좋지 않은가 자문하여 볼 필요가 있다. 이 방식으로는 우아함이 뒤떨어진 문장이 될 가능성은 있으나, 문법적으로 이상하지 않다면 알기 쉬움으로써 얻는 이득은 우아함을 잃는 것을 보상하고도 남을 것이다.

(2) 세미콜론의 사용

대부분의 저자들 — 불행히도 많은 영미인 저자를 포함하여 — 은 세미콜론의 존재를 모르는 것처럼 보인다. 포괄적으로 말하면 여러 가지의 사고가 매우 밀접하게 접속되어 있고 각각의 문장으로 처리하기가 어려운 경우에, 긴 문장을 분할하기 위해서 이 세미콜론을 사용한다. 콤마로 처리하는 것보다는 상당히 강력하고, 마침표에 의한 것보다는 약하게 분할되는 느낌이나, 문법적인 목적으로 보아서는 마침표와 동일하다. 예를 들어, 다음의 문장을 생각하여 보자.

- High energy scattering above a few GeV is investigated as the shadow scattering of multiple production, for which phenomenological, peripheral and uncorrelated jet models are used.

이 문장에서 for which로 시작하는 절은 그것만으로도 하나의 문장이 성립되는 데 충분할 정도로 중요하다. 그러나 대단히 짧고 문장의 나머지 부분과 상당히 밀접하게 접속되어 있으므로 마침표는 적합하지 않다. 따라서 세미콜론을 사용하면 최적이다.

- High energy … production ; phenomenological … used.

문장의 두 번째 부분을 "…, which …"나 "…, and it …"으로 시작하고 싶은 경우에는 세미콜론을 넣어서 "… ; this (result) …"와 같이 쓰는 것이 좋다. 대부분의 경우에 마침표를 쓸 것인가 세미콜론을 쓸 것인가는 취향의 문제이다(그러나 하나의 문장에 둘 이상의 세미콜론을 사용하는 것은 이상하다). 그러나 세미콜론을 사용하면 완전히 분리되어 있는 일련의 문장보다 자연스러우면서, 동시에 체제를 갖추어주는 효과도 부여한다.

(3) 수식어구의 접근

수식하는 절과 구가 수식대상으로부터 분리되지 않도록 한다. 다음의 문장을 검토해 보기로 한다.

- We investigate the scattering of pions by protons at a few MeV, paying special attention to the problem of the imaginary part of the phase shifts, which was previously discussed by Jones, who assumed a hard-sphere potential, in the SU_3 model.

언뜻 보아서는 "in the SU_3 model"이 "discussed by Jones"에 관계되고 있는 것인지 "We investigate"에 관계되고 있는 것인지 명확하지 않다. 어느 쪽이든 "in the SU_3 model"은 "discussed in the SU_3 model" 또는 "We investigate in the SU_3 model …"과 같이 동사의 바로 뒤에 인접해야 한다(어느쪽에 해당되든 shifts 다음에 세미콜론을 넣어 문장을 분리하는 것이 좋다). 다음의 문장을 검토해 보자.

- The theory can explain the magnetic moments of the baryons, the approximate SU symmetry scheme satisfied by all low-lying resonances and the fact that the scattering amplitudes appear to be well predicted by the Smith formula in a unified way.

여기서는 in a unified way는 predicted를 수식하고 있는 것처럼 보인다. 그러나 실제로는 explain에 관계시킬 작정이었을 것이다. 따라서 다음과 같이 써야 한다.

- The theory can explain in a unified way the magnetic moments … Smith formula.

2개 이상의 구나 절이 한 단어를 수식하지 않도록 해야 하며, 이를 피할 수 없으면 보다 짧으면서 중요성이 덜한 것을 먼저 배치하는 것이 대체로 좋다. 예를 들면 다음과 같다.

- We can carry out the integration in a straightforward way by making the substitution $x=y^2$ and transforming to polar coordinates (integration을 수식하는 in a straightforward way가 뒤에 배치되지 않도록 한다).

결론적으로 영어에서는 어떤 종속절이나 구도 문장의 구성상 명백한 역할을 맡아야 하며, 가능하면 그 역할은 문장의 순서에서 분명하게 나타나도록 주의해야 한다. 종속절을 어디에 배치하는 것이 좋을지 확실하지 않다면 문장의 마지막이 아니고, 새로운 문장으로 시작하는 것이 좋다.

1.4 이공계 논문의 일반적 구조

앞 절에서 기술한 바와 같이 대부분의 논문의 목적은 4개의 질문, 즉 저자는 무엇을 하였는가, 어떻게 연구를 수행하였는가, 무엇을 새롭게 얻어냈는가, 그리고 그것은 무엇을 의미하는가에 답하는 것이다. 따라서 이공계 논문은 다음과 같이 네 가지 질문에 답하는 형식으로 구성되어 있다.

Introduction – What did I do?
Methods – How did I do it?
Results – What did I find?
Discussion – What does it mean anyway?

여기에 title, author(s) and affiliation, abstract, conclusion, acknowledgments, reference 등이 첨가되어 일반적으로 다음과 같은 부분으로 구성되어 있다. 물론 각 절의 배열은 전문분야에 따라서 다를 수도 있으므로 유의해야 한다.

(1) title, (2) author(s) and affiliation, (3) abstract, (4) introduction, (5) methods(theory and / or experiment), (6) results, (7) discussion, (8) conclusion, (9) acknowledgments, (10) references, (11) tables and captions, (12) figures and captions, (13) appendices

이 절에서는 각 부분마다 영어로 작성할 때의 주의사항을 기술하도록 한다.

1.4.1 title

표제인 title은 주된 결과를 포함하도록 해야 한다. 즉, title은 그 논문의 얼굴이며 간판이다. 현재 배포되어 있는 상당수 데이터베이스의 keywords에는 우선적으로 title로부터 발췌된 것이다. 따라서 논문의 내용을 구체적으로 명쾌하게 표현하는 것이 이상적이다. 일련의 연구가 이루어지는 경우에는 부제(subtitle)를 붙이는 것도 하나의 방법이다.

매달 도착되는 각종 전문학술지의 목차를 보면서 느끼는 것이지만, 다수의 독자가 본문까지를 보게 될지는 거의 title만으로 결정된다고 해도 과언이 아니다. 그러므로 적절한 title을 논문에 붙이는 것이 의외로 경시되고 있는 상황에서 보면 이는 상당히 중요한 것이다. title에 의해서 저자는 그 논문의 요점을 날카롭게 지적해야 하며, 여기에 저자의 철학이 반영되어 있다고 할 수도 있다. 무엇보다도 많은 독자에게 읽혀야 할 논문의 역할을 고려하면, 사람의 눈에 띄기 쉬운 title을 붙이는 것이 필요하다.

그렇다고 지나치게 기발한 title을 내세우는 것도 어색하지만, 대표적으로 평이하다고 생각되는 "on 무엇무엇"식의 title을 사용하는 경우에는 도대체 무엇을 의도하는 것인지 불분명하여 효과가 적다. 예를 들어, 실험논문이면 title에 측정방법과 샘플계통 등의 keyword는 포함시켜야 할 것이다. 최근에는 컴퓨터를 사용하여 keyword에 의한 논문의 분류가 이루어지고 있으므로 적절한 keyword를 title에 포함시키도록 하면 좋다.

1.4.2 author(s) and affiliation

이와 관련해서 특별히 문제의 소지는 없다고 생각되나, 처음으로 영어논문을 쓰는 경우에는 여기에 사용된 저자명이 연구자로서의 세계에 평생 따라다니게 되므로 신중을 기할 필요가 있다. 가능하면 정확히 발음할 수 있는 철자를 사용할 것을 권하고 싶으며, 이름의 경우에는 특히 띄어 쓸 것인지 붙여 쓸 것인지에 따라 initial이 완전히 달라지므로 주의를 요한다. 예를 들어, 이 책의 저자 중 한 명은 Hyon Kook Myong으로 H. K. Myong을, 또 한 명은 Hiki Hong으로 H. Hong이 되며 이 표기법은 영어권에도 그대로 사용되는 것이 일반적이다.

공저자가 있을 때 누구를 first author로 할지는 대단히 미묘한 문제이기 때문에, 이것은 각 연구그룹마다 가능하면 공평한 기준을 정할 수밖에 없다. 보통은 기여도에 따라 순위가 결정되며, 그 기여도의 기준으로도 가장 중요한 아이디어를 제공한 자, 가장 많은 시간을 투자한 자 등으로 연구그룹에 따라 다를 수 있다. 기여도가 가장 많은 주역에 해당되는 연구자가 first author가 되며 뒤로 갈수록 공헌도가 떨어지는 것으로 간주되지만, 모두가 같은 정도의 역할을 달성한 경우에는 알파벳순으로 결정하는 수도 있다(이 책의 경우에는 바로 이 방법을 사용하였다). 최근에는 하나의 논문에 관계되는 저자의 수가 많아지는 경향이고, 저자명의 순서로 인하여 협력관계가 무너지는 사건도 종종 발생하므로 서로 양보하는 여유가 필요하다.

그렇다면 논문실적 평가시 first author에게 가산점을 부여하는 한국의 현실에서 지도교수와 학생(들)의 공동논문인 경우는 어떻게 하는 것이 좋을까? 연구의 실무를 담당한 학생이 first author를 연구의 기획과 책임을 지는 지도교수가 교신저자(corresponding author) 또는 last author를 맡는 것이 비록 가산점이 탐나더라도 관례상 점잖아 보이지 않을까 생각한다.

affiliation은 소속대학의 학과, 연구기관의 명칭과 함께 연락될 수 있는 주소를 포함시킨다. 일반적으로 알려져 있는 기관이라면 도시명까지만 넣어 우편이 도착할 수 있는 정도의 간단한 주소를 기재한다.

1.4.3 abstract

독자는 abstract를 읽고 요점을 취하게 되며, 따라서 그 논문을 읽을 것인가 판단하게 되는 중요한 부분이다.

즉, 이 부분은 title에 이어 중요한 논문의 도입부분이라고 할 수 있다. 본문을 읽을지 여부는 abstract를 읽고 결정하는 경우가 많으므로, 여기에 자기가 한 일의 중요한 사항을 요령 있게 포함시켜야 한다. 어떤 방법으로, 무엇을 조사하여, 무엇을 알아낸 것인지를 쓰는 것이지만 특히 독자에게 전달하고 싶은 결과를 이 부분에서 명확하게 기술하며, 반드시 다음의 내용이 포함되도록 한다.

(**a**) 연구의 배경 : 연구의 목적, 배경, 동기를 확실하게 소개한다.
(**b**) 아이디어와 연구방법 : 이 연구에서 사용된 아이디어와 방법론을 설명한다.
(**c**) 주된 연구결과 : 중요한 연구결과를 간략하게 명기한다.
(**d**) 결론 : 얻어진 결과의 중요성과 시사하는 내용을 간단히 분석한다.

참고로, 위의 (a), (d)는 현재형(특별한 시간의 틀에 얽매이지 않고 포괄적인 것을 언급하므로), (b)는 현재완료형(연구의 배경설명을 기존의 특별한 연구결과와 연관을 짓기 때문), (c)는 과거형으로(이는 특정한 시간에 일어난 결과를 언급하는 것이므로) 작성하는 것이 일반적이나, 상세한 사항은 3.4.1 (6)항의 시제를 참고하도록 한다.

또한 추가적으로 abstract를 쓸 때 다음 사항을 유의할 필요가 있다.

① 대체로 200단어 이내로 짧게 하는 것이 좋다.
② 비인칭 (가급적 I나 we 등은 피한다)
③ 가급적 참고문헌은 인용하지 않는다.
④ 약어를 사용하지 않는다(이미 잘 알려져 있는 약어는 예외).
⑤ 명료할 것
⑥ 모두 사실로 내용을 잘 나타낼 것

그러나 비인칭을 지나치게 강조하여 abstract를 항상 수동태로 작성해야 된다고 생각하는 사람들이 의외로 많으나, 무리하게 모두 수동태로 할 필요는 없다. "We have measured …"라든가, "We conclude …"의 표현은 전혀 어색하지 않다. 다만, 이것이 지나쳐 "I have investigated …"로 쓰기 시작하는 것도 가끔 보지만 이것은 좀 심한 느낌이 든다. 또한 수차례 같은 복합 단어가 나타나는 경우는 최초에 약어를 설명하고, 이하에는 약어를 사용해도 무방하다.

1.4.4 introduction

introduction은 길 필요는 없으나 문제점을 명확히 하고, 간단하게 다음 의문에 답할 수 있도록 한다. 즉, how, why, what, when, where와 who이다. 서론에는 6개의 포인트가 있다.

① 문제점과 그 중요성을 명확히 한다.
② 문제의 한계를 명확히 한다(때로는 하지 못했던 점을 기술하는 것도 중요하다).
③ 그 문제를 연구한 동기・목적을 기술한다.
④ 문제를 해결하기 위한 아이디어와 연구방법을 기술한다. 필요하면 일련의 논문 리뷰로 연구방법과 전망을 기술한다.
⑤ 얻어진 가장 커다란 연구결과를 기술한다. 그러나 서론은 결코 요약이 아니므로 결과의 모든 것을 요약하지는 않는다.
⑥ 필요한 참고문헌을 인용하여 관련되는 과거의 연구를 요약한다.

이 부분은 논문 전체의 골격을 결정하는 가장 중요한 부분으로, 좋은 연구결과를 이루기 위해서는 실험이든 계산이든 간에 연구가 시작되기 전에 introduction이 머릿속에서 완성되어 있어야 한다. 그러나 실제로는 연구가 진행되는 도중에 시작하기 전에는 예상하지 못한 여러 가지 요소가 나타나, 논문을 쓰는 단계에서 어떻게 introduction을 써야 할지 고민하는 경우가 많다. introduction에서 저자의 관점을 서술하게 되나 그러기 위해서는 우선 문제의 배경을 언급할 필요가 있다. 그리고 그 배경이나 이미 알고 있는 것을 전제로 하여 어떤 질문을 던지고 또한 그 질문에 답하는 과정에서 어떠한 중요성이 있는가를 서술한다. 여기서 다시 한번 강조하면 introduction에서는 자기의 관점을 명확히 해야 한다는 점이다. 배경 그 자체는 중립이지만 저자의 개성을 통해서 연구의 방향성을 갖게 되며 그 방향을 확신시키는 것이 바로 introduction이다. 그러므로 배경설명을 중립적으로 설명하는 것만으로는 논문의 의의가 약하다.

introduction에서 가장 먼저 나타나는 문장을 쓰는 데는 누구나 망설이게 된다. 많은 논문을 유심히 보면 최초의 문장에는 크게 두 종류가 있다는 것을 알게 된다. 하나는 "이러이러한 문제는 대단히 흥미롭다, 또는 많은 연구가 최근 행해지고 있다. 그러므로 나도 해보았다."라는 식의 문장으로 다음과 같이 표현할 수 있다.

- Recently, extensive studies have been carried out on …이나, In the past several years there has been increasing interest in ….

두 번째는 바로 본론으로 들어가는 형으로 다음과 같은 문장으로 시작된다.

- If a beam of light passes through a solid or a liquid, a small fraction of the incident light will be scattered in all directions by thermal fluctuations in the dielectric constant of the medium.

어떻게 논문을 쓰기 시작할까는 전적으로 자신의 취향이므로, 여러 가지의 예를 본 다음에 자신의 개성과 그 논문 전체의 성격에 맞추어 선택하면 된다. 그리고 주의하여 남의 논문을 읽는 가운데 자신이 좋아하는 형태도 결정될 것이다.

참고로 영미인들이 자주 사용하는 introduction의 도입부 형태를 소개하면 다음과 같다.

① 흥미 있는 문장으로 시작한다.
② 그 논문에서 해답을 주는 중요한 질문을 제시한다.
③ 개인적인 경험이나 이야기
④ 중요한 사실
⑤ 인용
⑥ 공통점의 기술
⑦ 역사적 배경(만일 이 방식으로 시작한다면 무엇이 아직 보고되어 있지 않은가를 기술한다)
⑧ 연구과제를 강조한다.

⑨ 특별한 사실을 상세히 기술한다.
⑩ 한 가지 의견 또는 행동을 기술한다.
⑪ 정의한다.

1.4.5 methods (theory and / or experiment)

이 부분이 논문의 주체이지만, 앞 절의 introduction이 잘 작성되면 본론을 쓰는 것은 상당히 쉽다. 그럼에도 본론의 내용을 작성하는 데도 어떻게 쓸까 망설여진다면 다시 한번 introduction을 읽어보고, 자신의 생각이 정말로 정리되어 있는지를 검토할 필요가 있다. 준비단계에서 떠오르지 않아 확실히 해두지 않은 무엇인가가 이러한 과정에서 파악될 수도 있다. 이 본제 부분은 논문의 내용에 따라 다양한 방법으로 작성할 수 있으므로, 일반적인 주의사항을 포괄적으로 설명하는 것은 생략하기로 한다.

(1) 기호의 정의

논문에서 쓰이는 기호를 정확히 정의하는 것은 상당히 중요하나, 이것을 자연스럽게 글 중에서 능률적으로 정확히 나타내는 것은 아무래도 어렵다. 각 기호마다 "Let x be …"로 쓰면 대단히 읽기 어렵고 비경제적이다.

T = Sample temperature
ω_i = Angular frequency of the incident light
c = Speed of light in vacuum

또한 정의를 정리하여 모두 위와 같이 하는 것은 너무 딱딱한 느낌이 드는 한편, introduction 다음에 위치하는 nomenclature에서 이러한 방식으로 이미 소개를 하게 되므로 적합하지 않다. 본문 중에 기호를 능률적으로 정의하는 방법의 하나로, 문장 중에 그 기호에 해당하는 단어나 구가 처음으로 나타날 때 바로 뒤에 필요로 하는 기호를 정의해 두는 것이 좋다. 예를 들어, "The inlet temperature (T_i = 25℃) is …"와 같이 하면 자연스럽게 T_i를 정의하면서 값을 설정할 수 있으며, 앞에서 기호를 정의한 뒤 나중에 "The inlet temperature is 25℃, …"와 같이 번거롭게 표현하지 않아도 된다. 다음과 같은 예도 많은 내용을 능률적으로 표현하는 데 사용될 수 있다.

- As illustrated in Fig. 1, we assume a three layered geometry where media 1, 2 and 3 have dielectric constants, ε_1, ε_2 and ε_3 respectively.

이렇게 하면 그림을 설명하는 동시에 3개 층의 번호와 유전율을 정의할 수 있다. 일반적으로 외국어로 물건의 배치관계를 설명하는 것은 결코 쉽지 않으므로, 이러한 경우에는 그림을 사용하는 것이 가장 알기 쉬우며 동시에 오해의 소지를 막을 수 있다. 언어가 부자유스러울 때에는 잘 연구한 그림에 의지하는 것도 하나의 해결책이다.

다음의 예는 방정식을 쓰기 전에 적합한 기호의 정의법이다.

- The scattered light intensity $I(\omega_s, \boldsymbol{k}_s)$ at frequency ω_s, and wave vector $\boldsymbol{k}_s$ is given by

$$I(\omega_s, \boldsymbol{k}_s) = \left(\frac{\omega_s}{c}\right)^4 [n(\hbar\Omega)+1]\ f(\boldsymbol{k}_s)$$

where c is the speed of light in vacuum and $n(\hbar\Omega)$ is the Bose-Einstein factor for the phonons of frequency Ω ; $f(\boldsymbol{k}_s)$ is a factor that depends on the magnitude and the direction of $\boldsymbol{k}_s$ as well as the material parameters of the scattering medium.

이 예와 같이 먼저 식을 제시하고, 뒤에서 "where …"와 같은 형태로 식 중에서 사용된 기호를 정의하는 것이 정석과 같이 되어 있으나, where 이후로 포함시키고자 하는 내용이 너무 많으면 상당히 읽기가 어렵다. 따라서 위의 예에서는 c와 $n(\hbar\Omega)$의 정의는 짧게 해두고 세미콜론(;)으로 일단 문장을 끊었다. 세미콜론 [3.9.5 (2)항 참조]은 내용상으로는 하나의 문장으로 하고 싶으나, 문법적으로는 주어와 동사를 바꿔 새로운 문장을 필요로 하는 경우에 최적이다.

무심코 넘어가기 쉬운 것이 기호, 단위 및 숫자의 표기법이다. 투고하려는 학회지에서 특별히 지정하지 않는 한, 국제적으로 통용되는 원칙이 적용되며 이를 간략히 언급하도록 한다.

직립체(upright or Roman font)는 단위기호(m, kg, J), 화학기호(H_2O), 수학연산자(sin, erf, log, ln, d, e), 숫자(1, 2, 3)에 경사체(sloping or italic font)는 물리량(mass M, pressure p)이나, 함수 및 변수 [$y=f(x)$]를 표현하는 데 사용한다. 경사볼드체(sloping bold font)는 벡터나 텐서를 스칼라와 구분지을 때 사용하게 된다($\boldsymbol{F}=m\boldsymbol{a}$). 여기서 틀리기 쉬운 것이 물리량의 판단 여부인데 다소 모호한 경우도 있으나, 「점 A에서 B까지 이은 선분 AB」에서 A, B, AB와 같이 특별히 물리적 의미가 없는 기호에는 직립체를 사용한다. 첨자의 경우에도 물리량이면 경사체를(specific heat c at constant pressure p, c_p), 단순한 약칭이면 직립체(heat transfer coefficient h given as a mean value, h_{m})를 사용하는 것이 원칙이다.

(2) 실험방법

실험에 관련된 논문인 경우에는 얻어진 결과가 확실한 실험적 근거를 가지며 타당한 것이라는 것을 experiment에서 보이게 된다. 다른 연구자가 동일한 결과를 재현할 수 있을 정도로 상세하면서도 정확히 기술하는 것이 바람직하다. 그러나 반드시 모든 내용을 상술할 필요는 없으며, 다음의 사항을 염두에 두고 간결하게 작성하도록 한다.

(**a**) 연구에 사용한 재료, 시약 등에 대하여 다른 연구자가 재현할 수 있을 정도로 정확하게 기술한다.
(**b**) 실험조건 등에 대해서도 역시 재현 가능하도록 정확히 기술한다.
(**c**) 재료, 시약, 실험기구, 장치, 실험방법 등에 대하여 그것을 선택한 이유, 정당성 등을 설명한다.
(**d**) 일반적인 방법과 다른 경우(예를 들어, 일반적이지는 않으나 새로운 방법)에는 상세하게 설명한다.

1.4.6 results

여기서는 이론이나 실험으로부터 얻어진 결과 중에서 중요한 사실을 앞부분에서 한 번 언급했더라도 또 한 번 기술한다. 몇 개의 단락으로 나누어서 기술하며, 이들을 다시 몇 개의 블록으로 정리하여 적절한 표제를 붙인다. 중요한 결과는 가능하면 도표로 보이는 것이 좋다. 또한 데이터가 의미하는 것을 명확히 하기 위해 데이터간의 상관관계, 인과관계, 비례관계 등을 검토한다.

특히 다음의 discussion에서 논의하고자 하는 문제는 토론하기 쉬운 형태로 결과를 정리해 두는 것이 좋다. 경우에 따라서는 이 results와 다음 항의 discussion을 하나로 묶는 편이 좋을 수도 있다. 또한 짧은 논문에서는 theory나 experiment 중에 results를 포함시켜도 상관없다. 그러나 어떤 샘플계통에 대하여 다양한 측정을 하고 측정방법의 설명과 측정결과를 섞어서 설명하게 되면, 독자에게 결과가 확실하게 전달되지 않을 수가 있다. 이러한 경우에는 사용된 측정방법이나 측정조건을 experiment에서 기술해 두고, results에서는 각각의 측정방법 및 측정조건에 대한 결과를 별도로 기술하는 것이 가장 알기 쉬울 것이다.

1.4.7 discussion

여기서는 얻어진 결과의 중요성과 그것이 내포하는 내용을 분석한다. 지금까지의 연구와 비교·검토함으로써 얻어진 결과가 왜 중요한지 또는 해당 분야의 진보에 어떻게 공헌하는지 등을 기술한다. 특히 discussion은 주의 깊게 철저히 이루어져야 하며, 이것이 부실하면 가령 데이터가 타당하고 흥미있는 것일지라도 논문 자체가 게재불가 판정이 나올 수 있다.

여기까지 논문을 써 오게 되면 흔히 그 다음을 계속하는 것이 번거롭게 느껴진다. 따라서 적당히 결론에 도달하고 싶은 유혹을 받기 쉬우나, 조금만 더 인내하고 면밀한 discussion이 되도록 노력할 필요가 있다. 이 단계에서는 이 논문의 결과와 다른 논문의 결과를 관련지어 평가하게 되며, 또한 앞으로 어떠한 연구가 필요한지 기술하는 것도 중요하다. 이 정도까지 진행된 시점에서 introduction을 다시 한번 읽어보고, 어떠한 점을 강조하여 기술할 것인가를 생각하는 것도 좋은 방법이다. 상당히 이전에 쓰여진 논문의 discussion을 읽어보면, 여러 가지로 유용한 것이 쓰여 있고 심지어 20년 전에도 이러한 것을 생각한 사람이 있었구나 하고 감탄하기도 한다. 먼 훗날 자신의 논문을 보는 사람들 역시 감탄할 수 있는 discussion이 될 수 있도록 노력하는 정성이 필요하다.

어떤 실험 또는 이론에 의한 결과가 이미 결정되어 있다고 가정하면, 그것이 의미 있는 것이 될지의 여부는 바로 이 discussion의 내용에 좌우된다고 해도 과언이 아니다. 즉, 무엇인가 discussion에서 논의하고 싶은 내용이 있었기 때문에 처음으로 실험 또는 계산을 시도하였을 것이다. 그러므로 discussion을 쓸 때에는 무엇을 알고 싶어 이 연구를 한 것일까를 생각해 보면 좋다. 세세한 내용으로는 예측한 결과가 얻어졌을까, 예측 외의 결과가 나온 것은 왜일까, 얻어진 결과가 어디에 응용될 수 있을까 등을 생각한 다음에 써나가야 한다. 전술한 바와 같이 introduction과 더불어 이 discussion이 저자의 개성을 나타내는 무대이므로, 자신의 사고방식을 다른 사람에게 잘 알리려는 태도로 results에서 기술한 사실을 마음껏 활용하여 치밀한 논리로 자신의 관점을 전개한다. 그러나 이것은 이상이고 실제로 논문을 쓰게 되면, 생각 외로 쓸 내용이 없는 상황이 빈번한 것도 부인할 수 없다.

1.4.8 conclusion

여기까지 도달하면서 연구결과에 상당하는 부분을 몇 번이나 기술하였다는 생각이 들기도 하고, 또한 결과를 지나치게 되풀이해서 쓰는 것은 아닌가 반문하게 될 때가 종종 있다. 그러나 conclusion에서는 discussion의 결과를 근거로 하여 논문 전체를 통하여 주장할 수 있는 것을 단적으로 요약한다. 여기서 다시 한번 introduction의 내용을 읽어보고, 타당한 결론으로서 주장할 수 있는 것은 무엇인가 생각해 보는 것이 좋다.

바쁜 독자는 abstract 다음에 이 부분을 대충 읽어보는 경우가 많으므로, 연구결과로 독자에게 강한 인상을 주고 싶은 내용을 직접적으로 기술한다. 그러나 그 결론에 도달하게 된 이유까지 기술함으로써 오히려 어느 것이 결론인지 혼란스럽게 되는 경우에는 결론에 도달한 이유를 기술할 필요는 없다. 즉, 어떻게 그 결론에 도달하였는가는 언급하지 않고, 이러한 경우에는 이렇게 되고, 또다른 경우에는 저렇게 되었다는 식으로 결과를 나열하는 것이 좋다. 또 이어지는 연구에서는 무엇을 해야 하는가를 간단히 언급하는 것도 좋다.

brief(또는 short) note나 letter에서는 별도의 conclusion section 대신에, 새로운 문단으로 시작하여 "In conclusion, we have measured …, and determined …"라고 하면 되며, 이어지는 두세 문장에서 그밖의 결론을 열거

하는 경우가 많다. 또한 "To conclude, …"로 시작하여 결론을 이끌어 내는 방법도 있다. letter, brief note, full paper를 막론하고 가장 주요한 결과만을 쓰고, 부대조건이나 이유를 어수선하게 나열하는 것은 피해야 한다. 그러므로 문체로서는 "We have measured … under … conditions, and found …"라든가 "The measured value of the conductivity is an order of magnitude greater than the theoretically predicted value."와 같이 요점만 쓴다. 또한 측정된 수치가 대단히 중요한 경우에는 이 값을 여기서 다시 한번 강조한다.

- *From these facts* we can / may **conclude** that ….
- In conclusion, ….
- From the experimental results the following **conclusions** can *be drawn* :

1.4.9 acknowledgments

여기서는 연구에 협조해 준 사람, 토론을 통하여 새로운 아이디어를 제공해준 사람, 또한 적절한 조언을 해준 사람 등에게 사의를 표하게 되나, reference에서 인용하는 것과 비슷하게 상대에게 주는 명예의 효과가 있으므로, 불공평하거나 중요한 사람을 빠뜨리는 일이 없도록 주의하여야 한다. 가능하면 산뜻한 표현을 쓰는 것이 좋으며, "We would like to thank *A* for *B*" 또는 "We wish to acknowledge valuable discussion with *A*"와 같은 형태가 간단한데, would like to가 wish to보다 구어체적이며 부드러운 느낌을 준다. 또한 "We are grateful to …"도 사용되는데, 이 표현은 정말로 고맙게 여기는 느낌이 든다. 이것보다 정중한 느낌이 드는 것으로 "We are indebted to *A* for *B*"라는 표현이 있다. "Thanks are due to *A* for *B*"와 같은 표현도 간혹 보이는데, acknowledge는 본문이 아니므로 이러한 문체를 사용해도 무리는 따르지 않으며, 저자가 무대 앞에 나타나서 직접 인사하는 느낌으로 받아들여진다. 감사할 상대가 많은 경우에는 "We would like to thank …"를 한 사람씩 써서는 지루한 문장이 되므로, 토론을 해준 사람들, 샘플을 준 사람들 등을 그룹으로 하여 같이 처리하면 간명하다. 또한 표현을 조금씩 바꿔 "We would like to thank …"라고 하였으면 다음에는 "We also acknowledge …"로 문장에 변화를 주는 것이 자연스럽다.

1.4.10 references

이것은 논문집마다 요구하는 형태가 다르기 때문에 논문을 투고하고자 하는 전문학술지에 맞출 필요가 있다. 예를 들면, 미국의 Journal of Fluids Engineering에서는 다음과 같이 쓴다.

> Myong, H. K., 1993, "A Numerical Study on the Generation Mechanism of Turbulence-Driven Secondary Flow in a Square Duct," ASME JOURNAL OF FLUIDS ENGINEERING, Vol. 115, pp. 172~175.

영국의 Int. J. of Heat and Mass Transfer는 다음과 같이 쓴다.

> H. Hong and A. Saito, Numerical method for direct contact melting in transient process, *Int. J. Heat Mass Transfer* **36**(8), 2093~2103(1993).

또한 아직 출판되지 않은 문헌을 인용하는 것은 가능하면 피해야 되지만 반드시 필요한 경우에는 Author(s), (to be printed) 또는 Author(s), (in press)로 한다. 또한 이야기를 들었을 뿐이고 논문으로 발표되지 않은 경우에는 Author(private communication)로 한다. 그러나 private communication이나 to be published만으로는 독자에게 아무런 도움이 되지 않으므로 가능하면 피하도록 한다. 때때로 가장 중요한 인용문헌이 to be published로 되어 있어 도대체 근거가 확실한 것인지 의문시될 수도 있다. 따라서 보충적인 의미로 인용하는 문헌 이외에는 독자가 접할 수 있는 문헌에 한해서 인용해야 된다.

앞 절에서도 강조하였으나, 문헌 인용은 책임지고 지켜야 하는 대단히 중요한 사항이라는 점을 다시 한번 강조해 둔다. 물론 이를 지나치게 확대해석하여 자기의 업적에 해당되는 사항조차 남의 논문에 주는 일은 물론 없어야 하나, 선배 또는 경쟁자가 수행한 일을 마음껏 평가하여 상응하는 명예(credit)를 주는 것은 책임 있는 과학자・공학자로서 지켜야 하는 도리이다. 이미 유사한 연구가 행하여지고 있는 것을 알리지 않고, 즉 그 논문을 인용하지 않고 자기의 연구가 최초인 것처럼 보이는 행위는 부도덕하다. 그와 같은 것을 되풀이하면 스스로 자신의 신용을 떨어뜨리고 마는 것이다. 물론 연구부족으로 인하여 타인의 논문이 존재하는지 모르고 인용하는 기회를 놓치는 경우도 종종 있는데, 이를 알아차렸다면 이후 관련논문을 발표할 때에는 인용문헌을 언급하는 것이 좋다.

1.4.11 tables and captions

많은 상세한 수치를 정리한 표는 후에 실험 데이터값이 필요할 때 대단히 편리하지만, 실험결과가 의미하는 것을 판단하고자 할 때에는 여간해서 보기가 힘들다. 그러므로 정확한 수치를 나중에 필요로 하는 경우가 아니면 데이터를 그래프의 형태로 정리하는 것이 효과적이다.

표를 만들 때에 수치의 출처(reference)를 caption에 포함시켜두면 각각의 수치가 어디에서 인용된 것인지 일목요연하다. 예를 들면, present data, reference (a), reference (b), … 와 같이 데이터의 비교를 보이고자 할 때에는, caption 중에 Ref. 1, Ref. 2 등과 같이 기입하고, Ref. 1, Ref. 2, … 를 references 부분에 정리한다.

1.4.12 figures and captions

문장으로 설명이 용이하지 않은 경우에 적절한 그림을 넣는 것이 긴요하며, 논문을 알기 쉽게 해주는 요소이다. 그림과 관련하여 특히 주의할 점은 너무 많은 내용을 하나의 그림에 억지로 넣으려고 하지 말아야 한다. 조금은 공간상으로 낭비가 되어도 하나하나의 그림은 간단히 하는 것이 좋다. 또한 그림이 합리적이면서 동시에 figure caption을 잘 궁리하여 독자가 한 번 읽는 것만으로 그림의 의미가 확실히 전달될 수 있도록 배려할 필요가 있다.

figure caption의 특성상 일종의 표제이므로 억지로 하나의 문장으로 할 필요는 없으며, 관사도 생략하여 scattering angle vs. normalized intensity와 같이 쓰는 경우가 많다. 원이나 사각, 또는 점선, 파선 등을 사용한 그래프의 경우는 본문을 읽지 않더라도 각각의 기호가 의미하는 것을 알 수 있도록 figure caption에서 설명하는 것이 좋다. 새로운 논문을 보게 되면 우선 그림을 보고 내용을 추정하는 수가 많으므로, 그림만 보고도 내용을 예측할 수 있는 논문이 독자에게는 요구된다. 따라서 caption에는 다음과 같이 간단한 표제를 붙인 뒤에 기호의 설명을 부기하면 좋다.

- "The dots represent the measured spectra and the solid curves are the calculated results."라든가, "The blank circles are for sample(a) and the solid circles are for sample(b)."

1.4.13 appendices

부록에는 본문에 포함시키기에는 지나치게 길고, 논문의 흐름을 방해하지만 훗날 필요한 기록으로서 남기고 싶은 것 등을 추가해 둔다. 여기에는 계산의 상세한 내용이나 실험 데이터의 상세한 수치를 쓰게 되나, 필요 이상으로 상세한 것을 쓰지 않도록 주의한다. 서로 다른 사항을 포함시키는 경우에는 "Appendix A", "Appendix B"와 같이 표제를 붙여두면 읽는 사람이 편할 것이다. 본문 중에는 "As we show in Appendix A …" 또는 "… (see Appendix A)."와 같이 하여 appendix에 상술되어 있는 것을 나타내도록 한다.

1.4.14 letters and brief notes

요즘과 같이 연구의 세계가 바쁘게 돌아가게 되면, 지금까지 설명한 full length paper를 쓰는 것도 중요하지만, 1절에서도 언급하였듯이 상황에 따라서는 그 이상으로 효율 있는 아주 짧은 letter나 brief(또는 short) note를 쓰는 것이 적절하다.

여기서는 brief note를 알기 쉽고 효과적으로 쓰는 방법을 강구해 보기로 한다. 이러한 논문의 길이는 대체로 double space로 A4 용지에 타이핑하여 10페이지 전후와 그림 2, 3장 정도이다. letter journal에서는 논문의 길이가 분명히 한정되어 있는 경우가 많으므로, 우선 논문을 쓰기 전에 길이의 제한을 알아볼 필요가 있다.

내용은 full length paper와 큰 차이는 없으나 보통의 논문 이상으로 초점을 맞추도록 노력해야 한다. introduction 부분에서는 key reference만을 골라 이 연구와의 관계를 밝히면서, 가능하면 reference에 의존하여 배경을 설명하도록 하면 지면을 절약하여 효과적으로 작성할 수 있다. 또한 바로 그 논문에서 문제로 하는 테마에 대한 review paper가 있으면, 그것을 인용함으로써 많은 인용문헌을 포함시키지 않아도 된다. 본제에 들어간 다음에도 전에 발표된 적이 있는 방법을 사용하는 경우에는 그 방법을 설명한 논문을 인용하는 것만으로 충분하다. 또한 어떤 측정방법의 세부를 설명할 공간이 없는 경우에는 각주를 붙이고 reference 부분에, "The details of the calibration method used in this measurement will be reported in a full length paper to be published later."와 같은 문장을 부기하는 것도 좋다. 다만, 이 detail한 방법 자체가 논문의 핵심이라면 이 방법을 쓸 수 없음은 당연하다. 또한 이렇게 약속한 이상 나중에 반드시 full length paper를 쓰고 그 details를 발표해야 한다.

letters지에 따라서는 투고된 원고의 절반 정도가 게재되지 못하는 경우가 있으므로 게재되기 위해서는 내용 자체가 새로워야 하며 시기적절하고 게다가 일반적으로 흥미로워야만 한다. 누가 보더라도 명백한 대발견이라면 어떠한 논문의 서식을 취하더라도 논문심사를 통과할 수 있다. 그러나 대부분의 논문의 내용은 견해에 따라 평가되는 가치가 변하게 된다. 그러므로 심사위원에게 이것은 확실히 새롭고 중요한 발전이라는 생각을 갖도록 노력할 필요가 있다. 특히 introduction에 해당되는 부분을 한 번 읽은 사람에게 중요성이 분명히 전달될 수 있도록 한다. "알 만한 사람이 보면 중요성은 저절로 분명히 떠오른다.…"는 식으로 고상한 서식을 취해서는 경쟁이 심한 letters지에는 여간해서 논문을 낼 수 없다. 한국인의 경우에는 자기의 취향에 맞지 않는다고 생각할 정도로 자기 선전성이 강한 논문을 쓰겠다는 각오로 작성할 필요가 있다.

1.5 기본적이고 공통적인 문장 표현 예문

실제로 영어논문을 쓰려고 하면, 말하고 싶은 것을 영어로 표현할 수 없어 고통스러운 경우가 많다. 여기서는 영어논문 작성시 도움이 될 것이라고 여겨지는 기본적이고 공통적인 문장 표현 예문을 1.4절의 각 항목별로 모아 보았다. 다만, 특정한 전공에 관련된 전문용어가 다수 사용되고 있으므로 그 형태를 주로 참고하기 바라며, 자신의 전공에 맞는 유명한 journal을 중심으로 요긴한 표현을 나름대로 정리하는 것이 좋을 것이다.

1.5.1 title 관련 표현

흔히 접할 수 있는 title의 표현법은 다음과 같다.

- **A new type of** … : 새로운 형태의
- **A new route to** … : … 로의 새로운 루트
- **A new strategy for** the synthesis of … : … 의 신전략
- A novel **preparative method for** … : … 의 조제법
- **Correlation between** … **and** … : … 의 상관관계
- **Effect of** … **on** … : … 에 대한 … 의 영향
- **Evidence for** … : … 에 대한 증거
- **Factors** determining / influencing / affecting … : … 의 인자
- **Interaction between** … **and** … / **Interaction of** … **with** … : … 의 상호작용
- **On / Regarding** … : … 에 대하여
- **Oxidation of** A to B
- **Preparation of** … : … 의 조제, 작성
- **Present status / situation and future trends of** … : … 의 현상과 장래
- **Problems in / of** … : … 의 문제

- Solving **mechanism for/of/ in** … : … 의 기구
- **Survey report on** the actual situation of … : … 의 조사보고
- The gas-phase **acidity of** … : … 의 산성
- **Trial production of** … : … 의 시작(試作)

1.5.2 abstract 작성 관련 표현

abstract 작성과 관련하여 자주 표현되는 문장의 예를 아래에 소개한다.

■ 연구하다

- The synthesis of meso-porphyrin **has been investigated** *using* tetraphenylporphyrin as a mode. : … 를 사용해서
- Intramolecular acylolysis of comparable secondary and tertiary amide derivatives of Kemp's triacid **has been examined**.

■ 합성 / 결정하다

- Azobenzene-substituted porphyrins **have been synthesized** by condensation of aminophenylporphyrins and nitrosophenyl derivatives.
- The molecular structure of the cycloaddition product **was determined** by X-ray crystallography.

■ 기술 / 논의 / 설명하다

- *A general procedure* **is described** *for* trapping the products of Knoevenagel condensation. : … 에 대한 일반적 방법
- The structure aspects **are discussed** *on the basis of* the ^{1}H NMR data. : … 에 기초해서
- The kinetic results **were explained** *in terms of* slow nu cleophile transport and fast reaction within the ionomer particles.

■ 보이다 / 발견하다

- The monomers **were found to** *undergo* very rapid cationic photopolymerization.
- Experiments **show that** this acceleration *is due to* an autocatalytic process *involving* a pyridinium salt.
- A tryptophan imprinted merocyanine copolymer **exhibits** transport properties toward the polymer-registered substrate.
- This is the first report **demonstrating that** *o*-chlorophenyl dichlorophosphate can be used as a mild phosphorylation reagent.

■ 암시 / 시사하다

- Comparison of solution and gas-phase results **suggests that** an ion-dipole complex is an intermediate in both phases.

■ 제안 / 제시하다

- A unified mechanism for the formation of quinolines and carboxamides **is proposed**.
- Evidence **is presented** that indicates that the carbene intermediate *arises from* a radical precursor. : … 로부터 생기다
- An alternative mechanism *involving* an initial electron transfer to generate the aromatic cation radical **has been presented**.

■ ~에 관련되다

- This paper **is concerned** chiefly **with** the novel catalyst.

■ ~을 포함하다

- A comparative study of the activity of *A* and *B* **is also included.**

1.5.3 introduction 관련 표현

(1) 과거의 사실에 대한 표현

■ 발 견

- In his studies on phenols, Hong **has discovered** ….
- *Owing to* **the finding of** …, remarkable progress has been made in ….

■ 이전의 연구상황

- **Tracing the history** of the study, we found ….
- About **ten years have passed** since this study began.
- $VO(O_2)PIC(H_2O)_2$ **has been reported to** be particularly effective in the hydroxylation of benzene.
- The molecular structure **has recently been established** by X-ray crystallography.
- The method **has broadened** *the use of* sulfide as a protecting group for the 3-position of indoles.

■ 저자가 이전에 수행한 연구보고

- The previous *work/experiments* in this laboratory **has/have demonstrated** that ….
- Using bisazoalkanes, we **have recently determined** that any stabilization of a radical center by the azo group *amounts to* no more than 3 kcal/mol.

■ 다수의 보고 / 산업화

- Various reports **have been published** on this study over a long period of time.
- It has already **been** successfully **industrialized** ….

(2) 연구동기에 대한 표현

■ 연구시도가 성공하였으므로

- We have **obtained a very significant result** by investigating the effect of … on … and wish to provide herein a summary of our findings.
- We wish to report on … where we have **made some progress**.
- Some **attempts have been made to determine** … / These **have been successful to some extent**.

■ 중요한 테마이다 / 주목받고 있다 / 문제가 되고 있다

- **This type of problem has been considered** many times over the past years.
- The problem regarding … **has come to occupy an important position** in ….
- **Public interest** in this is rising. : 사회적 관심
- … has lately **become a subject of special interest**.
- … **is considered to be an important subject**.
- The importance of … **has been increasingly recognized**.
- … **is regarded as of major importance**.
- Attention **has been paid to** … / **has come to be paid to** ….
- … **is becoming** a world-wide problem.
- … is a problem **one should not ignore**.

- This *regulation* **makes the technology required for** its development more and more difficult.
- … becomes **a serious problem / a matter of concern / a problem of utmost importance**.
- In particular, **much effort is directed toward** the design of general approaches to 2-substituted indoles as can be seen by the number of recent publications addressing this subject.
- The selectivity of the reaction **prompted us to examine** a further application.

■ 연구할 만한 가치가 있다 / 흥미 깊다 / 도움이 되다

- Each of these problems is **very interesting** *as an object of* scientific research.
- … seems to be **a worthwhile subject / problem** to investigate.
- It would be **of great interest** to investigate ….
- This is also **of interest in connection with** ….
- … will **be a great help** *in attacking the problem of* ….

■ 지식을 축적하기 위하여 / 이해를 심화하기 위하여

- **An accumulation of knowledge** on/about the molecular structure of chemisorbed species on active sites is necessary in order to study the properties of heterogeneous catalysts.
- **A step toward understanding** its catalytic activity would be **to determine / study** the mechanisms of adsorption of the reactants.

■ 관련기술의 진보에 의해

- With the **rapid progress** of … in recent years, ….

- New methods **are developed** *one after the other* and they are utilized ⋯.
- **As a new method of** synthesizing ⋯, ⋯.

■ 다른 측면에서

- Here **we wish to point out that** the results of the same research that was previously carried out independently by *K* and by *T* are entirely different.
- Further, **we will report on the results** of the authors' investigations of this problem, which are quite different from either of the results mentioned above.
- In order to approach the problem **from a different angle**, ⋯.
- After attacking this problem **from every angle, we concluded** ⋯.
- The most commonly used **approach this question** is ⋯.

■ ～의 보고는 없거나 적다

- **Few studies** on ⋯ found in the literature.
- **No** catalysts of these types have ever been reported in the literature.
- **No** complete interpretation, however, has been formulated.
- There have been **few** studies on ⋯.
- The combination of Pt catalysts, hydrocarbons and a large excess of oxygen **has not been reported** to our knowledge.
- **Few** papers have been published on ⋯
- Although azoalkanes have been widely used to generate free radicals, *the effect of* the azo substituent *on* an adjacent radical center **has received little attention**.

■ 불충분 / 미해명 / 미확립 / 데이터의 부족

- It is not clear, because of **insufficient data**, whether ….
- The technique involves **various kinds of problems**.
- Attempts to prepare … **were unsuccessful**.
- More detailed study **were necessary for** ….
- **No** detailed study **has been published**.
- As for the mechanism of …, their opinions are **completely different**.
- Dr. A's group and Dr. B's group studied it *independently*, obtaining **completely diffrent results**.
- There are a number of **unclarified points** regarding ….
- It **has not yet been made clear** whether ….
- There are **many problems unsolved**.
- The complete answer **is still unknown** today.
- There remain **a number of problems** which need to be solved.
- … **has not progressed** since ….
- There have been **few examples** of ….
- Initial experiments using … **were not successful**.
- … **has not been sufficiently investigated**.
- Some of this type of catalyst are proposed, but many of them **have not reached** *the stage of practical use.*
- An important problem has been **left unsolved**.
- We **are** now **confronted with** a phenomenon which cannot be easily interpreted.

■ 문제점 / 문제인식

- We need to **take measures for** preventing ….
- We need to **take a positive approach** to the problem.
- This approach will be useful in **solving later problems**.

■ 선행논문의 후속

- A part of the present investigation **has already been reported in** ….
- We have subsequently collected further data on … and **wish to report on** the detail of our investigation.
- We have **extended our investigation** to cover other types of ….
- We **present** herein **a detailed account of** this methodology and its usefulness in the preparation of a wide variety of 2-substituted indoles.

(3) 목 적

■ 연구의 목적

- The present paper deals **with** / **concerns** / **discusses** *the problems regarding* ….
- In this paper we **deal with** / **report on** / **describe** / **discuss** ….
- We have conducted the present research **in order to clarify unsolved problems** regarding … and **to obtain basic data** on ….
- **The subject under investigation** is ….
- **The object of this study** was **to widen the use of** ….
- The present report therefore **aims at presenting basic data** on ….

■ 현재 연구중

- Though **the work is still continuing**, we have reached certain conclusions.

■ 흥미 있는 의견 / 결과의 보고

- Since we **have ascertained** the excellent performance of …, we wish to report on the results.
- We **present an interesting conclusion** reached by comparing the experiments with the results of calculation ….
- We **have obtained an interesting result** and wish to report it herein.

1.5.4 methods (theory and / or experiment) 관련 표현

이하 실험방법과 관련하여 흔히 사용하는 표현을 정리하였다.

(1) 시약 관련

■ 시 약

- … was kindly **supplied by** Prof. Kim.
- … were **obtained commercially**.
- … **were synthesized by** the methods reported in *the literature / the previous report.*
- sulfuric acid **at / in concentrations** higher than 95 %.

(2) 조작, 순서

■ 일반사항

- The contents* of the flask **were poured into** ice water.
  (* 단일 물질이 들어 있어도 s가 붙는다)
- The two catalysts **were placed** *in close contact.*
- Benzene **was fractionally distilled from** phosphorous pentoxide through a 50 cm packed column.

- A solution consisting of ***X* and either *Y* or *Z*.** *X*와 *Y* 또는 *X*와 *Z*.
- *X* **was added to** 2 m*l* of 1 N sulfuric acid.
- *A* **was added** *with stirring* to a solution of *B*.
- *Three and four-tenth grams of the salt* **was dissolved in** 1 m*l* of ethanol.
- A solution of 4 g(5 mol) of *X* in 50 m*l* of *Y* **was added drop-wise to** ⋯.
- A mixture of 5 g of *X* and 7 g of *Y* in 100 m*l* of 6 % aqueous acetic acid **was heated** *under reflux* for 2 h.
- The mixture **was refluxed** for 4 h, during which the color remained yellow.
- The mixture was then boiled *until evolution of gas ceased*, cooled, and poured on ice.
- *A* was **reprecipitated** five times.
- Fresh non-activated *X* (3 g) was **washed with** ether.
- *The crude extract*, 540 m*l* was treated with water.
- In a typical experiment, 50 m*l* of *X* **was diluted with** *Y to give Z*.
- This solution **was prepared** *fresh once daily*.
- *An alternative procedure* consists of **substituting** *X* for *Y* and **diluting** it to 6 m*l* with water.
- *A* was **passed through** the column.
- Since the isolation procedure of Brown is *tedious and time-consuming*, the following modification **has been adopted**.
- **The method used here** was virtually identical with that described for *X*.
- ⋯ was prepared **according to the directions of** Brown.
- **in the manner described by** Brown.
- ⋯ **as described by** Kim ⋯.
- The mixture **was subjected to** a dehydration following a method given in "Organic Synthesis" for the preparation of ⋯.

- The procedure **was modified from the method of** Brown.
- according to **the procedure described** ***before*** / ***earlier***.
- as in the **foregoing** / **preceding** experiment.
- … was **characterized as** …. : 특징지어진다
- … **in a manner similar to** that described above.
- It may **be briefly described** as follows. : 간단히 기술하면

■ 가열 / 냉각

- *X* was dissolved in *Y* **with slight warming**.
- After **being calcined at** 1,000 K, the catalyst was reduced by keeping it in a hydrogen stream.
- … were kept at 1,880 K for 5 hr **and then rapidly cooled**.
- *X* was released when it **was heated**.
- After *X* had been allowed to **come to room temperature**, *Y* was *taken out from the furnace*.
- The mixture **was** then **heated** reflux *for an additional 1.5 hr* (with vigorous stirring).
- The mixture **was heated** / **warmed** / **cooled** to 25℃.
- When all the water evaporated, solid crystals **were left** / **remained** in the bottom of the dish.

■ 결정(結晶)

- … **was crystallized** spontaneously on cooling.
- … was obtained **as a semi-crystalline mush** and used for the next step *without further purification*.

■ 증류 / 증발

- After **the evaporation of** *X* to dryness, / After *X* **had been eva-**

porated to dryness, the residual powder was washed with water.

- **Evaporation of** the water from the suspension gave ….
- After **removing** *X* completely / After complete **removal of** *X* ….
- … **was distilled off** in a vacuum on a water bath.

■ 분위기

- The equipment was first **evacuated to a pressure of** *X or less.*
- After the air in the reactor **had been replaced by** nitrogen, hydrogen was introduced
- … in a slow **stream** of nitrogen.

■ 혼 합

- *X* was added at such a rate that vigorous **refluxing** was maintained.
- The **stirring** was continued for *another* 1.3 hr.
- *All except X* **were shaken** with ….
- **Shaking** was continued for 4 hr.

■ 분쇄 / 가압성형

- The mixed powder of *X* and *Y* **was pressed into a disk**(15 mm in diameter and 0.30 mm in thickness)

(3) 측정, 장치, 분석

■ 측 정

- The measurements of *X* were carried out with the apparatus previously described.

- X-Ray powder patterns were obtained with iron filtered Co-K a radiation using 0.5 mm glass capillaries.
- The progress of the oligomerization of 1-butene was followed by observing the pressure decrease with a mercury mano meter.
- The pressure of ··· was measured with a glass Bourdon gauge.

■ 장 치

- ··· in a 100 m*l* flask **equipped with** a reflux condenser.

■ 분 석

- The gaseous products **were analyzed by** gas chromatography.
- ··· **were submitted to** gas chromatography.
- ··· **were diluted**(tenfold / to 100 m*l*) for measurements of *ultra-violet absorption spectra* ···.
- The methods were modified to **increase their sensitivity**.

■ 반 응

- After a few minutes, **reaction set in**, and ···.
- The **reaction was carried out** in a flow-type reaction system.

(4) 실험의 설명에 사용되는 표현

■ 조제하다 / 합성하다

- A solution of 1.5 g of *A* and 3 g of *B* **was prepared** and *sealed* in a test tube.
- *X* was **prepared / synthesized** according to a method *reported in the literature.*

■ 얻다 / 획득하다

- All reagents and solvents **were obtained** from commercial sources and used *as received/ without further purification.*
- The product **was obtained** *in a 70 % yield/ in a yield of 70 % / in a quantitative yield/ in high yields.*

■ 가하다 / 더하다

- To a well-stirred mixture of 100 m*l* of *A* and 15 g of *B* **was added** *dropwise/ in one portion/ in portions with a syringe/ through a dropping funnel a period of 1 hr* 5 g of *C* in 50 m*l* of *D*.
- Approximately 5 g of *C* was **added** to a well-stirred mixture of 100 m*l* of *A* and 15 g of *B*.

■ 처리하다

- *X* **was treated** with 100 m*l* of water.
- The reaction mixture **was worked up** in a manner similar to that *described above.*

■ 넣다 / 위치하다

- Approximately 100 m*l* of benzene **was placed** in a 1-*l* round-bottomed flask.
- In a 5-*l* three-necked flask *equipped with* a reflux condenser, a dropping funnel, and a thermometer **are placed** 15 g of *X* and 20 g of *Y*.
- **Pour** some water into a beaker.
- **Insert** a tube into a test tube.

■ 제거하다 / 옮기다

- Most of the acetone was **removed** / **distilled off** / **evaporated** *at atmospheric pressure / under reduced pressure.*
- The resulting colorless to pale yellow solution was stirred for 2~2.5 min and then **transferred** to the reaction flask *with* a dry hypodermic syringe.

■ 끄집어내다

- One-milliliter aliquots were **taken out** / **withdrawn** *at 8 hr intervals / every eight hours* from the reaction mixture.

■ 추출하다 / 희석하다 / 세정하다

- The acidic solution **was extracted** with *four 200 ml portions* of dichloromethane.
- The organic layer **was diluted** with 250 ml of diethyl ether and **washed** with 100 ml of water.

■ 건조하다 / 농축하다 / 보관하다

- The organic layer **was dried** *over anhydrous magnesium sulfate / over molecular sieves* and then **concentrated** at 40℃ using a rotary evaporator.
- The product **was stored** overnight *under vacuum or over acidic drying agents / under a nitrogen atmosphere.*

■ 모으다

- The product obtained as an orange solid **was collected** on a glass filter and washed with water until *the washings* became colorless.

■ 방치하다

- *After being stirred,* the suspension **was left** until all the solid particles settled at the bottom of the beaker.

■ 시키다 / 하다

- The mixture **was allowed** *to warm slowly to room temperature (with stirring) / to stand overnight / to stand at room temperature for 4 hr.*
- The residue **was made** acidic *by addition of* aqueous 6 M hydrochloric acid.

■ 기록하다

- Absorption spectra **were recorded** on a Hyundai UV-1,000 spectrophotometer.
- Melting points **were measured** using a capillary melting point apparatus.
- **Readings** of the temperature and pressure **were taken** at regular intervals throughout the experiment.

■ 검지하다 / 검출하다

- Formation of a crystalline compound is **observed** during the course of reaction.
- Formation of a crystalline compound is **observed** during the course of reaction.
- A manometer was used to **determine** the pressure change.

■ 유지하다 / 계속하다

- The temperature of the solution was **kept** / **held** / **maintained** *constant* / *at approximately 50℃* throughout the experiment.

- Heating **was continued** until the metal changed color.

■ 올리다 / 증가하다

- **Increasing** the temperature by 10℃ did not change the yield.
- The temperature **was raised** to 100℃ to bring the reaction to completion.

■ 낮추다 / 감소하다

- As the temperature **was lowered**, the solubility of *A* **decreased** dramatically.
- The reaction time can **be reduced** by raising the temperature.
- The optical density at 340 nm **diminishes** as the reaction proceeds.

■ 억제하다 / 금지하다 / 방지하다 / 피하다

- Polymerization is **retarded** / **suppressed** / **inhibited** by oxygen.
- A high temperature is required to **prevent** precipitation of the salt.
- Our goals were : development of a process that **avoids** the use of water and the subsequent need for its removal, and employment of easy-to-prepare, crystalline, activated monomers for the process.

■ 제어하다

- The pressure needs to be **controlled** / **regulated** to ensure safety during the experiment.

■ 갖추다 / 접속하다 / 조립하다

- The three-necked flask was **fitted / equipped with** a thermometer and a dropping funnel.
- A thermometer **was attached to** the three-necked flask.
- The apparatus **was set up** as described above.

■ 사용하다

- **By the use of HPLC**, we were able to identify indole-3-carbinol as one of the products.
- The melting point of *A* was determined **by using / with** a capillary melting point apparatus.

■ ~와 같이

- A typical procedure for the desulfenylation of 3-indolyl sulfides is **as follows** : a mixture of 1 mmol of 1 and 2 mmol of 2 was stirred at room temperature for 1 hr. To this was added ….
- The polymers were prepared **as reported** *previously / in the previous report.*
- The reaction was not quantitative, **as evidenced** by the formation of carbon dioxide, even in the presence of a large excess of GSH.
- At lower concentrations, a new band at longer wavelength develops **as shown** in Figure 1.
- **As can be seen / As evident from** Figure 3, the relative fluorescence intensities at 410 nm, when plotted as a function of temperature, fall on two straight lines with similar slopes.
- With several improvements in the synthesis **as noted** above. *A* could now be obtained in a 7～8% overall yield.

■ ~하자, ~

- **On / After completion** of the addition. the reaction mixture was heated to 50℃ for 30 min.
- Additional material was obtained **on evaporation** of the filtrate in a rotary evaporator. / The product, which crystallizes **on cooling / standing at room temperature** as white needles, is sufficiently pure *for use in* the subsequent step.
- YO in aqueous solution is virtually nonfluorescence but **upon binding** to DNA its fluorescence quantum yield is increased *about 1,000-fold.*

■ ~하고, 이어서~

- The product was precipitated in methanol at room temperature **and then** vacuum-dried to constant weight.
- The dianion was **first** treated with 1 equiv. of benzyl chloride and **then** deformylated with aqueous base.
- The dianion was treated **first** with benzyl chloride and **then** with water.

1.5.5 results 및 discussion 관련 표현

다음에 results 및 discussion에서 사용되는 전형적인 표현 예문을 소개한다.

(1) 단락, 전개, 단락의 연결

■ 역 접

- No complete interpretation, **however**, has been formulated.
- **Contrary to** expectation, no noticeable inequality between them was found.
- **On the other hand** … / **In the contrast with** *X* …

■ 단락의 도입부에서

- … will **be described** *below / in detail.*
- We will **discuss this** ***first / first of all.***
- It **has been suggested** by … **that** ….

■ 단락의 도중에서

- **According to** unpublished data obtained in our laboratory, ….
- **As described below**, ….
- **Because of** this, ….
- **In particular**, it is noteworthy that ….
- **From** Fig. 8, it becomes evident that ….
- We will **discuss** this in detail **in a later paragraph**. / The details will **be described later**.
- We will **refer to** the condition of … later.
- **Here** we would like to define the term … .
- **This is defined as follows** : ….
- **The definition of** … **is described** *above* / in the *previous para graph.*

■ 단락의 마무리

- These facts **lead us to assume** reactions 9, 10 and 13, as discussed above.
- **The point** which the author emphasizes is ….
- **The most important point** is that ….
- **The important subjects** are as follows : ….
- **Things to be emphasized** are …
- **Points which special attention should be paid** are ….
- **The excellent properties of** … are **as follows** : ….
- **To some extent the question was** ***answered / solved.***
- **One should note that** ….
- **From these facts we can conclude** that ….

■ 새 단락으로 바꾸기 전에

- **As a matter of course**, these results coincide with each other.
- **For the same reason**, … was chosen in this investigation.
- **Next**, the primary examples will be introduced.
- **Furthermore**, one has to point out that ….
- **In order to** remove this defect, ….
- **Making good use of the merits of** these two methods, ….
- Let us assume **temporarily** that ….

■ 데이터를 분석하고 문제점을 찾음

- As we have seen, **our problem has been reduced to** ….
- ***A fact/observation/result* which has not been discussed** is ….
- The problem **lies in** ….
- We **would like to consider** *the two related problems together.*
- **The outline of the discussion** is as follows : ….
- **Through the examination of** …, we found the following : ….
- **Several problem arise** along with it.
- There are two **possible solutions** to the problem.

(2) 예외, 색, 정밀도, 범위 등

■ 예 외

- The sample cell was similar to that of Brown **except for** having sodium chloride windows sealed with ….

■ 색

- Printing is usually done in **flat**, **opaque colors**, one color at a time.
- The **mixed red-green-blue** (**RGB**) pixel data must be separated, converted into **yellow-magenta-cyan** (**YMC**) data, ….

- … **produced** / **developed** a blue **color**.
- a purple-**tinged** white powder ….

■ 정밀도 / 정확도 / 오차 / 재현성

- … **within an accuracy** of about 1 part in 10,000 ….
- The experiment was repeated in order to check its **reproducibility**.
- … **some uncertainty** *as to* the above conclusion.
- **Some difference** in the result will arise from ….

■ 범 위

- … **in a temperature region** lower than ….
- Samples contain impurities **up to** 10 wt%.
- The reaction was carried out at temperatures **ranging from** 273 K **to** 353 K / **varying from** 273 K **to** 353 K / **ranging up to** 353 K.
- A thermometer **having a range of** 273 K to 373 K is used.
- … **in** the *corundum-stable* **region.**
- … **in the pH range** of 0.4 to 2.2.

(3) 반 응

- *X apparently* was not **the expected** dehydration **product**.
- Table 1 gives the experimental results *along with* **blank experiments**.
- **The reaction of** *X* was *easier than that of Z* over H-ZSM-5 as well as over alumina.
- … **were formed** *under conditions* in the corundum-stable region.
- … *were capable of* **forming such a bond** with formaldehyde.

- **the catalytic process** *using* nickel
- **The extent of conversion** of NO was calculated from the average value of all the samples.
- **The stationary rate** was of *first order in* the ethene partial pressure.
- **The reaction proceeds** to too small an extent, *if any/if at all*, especially in the earlier parts of the reaction.
- **The activities of the catalysts** were easily explained *in terms of* their acid content.
- *The use of air in place of pure oxygen* gave results which indicated that ninogen is not **adsorbed on** ….

(4) 도표, 스펙트럼

■ 도 표

- If X **is plotted against** Y, a maximum appears at ….
- … can be expressed **as a function** of reaction time and reactant concentrations.
- The point for X **deviates** greatly from the line.
- The shape of this curve was **somewhat different from** those for both X and Y.
- **From Fig. 1, it** can **be seen that** …
- The conversions of NO and ethene on alumma and Me/alumina **are compared in** Fig. 1 *as a function of temperature.*
- It **increased gradually** until ….
- The compounds **listed in Table 1** were prepared similarly except that X was obtained from Y by reaction with ….
- **Table 1 shows that** there is evidently a small thermal decomposition of X at this temperature.
- **Table 1** also **contains values**, H_f, for the heats of formation of the compounds as gases.
- Table 1 shows the conversion and selectivity to N_2.

- The following conclusions **are drawn from Table 2.**
- **Conversions** of *X* and *Y* **as a function of** reaction temperature are shown in Fig. 2.

■ 스펙트럼

- The **intensities** of the IR absorption bands are indicated qualitatively by the symbols s(strong), m(medium), and w (weak).
- The IR spectrum of *X* **was identical to that of** *Y*. / The IR spectra of *X* and *Y* ⋯ **are** nearly **identical**.
- They contain bands at 1,668 cm^{-1}, **assignable to** a carbonyl group, ⋯.
- A diffuse band gradually **moved downward** and away from the upper band : the latter *descended only slightly.*
- The spectra **agreed closely** with *those obtained by* the Manchester workers.
- The two samples **had identical** ultraviolet absorption **spectra**.
- The IR and NMR spectra and the gas-liquid chromatograms of *X* and *Y* **agreed with** those of *authentic samples.*
- The structures of *X* and *Y* were determined **from their NMR spectra / by NMR spectroscopy**.

(5) 데이터(결과), 수량, 분석

■ 일반적인 사항

- The product was **obtained** *in a 15% yield.*
- *The entropy changes always* **had** large positive **values**.
- The results **tend to** change *according to* the measurement condition.

■ 수 량

- **The number of** acid sites increased with increasing content of ….
- **The constant *n* of** equation(I) is 1.8 at 298 K and 2.3 at 77 K.
- The activation energies **for the rate constants k_1 and k_2** were 10.5 and 4.6 kcal/mol.
- **A (large) number of** / **Only a small number of** esters have been synthesized by this method.
- A **large** / **considerable** / **substantial** / **significant amount of** chlorine is generated by the side reaction.
- A **small** / **negligible** / **insignificant amount of** chlorine is generated by the side reaction.

■ 분 석

- The results of the *elementary analysis* **were in agreement with** those of the standard samples.

(6) 효과, 영향, 원인 등

■ 효 과

- This result **does not seem** *surprising.*
- The effect **is reduced** *by one-half.*
- The effect does not **change** *very much.*
- The effect is *temporary.* / The effect on … is not *permanent.*
- … **exerts** a similar influence.
- A large effect is not **expected**.
- *Multiple effects of both* are expected.
- … shows an amazing **effect**.
- The preparation method **appears to be critical** for the performance of a ZSM-5 catalyst.

- A small **accelerating effect** on the reaction was observed.
- This effect is also **of interest** *in connection with* ….
- … is **active** ***in/at*** **isomerizing** *n*-butene to an equilibrium mixture of the three isomers.
- *The changes in* the chemical properties of BPO_4 **as a result of** mechanical treatment were studied.
- … is unique in exhibiting the effect of ….
- … **suffer from** *the effects of heat.*

■ 올리다 / 낮추다

- One calorie will **raise** the temperature of 1 g of water through 1℃.
- … **reduce** the reaction rate in nuclear furnace.
- … *is effective in* **lowering** the temperature of ….

■ 성과의 평가

- Its **achievements** have *become a center of attraction.*
- Since the results were obtained *under diverse conditions,* it is difficult to **evaluate** them properly.

■ 영 향

- The result **tends to change according to** the quality of the subject or the measurement condition.
- **Examining the effect of** … under various conditions, we concluded ….
- The reactivity of *X* with *Y* **was greatly affected by** a catalyst used.
- The results with milled quartz sand showed **little** catalytic **effect**.

- A *synergism* exists between gallium species and H^+, and this **serves to** activate CH_4.
- It is more **sensitive to** water vapor.

■ 원 인

- **The cause of** … has yet to be sufficiently clarified.
- **The factors affecting** it could be as follows :

(7) 변화, 정의(계산법), 증감, 배율 등

■ 일반적인 사항

- The reduction rate **remained** rather **low**.
- The activity **varies with** the composition of ….
- **No** significant **changes occurred** in the H-atom signal.

■ 정의 / 계산법

- A measure of the tendency of a selective oxidation reaction to occur between *X* and *Y* **was defined**.
- The relative intensity **is defined as** the observed value divided by that of the standard.
- The relative amounts of isomers **were calculated from** the areas obtained by *integration of the peaks.*

■ ~을 수반하는 변화

- A pronounced decrease of the maximum value of NO conversion, **accompanied by** a shift of the maximum-activity temperature to a lower value, was observed ….

■ 변화의 정도

- **The progress** of the I-butene oligomerization **was followed by** observing the pressure decrease with a mercury manometer. / The **extent** of the I-butene oligomerization was **measured** by ⋯.
- Oligomer formation is not detected **in any significant amount**.

■ 위치의 변화

- Adding X to Y **shifts** the point of maximum activity **to a lower temperature**.

■ ∼의 증감

- The values increased with **increasing mole fraction of** A / **an increase in the mole fraction of** A.
- ⋯ should **result in a decrease in the amount of** hydrogen.

■ 증감의 정도

- Performing the reaction under a hydrogen atmosphere **greatly increased** the yield of propionaldehyde.

■ 증감의 방법, 최대(최소)값, 최대(최소)로 되다(하다)

- The reaction rate **increased gradually** to a maximum.
- The temperature at which the conversion of NO **is maximized** / **reaches a maximum** changes with ⋯
- The yield **increased** *with time*, up to a maximum, and then **gradually decreased**.
- The yield **is at a maximum** at a reaction temperature of 313 K.

- **To maximize** the yield the water content in the solvent must **be kept to a minimum**.

■ ~배, 배율, ~배 ~하다 (비교)

- The *K* value decreased **by a factor of about 1/400 / to about 1/400th of its original value**.
- The reduction **became ten times as fast as** before.
- The electric resistance decreased **by a factor of** about 10^{-4}.
- The electric resistance decreased **by** two **orders of magnitude**.
- It contained **six times as much cobalt as** the standard sample.
- *A* **four-fold** excess of reagent in relation to the scandium concentration was used.
- The hydrogenation rate is **2 to 3 times** the isomerization rate. / The rate of hydrogenation is **2 to 3 times that of** isomerization.
- *A* is **10 times more soluble** in hexane than in water. / The solubility of *A* is **10 times as high** in hexane **as** in water.
- The solubility of *A* in hexane is **10 times as high as that of** *B*.

(8) 관계, 의존성, 직선성

■ 관계, 상관관계

- There is **a correlation / no interrelation / some relation** between *X* and *Y*.

■ ~에 의존하지 않다

- The intensities **remain independent of / do not vary with** ….

■ ~의 지배인자

- Another **factor governing** the reactivity is ⋯.

■ 직선성

- ⋯ showed **a linear relation with** ⋯.
- When plotting log(rate) vs log(CH_4), we do not **obtain a straight line**.
- Comparison of X and Y **reveals a rough linear relation** between them.
- ⋯ **showed good linearity** with a slope of +1 in the pH range of 0.4 to 2.2.

(9) 한정, 조건

■ 한 정

- ⋯ **as long as** oxygen remained in the reactor.
- The yield reached about 100 **at** $T > 500$ K.

■ 조 건

- Alumina, **in spite of** its low basicity, was an effective catalyst.
- **Although** not all the results in Table 3 are understandable at present, it is evident that ⋯.

(10) 비교, 우열 등

■ 비 교

- The table **compares** ⋯ **with** ⋯.

- **Comparison of** ⋯ **and** ⋯ reveals a rough linear relation between them.
- This **is not to be compared with** that.

■ 우열 / 대소

- The former has a **higher** molecular weight **than** the latter.
- ⋯ **preferably** reacts with O_2 rather than with NO.

■ 이하 / 이상

- with the loading of **below** / **under** / **less than** 1.0 wt%.

■ 일 치

- The values **corresponded well with** those reported for the substances prepared by an entirely different method.
- This also **agrees with** the fact that ⋯.
- Our results **are in good agreement with** those obtained by ⋯.
- As a matter of course, these results **coincide with** each other.

■ 중 간

- It has *characteristics* / *behavior* **intermediate between** those of alumina and cobalt oxide with regard to the selective oxidation of C_2H_4 with nitrogen monoxide.

■ 유사 / 동일

- *X* and *Y* have **similar** activities for the NO reduction.
- **Comparable** acid sites were found on the H-ZSM-5 and H-

ZSM-5 supported gallium catalysts.

- The sample was prepared **by the same method** described above.
- The sample cell was **similar to** that of Brown.
- *X* has **similar** NO conversions compared to *Y*.
- The result was exactly **the same as** those obtained by others.

■ 비 율

- **The ratio of** the amounts of isomers was calculated from the areas obtained by integration of the peaks.
- The data showed **the ratio of** *X* to *Y* to be 1 : 1.
- *X* and *Y* were mixed **in a mole ratio of** 1 : 2.
- The reaction of *X* with *Y* **in a 2 : 5 molar ratio** has been studied.
- The temperature of the solution was raised **at a rate of** 1 K per minute.
- The mixture contains **30 % by weight** of *A* and **5 % by weight** of *B*.

■ 서 열

- Table 1 gives an activity series of metal oxides, showing a general tendency for Group 1 oxides **to be the best** catalysts, for Group 2 **to be the worst**, and for Group 3 oxides **to occupy an intermediate position**.

(11) 정도, 과잉, 부족

■ 정 도

- Any *X*, if present **to an observable extent**, should be found in these samples.

- **A conversion of up to 90 %** was achieved.
- **About / Approximately / Roughly** 20 m*l* of water is added to the reaction mixture.
- The yield is **nearly / close to** 100 %.
- The yield is **about / around / in the vicinity of** 30 %.

■ 과잉 / 충분

- If oxygen is present **in excess**, the reaction goes to completion.
- Approximately 1 cc of toluene per 15 cc of aqueous solution **is enough to** extract *B*.

(12) 조작, 시간, 빈도

■ 관계, 상관관계

- **After 1.3 hr of** refluxing, the reaction mixture was cooled and poured on ice.
- Several products having **retention times** longer than those of *A* and *B* were found.
- The conversion of *A* to *B* was monitored **at 10 min intervals / at intervals of 10 min / once every 10 min**.

(13) 선 택

- … was dissolved **either in** water **or in** alcohols.
- … consisted of *X* and **either** *Y* **or** *Z*.
- Hydrogenation has been studied as **one possible** test reaction for estimation of their activities.

(14) 해석, 판단, 이유 등

■ 해 석

- This discrepancy **has been solved** as follows : ….
- This could more readily be explained **on the assumption** / **by assuming** that ….
- … is **explained** *in the terms of* ….
- The results of other investigators will **be interpreted** *in terms of* the present results.
- The active centers **are believed to** be the isolated metal ions which are activated by the zeolite lattice.

■ 이 유

- **For the same reason**, *X* was chosen in this investigation.
- The reason **for** this is as follows : ….

■ 판 단

- **Based on** the facts that have been clarified so far, we reasoned that ….
- No **decisive** conclusion was drawn from either *datum* / *set of data.*
- These data will provide **useful clues** for future research.
- The results **support** the idea that ….
- The results were the same as those obtained in air ; **hence** oxygen appears not to be involved in the reaction.
- It **cannot be determined whether** very strong acid sites are deactivated completely or converted to moderately strong acid sites by interaction with olefin.
- The results described above **suggest that** ….
- This discrepancy ***must*** / ***may*** **be responsible for** the result of Brown et al.

- However, these deductions could not **be confirmed in** the present study.
- This seems to be **incompatible with** the suggestion that it is polar.
- This technique proved to be a very **promising** method for obtaining well resolved spectra of compounds having a nitrogen atom.
- *A* new method of synthesizing *X* has been shown to **be convenient** and also **generally applicable**.
- It is **worth** noting that ⋯.
- ⋯ **is considered to** have reached the stage for practical use.
- This method **plays a very important role** in ⋯.

■ 근 거

- It has **little theoretical foundation**.
- It is **one piece of evidence** which supports the idea that ⋯.
- This judgment was made on **the following theoretical basis**.

(15) 설명, 가정, 가설

■ 설 명

- At the present stage, there are many **points which are yet to be clarified**.
- **The merit of these explanations is that** they can satisfactorily explain the known facts or past findings.
- *For this contradiction* there are two possible explanations. **One is that** ⋯ The other is that ⋯.
- We must conclude that ⋯.

■ 가정 / 가설

- This supports the **assumption** that ….
- It shall **be assumed** that …. / We **assume** that ….
- Under the **assumptions** that …. / Based on the **assumption** that ….
- On the **hypothesis** that ….
- This **hypothesis** seems to have a weak theoretical ground.

(16) 평균, 합계 등

■ 평균해서 ∼(로 되다)

- Each molecule has **on the average** six nearest neighbor molecules.
- The carbon-carbon bond lengths **average** 1.53 Å.

■ 합계 ∼(로 되다)

- The yield of the products thus **amounts to** / **totals** about 70 %.
- The **combined** yield of the products is about 70 %.

(17) 정 리

- The results may **be summarized** as follows : ….
- The **summary** of the results is : ….
- From the facts described above, we **conclude** that ….
- It **is concluded** that ….

(18) 이후의 과제

- The following points are left **as future problems**.

- The following questions still remain unanswered.
- Some unclear points about ⋯ **still remains**.
- This will be discussed **in a separate paper**.
- Details of these reactions **will be published later**.
- Therefore, there **remains some uncertainty** as to the above conclusion.
- ⋯ is the subject **for a future study**.

1.5.6 results / discussion / conclusion 관련 표현

■ 연구하다 / 검토하다 / 조사하다

- The solvolysis of deuterium-labeled derivatives **was** also **studied**.
- The synthesis of porphyrins **has been investigated** using tetraphenylporphyrin as a model.
- Intramolecular acylolysis of secondary and tertiary amide derivatives of Kemp's triacid **has been examined**.
- The pipe was **inspected** for a possible leak.
- The entire literature was **surveyed** for such examples.

■ 보다 / 인정하다 / 관측하다

- It can **be seen** from Figure 1 that their Raman spectra are quite different.
- *In contrast to* the propargylamine, all the bands of cyclopropylamine **are found** to have positive tunneling splittings.
- Transient charge-transfer complexes **are** commonly **observed** in systems *undergoing* electrophilic substitution.

■ 결정하다 / 추정하다 / 구하다 / 평가하다

- The molecular structure of the cycloaddition product **was determined** by X-ray crystallography.
- The yield of indolyl radical under these conditions and at pH 7.4 **was estimated** from the increase of absorption at 520 nm.
- Also shown in Table 1 are the Mw / Mn ratios **derived from** the GPC analyses of the polymers.
- The equilibrium concentrations of free ions and ion pairs **were calculated** using the extinction coefficients given in Table 1.
- Various surfactants **were evaluated** by experiments.

■ 행하다 / 실행하다

- Preliminary experiments were **conducted** / **carried out** / **performed** using the diols 4 and 5 as test substrates.
- When heated in chloroform, 1 and 2 **undergo** mutual equilibration, ultimately favoring 2 at equilibrium.

■ 개발하다 / 확립하다 / 달성하다 / 확장하다

- A new method is now **developed** to synthesize the diamines.
- The molecular structure **has been established** by X-ray crystallography.
- The synthesis of *A* **was** eventually **achieved** / **accomplished** by treatment of *B* with a 1 : 2 mixture of 50 % aqueous hydrochloric acid and acetontrile.
- Furthermore, this new strategy of asymmetric catalysis may also **be extended** to the synthesis of azidoaldehydes for use in the aldol reaction.

■ 고안하다

- An alternative synthetic route **was** therefore **devised** *employing* a different N-protecting group.

■ 간주하다 / 생각하다 / 기대하다 / 예상하다

- Electrophilic aromatic substitution **is** generally **considered** / **regarded** / **believed** / **assumed** to proceed via the rate-determining collapse of the Wheland intermediate.
- The reaction **is supposed** to proceed smoothly and provide a desired product in a high yield.
- In the absence of a solvent, homolytic cleavage **is expected**, whereas ion formation **is predicted** in solvents with dielectric constant greater than 3.9.

■ 시사하다

- *Molecular mechanics calculations* **suggest** / **predict** that conformer 1 is more stable than conformer 2.

■ 고려하다

- It is beyond the scope of the present work to **consider** the stereochemical course of the reaction.
- A more exact calculation which **takes** the quantum effect **into** ***consideration*** / ***account*** is *in progress.*
- Steric effects must also **be taken into** ***consideration*** / ***account***.

■ 보이다

- The fact that the reaction was not quantitative **indicates** that decarboxylation and reaction with GSH are competing.
- As reported previously, the two distinct sets of proton signals observed in the ^{1}H NMR of 3 in aqueous solution are **indicative of** two slowly exchangeable structures which differ in the orientation of the Tyr residue.
- This is the first report **demonstrating** that *o*-cholorophenyl dichloro phosphates can be used as a mild phosphorylation reagent. / This **illustrates** the usefulness of this reagent in phosphate synthesis.

■ 명백히 하(되)다 / 판명되다 / 증명하다 / 확인하다

- The *trans* isomer **was found** / **turns out** to be three times as reactive as the *cis* isomer.
- The self-assembled films on gold **have been shown** to adsorb ethyl lactates from the gas phase.
- The plot **shows** / **depicts** a remarkably good correlation over the entire range of Kd.
- The compound **exhibits** a Cotton effect in the UV region.
- This ester **displays** good first-order kinetics in solvolysis.
- These calculations **revealed** two energy minima, separated by a barrier of 2.5~3 kcal/mol, in both of which the ethyl group is held perpendicular to the benzene ring.
- The method **is** thus **found** / **demonstrated** to be useful for the preparation of various diamines.
- The following **became clear** through the investigation of ⋯.
- ⋯ so the solid **is identified** as sodium chloride.

■ 언급하다 / 참조하다 / 지칭하다

- Brown's paper **was** frequently **referred to** / **cited** in his thesis.
- Those who are interested in the subject should **refer to** the original article.
- The term "degree of polymerization" **refers to** the total number of repeating units in a polymer.

■ 지적하다

- It should **be pointed out** that his conclusion was drawn from erroneous observations.
- As **pointed out** previously, the utmost care should be taken in using the present synthetic method.

■ 유래하다 / 결과가 되다

- This **results** / **arises from** the unusual conformation of the latter isomer.
- This must have been **due to** carbon dioxide being given off.
- As expected from elementary quantum theory, extending the conjugated chain **leads to** / **results in** an increase in the extinction coefficient.
- The experiment **gave a result** which supports the assumption that ⋯.

■ 제안하다 / 제출하다 / 가정하다

- A unified mechanism for the formation of quinolines **is proposed**.
- Evidence **is presented** that indicates that the carbene intermediate arises from a radical precursor.
- An initial electron transfer **has been** ***suggested*** / ***postulated*** to explain the experimental results.

■ 설명하다 / 해석하다 / 합리화하다

- The kinetic results were **explained** / **interpreted** *in terms of* slow transport and fast reaction within the particles.
- The yield of CO_2 is low and **accounts for** only 16 % of the total conversion.
- These results **are** easily **rationalized** by examination of the reaction.

■ 논의하다 / 고찰하다 / 해석하다 / 정당화되다

- The structural aspects **are discussed** *on the basis of* the ^{1}H NMR data.
- The adsorption isotherm can **be interpreted** *in terms of* two consecutive modes of adsorption occurring in a stepwise manner.
- This assumption *is justified* as follows. / Such an assumption is difficult to **justify**.

■ 언급하다 / 기술하다

- A *general procedure* **is described** *for* trapping the products of Knoevenagle condensation.

■ 부여하다 / 주다

- The isomer ratios **given** in Table 4 are derived *by assuming* / *on the assumption* that this signal represents one proton of a Z-isomer.
- The results **summarized** in Table 1 show that the polyene systems *tend to* retain maximum conjugation.

■ 풀다 / 해명하다

- This problem was finally **clarified** / **solved** in the present study.

■ 허용하다 / 가능하게 하다

- This **allows** / **permits** efficient synthesis of 2-indolyl sulfides from easily obtainable indole 2,3-bisulfides.
- The reaction mixture **was** then **allowed to** warm to room temperature.

■ 비교하다

- Figure 5 **compares** the emission spectrum of 9-ethyl anthroate monomer **with** that of the *corresponding* photodimer under the same conditions.

■ 따르다 / 추구하다 / 탐색하다 / 찾다

- The sequence of events **was** carefully **followed** by measuring the pressure change.
- *In view of* increasing interest in solar energy conversion, we **pursued** this point further.
- Various studies have been carried out to **explore** this possibility.
- We **searched** the contents of the reaction vessel for the desired product.
- We now **approached** the problem from a different angle.

■ 주어지다 / 얻어지다

- The present method **provides** useful information on protein secondary structure aqueous solution.
- The method **affords** *good to excellent* yields of 2-substituted indoles.
- Recrystalization from methanol **gave** 45 g(83 %) of pure product m.p. 50.5~51.5℃.
- The yields **given** in Table 2 are those obtained with *20 % excess* halide.
- Useful information is **provided / obtained** by the present method.

■ 생기다 / 생성하다

- A cation is **generated / formed** *as an intermediate.*
- A variety of *p*-substituted phenols can **be produced** by this method.
- The first step of the reaction **produces / gives rise to** a cationic intermediate.

■ 촉진하다

- Addition of Zn^{2+} **accelerates / facilitates / speeds up** the reaction.

■ 야기하다

- Increasing the ionic strength **causes / brings about / leads to / results in** an increase in reaction rate.

■ 겪 다

- When subjected to the desulfenylation conditions, these bisulfides **suffer** selective removal of the sulfur atom at the 3-position of the ring.

■ 영향을 미치다

- The position of equilibrium **is affected** by the pH value of the solution.
- The ionic strength of the solution markedly **influences** the reaction rate.
- Oxygen did not **have a** *measurable / significant* **effect** on the decay of the indolyl radical.

■ 변하다 / 변환하다

- Thermal energy is thus **converted / transformed** into electrical energy.
- Addition of the lithium acetylide to propanal afforded racemic alcohol 25, which **was converted to** S-isomer 27 *by a four-step sequence / in four steps.*
- The reciprocal of the first half-life **varied** linearly **with** the initial radical concentration
- The solution **changes / alters** its color from red to blue as the reaction proceeds.
- The resulting solution **turns** reddish-purple, indicating the presence of *a slight excess of / a small amount of excess* lithium diisopropylamine.
- When sulfur is heated, it **turns into** a gas.
- The method needs to **be modified** for the preparation of other complexes.

■ 이동하다 / 이동시키다

- The chloride ion **moves / migrates** to the anode under the influence of the electrical current.
- The equilibrium can **be shifted** to the right by raising the temperature.

■ 바꾸다 / 교환하다 / 치환하다

- After the air in the autoclave **was replaced by** nitrogen, the temperature was brought to 100℃.
- The molecules **exchange** their energies at each collision.
- Many of the reagents that commonly add to the double bonds of alkenes also **substitute** on an aromatic nucleus.
- The *o*-hydrogen is easily **substituted by** a methyl group. / An ethyl group **is substituted for** the methyl group.

■ 관계하다 / 관련되다

- Many of the chemical properties of ammonia can **be related to** its electronic structure. / Many of the chemical properties of ammonia **are associated with / are due to** the unshared electron pair on the nitrogen atom.
- The rate of reaction A **is correlated with** that of reaction B as follows.
- There is **a correlation / no interrelation / some relation** between X and Y.

■ 관여하다 / 관하다

- Facile synthesis of quinazolinones **involves** reaction of benzonitriles with strong acid followed by strong base.

- An alternative mechanism **involving** an initial electron transfer has been presented.
- The steric effect of the methyl substituent apparently **is involved** in determining the stereochemistry.

■ 보고하다

- $VO(O_2)PIC(H_2O)_2$ **has been reported** to be particularly effective in the hydroxylation of benzene.

■ 흥미 깊다 / 중요하다

- It is **of interest** to study the kinetics of the reaction to elucidate the mechanism of this useful synthetic procedure.
- It is **of** utmost **importance** to keep the reaction temperature below 50℃.

■ ~라고 생각되다 / 여겨지다

- The deprotonation of the acetic acid side chain **is likely to**/**seems to**/**appears to** occur between pH 4 and 5 as discussed above.

■ 일치하다

- This is **in** good **accord with** the experimental results.
- This result is **in** *qualitative*/*good* **agreement with** fluorescent studies of clusters of phenol.
- The Arrhenius parameters **are consistent with** a concerted mechanism involving a cyclic transition state.

■ 일으키다 / 진행하다

- The monomers were found to **undergo** very rapid cationic polymerization.
- *Indeed*, the reaction **proceeds** / **takes place** rapidly yielding dioxygen together with a vanadium dimeric oxo species.
- As the reaction **progresses**, the product tends to crystallize at the bottom of the flask.

■ 진행중이다

- Work on related systems is now **underway** / **in progress**.

■ 결론짓다

- From the polarimetric measurements, they **concluded** the *intermediacy* of a symmetrical allylic cation.

■ 증거를 보이다

- These experiments **gave evidence for** the intermediacy of an allylic cation.
- … did not show **any evidence of** ….

■ ~에 기초하다

- A qualitative estimate of the relative energies of the four biradicals **based on** an examination of molecular models is 2a < 2d < 2e < 2b.

1.5.7 Acknowledgement 관련 표현

■ 일 반

- We **would like to thank** ··· for their **helpful advice** and **assistance** during the final reading of the manuscript.
  /··· for his **kind suggestion** with respect to ···.
  /··· for his **stimulating suggestion**.
  /··· for **a critical reading** of the manuscript.
  /··· for **providing** *the samples / the data / the machine.*
  /··· for his **considerable assistance** with the computer programs.
- We would like to **acknowledge** *the continuing guidance* and *encouragement* of Dr. Kim.
- The authors are **indebted to** Dr. Lee *for drawing their attention to / for suggesting this problem.*
- Helpful discussions with ··· **are greatly acknowledged**.

■ 측 정

- The authors *wish to / would like to* **express their appreciation to** Prof. Brown for his valuable comments and for his cooperation in the *mass-spectrometry / chemiluminescence analysis.*
- **Thanks are due to** Dr. Park for the *activity measurements* and to Dr. Choi for the infrared measurements.

■ 연구비

- One of the authors(A. T.) would like to express his thanks to Korea Science and Engineering Foundation for its **financial aids**.
- This research **was supported** in part **by** the Ministry of Education, Science, Sports and Culture.
- The authors wish to **thank** ··· **for their financial support**.

CHAPTER 02

문의 구성

2.1 일반적인 사항

논문을 영문으로 작성하는 것은 같은 영어라도 상대방과 대화하는 경우와는 달리 이해하지 못한 것을 반론하거나 다시 질문할 수 있는 기회가 주어지지 않는다. 따라서 일방통행의 정보전달을 위해서는, 즉 독자에게 자신의 의지를 확실하게 이해시키기 위해서는 많은 노력이 필요하다.

한국어로 쓰여진 문서에 맞춤법이 엉망이고 띄어쓰기도 제멋대로라면 아마 대부분의 독자는 저자가 의도한 내용보다도 잘못된 부분에 더 많은 신경이 쓰이는 것을 느꼈을 것이다. 이러한 것을 느끼면서 끝까지 정독할 수 있는 독자는 끈기 있는 사람임에 틀림없으며 반드시 읽을 필요가 없는 글이라면 중도에서 그만둘 수도 있을 것이다. 즉, 글에서 추구하는 내용 이전에 정확한 맞춤법을 유지하는 것은 독자를 위한 최소한의 도리이다.

이러한 관점에서 영어논문 작성시 확실하게 의미를 전달하기 위한 가장 중요하면서도 기본이 되는 원칙은 정확한 철자 및 맞춤법의 사용에 있다.

2.1.1 철 자

회화라면 divide를 devide라고 생각하여도 atmosphere를 atmosfere라고 기억하고 있어도, 이를 소리의 형태로 전달하는 한은 상대방에게 의사전달을 하는 데 아무런 지장을 초래하지 않으나, 쓰여진 형태로 읽혀지기를 원하는 경우에는 정확한 철자가 필수 불가결한 요건이 된다.

한국어라면 잘못된 글자가 포함된 원고라도 활자화 과정에서 올바르게 교정되어 인쇄될 가능성이 높으나, 알파벳을 나열해서 쓰는 영어에서는 그 가능성이 더욱 희박하다. charactaristic, propergation, lethergy 등은 영어권의 사람에게 교정을 의뢰하여도 빠뜨리기 쉽다. 조금이라도 자신이 없으면 사전을 찾아서 확인할 필요가 있다.

이 책에서는 편의상 미국식 철자로 통일하여 표기하는 것으로 하며, favourable(favorable), neighbour(neighbor), travelling(traveling)과 같이 영미의 철자가 다를 경우에는 괄호 속의 미국식 철자를 사용하는 것으로 한다.

그러나 컴퓨터의 보급과 함께 워드프로세서 소프트웨어가 논문의 작성에 보편적으로 사용되고 있는 상황에서는 이 문제는 그다지 심각하지 않을 수도 있다. 대표적으로 널리 사용되고 있는 워드프로세서인 한글, MS-word 등에는 기본적으로 한글 및 영문의 맞춤법 검사기능이 포함되어 있으며, 제품에 따라서는 문법 체크기능이 포함되어 있는 것도 있으므로 이를 적극 활용함으로써 오류를 최소한으로 줄일 수 있다. 또한 전문적인 문법 체크용 소프트웨어의 경우에는 영미의 서로 다른 철자의 표기를 위해서 별도의 환경을 설정할 수 있으므로 통일된 표기를 하는 것도 어려움은 없을 것이다. 따라서 영어논문은 물론 일반적인 글을 워드프로세서로 작성하는 경우에는 반드시 이러한 기능을 살리는 습관을 갖는 것이 좋다.

2.1.2 단수와 복수

단어의 철자와 마찬가지로 어느 정도 주의를 하면 피할 수 있는 것이 단수와 복수의 문제이다.

한국어와 외국어의 큰 차이 중의 하나가 한국어는 단수와 복수의 개념이 대단히 희박하다는 점이다. 이것이 원인이 되어 영문을 작성하면서 명사에 s를 붙이기까지는 하여도 이와 관련되는 동사 및 대명사를 일치시키는 데까지는 미쳐 신경을 쓰지 못하는 수가 있다.

this characteristics ; the data is correct(data는 원래 복수이다)와 같이 초보적인 오류는 약간의 주의만 기울이면 방지할 수 있으나, the double summation over i and j are(정답은 is) obtained 또는 a few milligrams of sample was(정답은 were) taken 등과 같이 동사가 주어로부터 약간만 떨어지게 되어도 바로 가까이 있는 명사에 끌려 착각을 일으킬 수 있다.

다음의 예문에서는 밑줄 친 것이 잘못된 것이고 괄호 속 단어가 맞는 것이다.

- The yield of gaseous products are(→ is) small.
- In this run, 0.25 g of U were(→ was) loaded.
- So far as the heating of building in Government occupation are(→ is) concerned ….

두 번째 예문에서 수량이 1 g보다 적으므로 단수 이하로 생각할 수 있으며, 따라서 복수로 취급할 수 없다.

이보다 혼동되기 쉬운 예를 들어보면, a pair of scissors는 단수, a number of reports는 복수, a set of electrodes의 경우에는 저자의 관심이 set에 있는가 electrodes에 있는가에 따라 단수와 복수 모두 가능하다.

무엇보다도 수의 문제에 관련해서는 셰익스피어의 There is pansies와 영문성서 Thine is the Kingdom, the power and the glory에서도 잘못된 예가 있으며 열거하면 한이 없을 것이다. Gowers(1)의 인용을 포함하여 논문 집필에 도움이 되는 예를 들어보면 다음과 같다.

■ and로 연결되는 명사는 복수

- Your desire and need for a telephone service is(→ are) fully appreciated.
- The tumult and the shouting dies(→ die).
- There was(→ were) available one large and three small rooms.

■ with로 연결되는 명사에서는 그 앞의 주가 되는 명사에 맞춤

- The Minister together with the Vice Minister are(→ is) coming.

■ either, neither는 그 전후의 한쪽이 복수가 아닌 한 단수

- Neither knowledge nor skill are(→ is) needed.

■ means는 어느쪽이라도 상관없음

- Means was(or were) sought.

■ data는 본래 복수명사

만약 단수 취급을 하고 싶으면 one of the data로 하는 수밖에 없다.

■ apparatus의 복수는 apparatuses로서 apparata는 잘못된 것임

■ formula, index

미국식으로는 formulas, indexes로서 단순히 s를 붙이며, formulae, indices 등과 같이 이른바 영국식 고전 정통파에 따르지 않는다.

■ radius, basis

미국식에서도 radii, bases로 라틴어의 복수형을 그대로 사용하는 관습이 있으므로 이를 따르는 것으로 한다.

■ **each, everyone, everybody, anyone, someone 등은 항상 단수**

everybody, someone 등은 복수의 의미를 띠고 있으나, 하나하나를 가리키고 있으므로 단수 취급을 한다.

- Everyone are(→ is) interested in that project.

■ **several, few, both, many는 항상 복수**

- Few in the audience was(→ were) aware of the danger.

"many a"인 경우는 "many"인 경우와 달리 다음에 단수형 명사가 오며, 단수 취급을 해야 된다.

- Many a scientist have(→ has) wondered about that problem.

이상과 같이 단수, 복수의 정확한 처리 및 철자의 사용은 약간의 부주의에도 우스꽝스러운 결과를 초래할 수 있으나, 앞에서도 언급한 바와 같이 워드프로세서의 철자 및 문법교정기능을 사용하여 상당부분 올바르게 수정할 수 있으므로 이를 적극적으로 활용할 것을 추천한다.

2.1.3 직 역

어느 훌륭한 학자가 외국인을 식사에 초대하고는 "Please eat next room but there is nothing"이라고 직역한 영어를 사용하여 인사를 한 것은 유명한 일화이다. 동양적인 발상이 머릿속에 정착되어 있어서 이를 영어로 옮긴 경우에 기이한 표현이 되기 쉬우며, 이 과정에서 이를 깨닫지 못하는 위험성이 항상 내포되어 있는 것이다. 속담과 같은 것을 직역하고 의미가 통하기를 기대하는 독자는 거의 없을 것이나, "인식을 새롭게 하다."를 renew our recognition, "이 점에 착안을 해서"를 setting our eyes on this point라고 직역하고는 아무런 거부감도 느끼지 않는 경우는 생각 외로 많이 볼 수 있다.

논문에서는 연구자가 실험을 거듭하여 얻은 귀중한 고찰을 독자에게 전달하는 것이므로, 그 매체로 사용하는 영어는 논문의 내용을 충실하게 전달할 수 있도록 명쾌하게 저항감 없이 이해하기 쉬운 형태로 되어야 하며, 이를 위한 노력이 필요하다. 우리가 외국인을 대상으로 회화를 할 때 극단적으로 자신의 어학력의 부족을 의식하는 반면, 영어로 글을 쓰는 경우에는 자신이 작성한 문장을 객관적으로 평가할 척도가 없는 관계로 거꾸로 둔감해지는 것은 아닐

까 하고 생각해 볼 필요가 있다. 한영사전을 찾아서는 맨 처음에 등장하는 단어를 덥석 충동구매하는 것은 절대 금물이다. 반드시 영한 또는 영영사전에서 그 단어가 자신이 의도하였던 것을 정확하게 내포하고 있는지를 확인하여야 한다. 이를 태만히 하면 몇 번이고 잘못된 용법으로 사용하는 과정에서 잘못된 상태로 정착되어 버릴 가능성이 대단히 높기 때문이다.

예를 들면, 사전에서 "현저하다"를 찾아보면 remarkable, remarkably가 제일 먼저 등장할 것이다. 마찬가지로 "연구"를 찾아보면 investigation이 나타날 것이다. 사전에 쓰여 있으므로 틀렸다고는 할 수 없으나, 의도하고자 하는 의미에 가장 정확한 뉘앙스를 갖는 단어인지에 대해서는 그렇지 않은 경우가 거의 대부분이다. remarkable은 그 현상, 그 정도에 예상 밖의 의표를 찌르는 요소를 포함하고 있는 것이 요건이며, 뢴트겐이 처음으로 X선에 관련된 연구를 수행하고 보고할 때 remarkably periodic이라고 발표하였다면 이상할 것이 전혀 없을 것이다. 그러나 반응이 다소 급격하였거나 그래프가 다소 변동이 있었던 정도로 remarkably violent reaction 또는 remarkable fluctuations 등의 표현으로 호들갑스럽게 독자를 놀라게 하는 것은 적합하지 않다. investigation도 예를 들면, 미국의 연방의회가 워터게이트 사건을 취급하면서 조사·연구한다는 경우와 같이 어떤 비정상적인 사건이 전개되어 그 진상과 원인을 파악하기 위한 것이라면 정확하게 맞으나, 새로운 분석방법의 개발이라든가 비정상 열전도의 특성실험 정도에 investigation이라고 표현하는 것은 다소 어색하다. 대부분의 경우에 remarkable은 marked, appreciable, significant 그리고 investigation은 study, examination 등으로 나타낼 수 있다.

2.2 이해하기 쉬운 어순

어순에 관해서는 여러 가지로 이미 결정된 규칙이 있다. 한 예로서, additional two samples는 불가능하며, two additional samples와 같이 수사는 앞에 위치해야 하며, three large blue floating hydrogen-filled balloons와 같이 열거된 5개의 형용사 중 하나만 그 순서를 어겨서도 안 된다. 이러한 규칙은 교과서적인 내용으로서 다른 교재를 참고하기 바라며, 여기에서 강조하고 싶은 것은 같은 단어를 열거하여 문장을 작성하여도 단어, 구, 절의 배열순서 하나만으로 내용이 이해하기 좋은 형태가 될 수도 있고 그렇지 않을 수도 있다는 점이다.

"어떤 온도에서 가열하여도 생성된 탄화물은 ThC뿐이다."를 번역할 때, The carbide formed was ThC only upon heating to any temperature라고 표현하면 문법적으로는 아무런 문제가 없으나, only라는 단어가 제 위치에 있지 않기 때문에 독자로 하여금 ThC에서 일단락하고 다시 only upon heating to로 계속하여, "… 에서 가열하였을 때에만 ThC가 생성된다."라는 의미로 이해된 상태에서 다시 any가 나타남으로써 "어, 뭔가 잘못 읽었나?" 라고 생각하고 다시 처음부터 읽게 만든다.

위의 이해하기 어려운 문장은 다음과 같이 문장의 순서를 다소 수정함으로써 간단하게 해결할 수 있다.

- Thorium carbide was the only carbide formed after heating to any temperature.

어순이 적절하면 독자가 파악해야 할 내용이 독자의 사고에 역행하지 않고 머릿속에 정연하게 들어와 이해하기 쉽다.

영어를 모국어로 하는 독자를 대상으로 알기 쉽게 문장을 전개하는 방법으로서 몇 가지의 규칙을 제공한다.

2.2.1 중요구의 위치

(**1A**) Not only in reactor physics, but also in pile radiation chemistry, *resonance neutrons play an important role.*

(**1B**) *Resonance neutrons play an important role* not only in reactor physics but also in pile radiation chemistry.

위의 예문 (1A), (1B) 모두 문법적으로는 오류가 없으나, 영어를 모국어로 사용하는 사람이 읽는 경우에는 (1B)의 문장이 저항 없이 부드럽게 머리에 들어오며, (1A)의 문장은 빙빙 도는 경향이 있어 불안감을 느끼게 한다. 양자의 차이는 주절을 구성하는 이탤릭체의 부분이 (1A)에서는 후반까지 나타나지 않아 독자는 나름대로의 상상을 하다 문장이 끝남으로써 요점을 파악하기 어렵게 되는 것이다. 영어에서는 중요한 구를 늦추어서는 안 된다.

(2A) I would not believe it, *even if he affirmed it.*
(2B) *Even if he affirmed it,* I would not believe it.

이 경우에는 문법적으로 would believe가 주동사이기는 하나, 부속절이 even if로 강조되어 있기 때문에 보다 중요한 역할을 맡게 되며, 그 기술을 뒤로 미룬 예문 (2A)는 (1A)와 마찬가지의 이유로 좋지 않다.

(3A) In this paper, to evaluate the density function in an infinite homogeneous medium, we *propose a statistical method* which makes it possible to convert random modulation into displacement.
(3B) *The present work* is an attempt to evaluate the density function in an infinite homogeneous medium by means of a statistical method that provides for **conversion of random modulation into displacement**.

이 예에서는 예문 (3A)에서도 주절(이탤릭체로 표시한 부분)이 그다지 늦게 나타난 것은 아니지만, 그럼에도 예문 (3B)가 보다 명쾌한 느낌을 주는 이유는 주절이 처음부터 등장하여 주어-동사-보어의 가장 정상적인 형태를 취하고 있어 보다 자연스럽게 받아들여지기 때문이다. 실질적으로 요점이 되는 것은 굵은 글씨로 나타낸 부분으로서 마지막에 나타나 있으나 이를 앞쪽으로 돌리면 구의 길이의 균형이 깨져 앞짱구처럼 보여 무거운 느낌을 준다. 따라서 문의 균형을 취하면서도 중요 어구가 늦게 나타나서는 안 된다는 규칙을 보완한 좋은 형태의 문장이다.

예문 (4A)는 주동사가 늦게 나타난 전형적인 문장이나, 이에 대해서는 다음에 언급할 동사의 위치에 관한 항에서 더욱 상세히 논의하도록 한다.

(**4A**) The drag coefficient, as a function of the Reynolds number, *is shown in Fig. 5.*
(**4B**) The drag coefficient *is shown in Fig. 5* as a function of the Reynolds number.

2.2.2 주동사의 위치

앞 항에서 중요구가 늦게 나타나는 형태에 대해서 설명하였으나, 중요구는 대부분의 경우 주동사를 둘러싼 형태가 되며 이 주동사의 위치에 착안하여 문장의 균형을 취하는 것이 가능하다.

(**5A**) The continuous energy model in Chap. II and the multi-group model in Chap. III *are presented.*
(**5B**) The continuous energy model *is presented* in Chap. II, and the multi-group model in Chap. III.

예문 (5A)가 어딘지 모르게 엉성한 느낌을 주는 것은 주절 내 동사의 위치가 흔들리고 있기 때문이며, 이를 정상적인 위치로 바꾸어 주는 것만으로 예문 (5B)와 같이 정상적인 문장이 가능하다. 보다 극단적인 예를 들어보자.

(**6A**) In order to obtain information on the characteristics of these fuel assemblies and core, and to perform some preliminary studies prior to practical utilization in large power reactors, a series of experiments combined with a new analytical examination *is planned.*

주동사의 is planned가 가장 마지막에 등장할 때까지 무려 40단어에 이르는 장황한 서두가 이어지고 있다. 이를 한국어로 표현하였다면 거부감이 없을지도 모른다. 그러나 영어에서의 주동사는 주어로부터 멀리 떨어지지 않고 바로 뒤따르는 배치로서, 주어와 주동사가 서로 떨어져 있는 구조는 기본적으로 어색하다.

위의 예는 주절과 종속절을 치환하는 것만으로 해결되며 여기에 문구의 일부를 수정하면 다음과 같이 표현할 수 있다.

(6B) A series of experiments combined with a new analytical examination *is planned*, with a view to obtaining information on the characteristics of these fuel assemblies and core, and as preliminary studies prior to practical utilization in large power reactors.

이렇게 써도 주동사는 상당히 뒤쳐져서 나타나는데, 이것은 그보다 앞서 있는 단어들이 모두 주어 및 그 수식어로 구성되어 있기 때문이다.

우리가 영어로 논문을 쓰는 경우 주동사가 뒤쳐져서 나오는 예는 상당히 많으며 특히 서론이나 초록에서 연구의 목적을 언급하는 대목에서 이러한 경향이 강하다. 이는 영어의 수동태 문장에서는 동사가 나중에 나타나므로(is presented, has been studied), 논문의 서론 등에서 연구의 동기를 비롯하여 목적 · 방법 · 조건 등 연구의 줄거리를 전부 언급한 후, 이러한 연구에 대해서 기술한다라고 결론을 맺음으로써 예문 (6A)와 같은 형태의 문장이 되어 버린다. 다른 예를 들어보자.

(7A) The peculiar behaviors observed upon thermal and radiation annealing of certain simple substances, both inorganic and organic, after neutron irradiation, *are reviewed*.

(7B) A review *is presented* on studies of the peculiar behaviors observed upon ⋯.

(8A) In this report, tracer studies on the separation of plutonium from wet-incinerated blood by anion exchange and electrodeposition of the plutonium *are described*.

(8B) The present report *describes* tracer studies made on the separation of ⋯.

(9A) The overall time resolution for the use of 1 in. plastic scintillator with the apparatus shown in Fig. 1 *was 3 ns*.

(**9B**) The overall time resolution *was 3 ns* when 1 in. plastic scintillator was used with the apparatus shown in Fig. 1.

주동사는 어떠한 경우에도 문장의 앞부분에 위치해야만 한다는 의미는 아니다. 다음과 같은 경우에는 종속절의 주어와 동사 사이에 있는 부사구(굵은 글씨)를 제거하는 것만으로도 문장이 산뜻하게 변한다.

(**10A**) It was observed that mixed solutions containing 20 % or less of ethanol, **particularly in high normality nitric acid**, *decompose easily.*

(**10B**) It was observed that mixed solutions containing 20 % or less of ethanol *decompose easily,* particularly in high normality nitric acid.

한편 다음은 지나침이 오히려 부족함만 못한 경우의 예를 보인 것이다.

(**11A**) Furthermore, *adopted was* the isotropic reflection approximation at the cell boundary.

(**11B**) Furthermore, the isotropic reflection approximation *was adopted* at the boundary.

2.2.3 어간의 연결

서두에서 언급하였듯이 적절한 어순이라는 것은 계속해서 나타나는 단어가 독자의 사고의 흐름과 일치하여 독자의 머릿속에 정연하게 정리될 수 있도록 배려하는 것을 의미한다. 이에 반하여 졸속한 문장이라는 것은 독자의 사고 흐름을 멋대로 중단시키고 앞으로 다시 되돌리거나 훨씬 뒤로 뛰어넘도록 하거나 쓸데없이 많은 수식어 그리고 지나치게 상세하게 부연하는 것 등을 들 수 있다.

(**12A**) Leakage radiation from an infinite plane source on the surface of an annular duct entrance was evaluated numerically on the surface of the duct exit.
(**12B**) A numerical evaluation was made of the leakage radiation issuing from an annular duct whose entrance is exposed to an infinite plane source.

위의 문장을 보면 방사선의 측정결과를 계산하여 예측한다는 내용이나 발생한 사상으로서 「방사선원 - 덕트입구 - 덕트출구 - 누설방사선 - 측정 - 측정치」라고 하는 객관적인 순서가 존재함에도, 예문 (12A)에서는 「누설방사선 - 방사선원 - 덕트입구 - 측정치의 예측 - 덕트출구」라고 하는 방식으로 흐름을 되돌리거나 다시 보내거나 하여 독자의 사고를 혼동시킨다. 예문 (12B)에서는 「예측 - 누설방사선 - 덕트 - 덕트입구 - 방사선원」과 같이 흐름을 일관되게 거꾸로 진행시킴과 동시에 서두에 주어, 주동사, 보어의 순서로 정상적인 문형으로서 구조를 간결하게 하였다.

(**13A**) A stainless steel disk 2.5 mm in diameter is used as cathode, and a platinum spiral wire is used as anode, fitted about 5 mm above the cathode.
(**13B**) The cathode is a 2.5 mm diameter stainless steel disk, and set about 5 mm above the cathode a platinum spiral wire serves as anode.

이 경우에서도 예문 (13A)에서는 cathode - anode - cathode의 순서를 취함으로써 왔다갔다 하던 것을 예문 (13B)에서는 돌려서 표현하던 것을 먼저 음극의 설명을 정리하고 그 다음에 그것과 상대적 위치를 보이고 나서 양극에 대한 기술을 하였다. 이와 같이 언급하려는 대상을 공간적으로 한쪽에서 다른 쪽으로 자연스럽게 이동시킨 것이다.

(**14A**) Variations in neutron characteristics of a 1,000 MWe sodium-cooled fast breeder were obtained from burnup calculations based on the slab-model approximation when the breeder is operated under a giver refueling scheme.

(14B) On the basis of the slab model approximation, burnup calculations have been performed to determine the variations occurring in the neutron characteristics of a 1,000 MWe sodium-cooled fast breeder when operated under a given refueling scheme.

예문 (14B)에서 burnup calculation으로 시작하는 주절은 「burnup calculations(주어) - have been performed(주동사)」로서 일단 주절을 완결시킨 후 바로 이어서 그 설명으로서 「to determine(종속절의 동사) - the variations(동사의 목적어) - occurring(목적어의 동사) - in the neutron characteristics(동사의 보어) - of a 1,000 MWe sodium-cooled fast breeder (보어의 수식어) - when operated under a given refueling scheme(수식어의 설명구)」와 같이 계속해서 나타나는 단어가 각각 바로 앞의 단어를 받아서 그것을 설명해 나간다. 따라서 독자는 잠시 앞에 나타났던 단어에만 화제를 가지면 되며, 기억을 더듬거나 앞부분을 다시 읽어 보거나 하는 수고를 할 필요없이 사상을 정연하게 머릿속에 기록해 나간다. 문장의 구조로는 어느 부분의 단어에 주목하여 보아도 전후가 제대로 연결되어 있다. 따로따로 떨어져서도 살아 있는 것같이 부분마다의 독립성이 유지되어 있는 것이 이 문장을 이해하기 쉽게 하는 가장 큰 이유이다.

또한 서두에서의 on the basis of slab model approximation을 주어 앞에 배치한 이유는 그것이 주어와 주동사 사이에 끼어 연결을 차단하는 꼴이 되므로 이렇게 방해가 되는 문구는 앞으로 밀어내기 하여 앞쪽에 정리해 두는 편이 좋다. 이와 같이 짧은 구를 문장 앞쪽에 배치하여 가볍게 처리하는 방법에 대해서는 뒤에서 다시 언급하기로 한다.

예문 (14A)의 가장 어려운 점은 뒷부분의 when the breeder is operated …의 설명구가 설명의 대상인 variations occurring in the neutron characteristics of a 1,000 MWe … breeder로부터 떨어지고 그 사이에 관계없는 일련의 단어가 끼어 있기 때문이다. 이로 인하여 독자는 전혀 엉뚱한

의미로 해석할 수도 있는데, 저자 입장에서 독자가 그러한 엉터리 독해는 하지 않으리라고 단정지어서는 안 된다. 독자의 양식에 의지하려는 기분으로 엉성한 문장을 작성하면, 읽는 사람은 쓸데없는 것을 이해하는 데 많은 노력을 함으로써 정작 중요한 요점부분에서는 지쳐버릴 수도 있다.

이상과 같이 전후의 연결은 한 문장과 계속해서 이어지는 문장 사이에서도 문제가 될 수 있다.

(**15A**) In Table 1 are given *the values of D for a 0.5 cm fuel rod.* **In Table 2** are presented the *same values for a 1.0 cm fuel rod.*

(**15B**) … *values of D for a 0.5 cm fuel rod. Those for a 1.0 cm fuel rod* are presented in Table 2.

예문 (15A)에서는 전후 2개의 문장의 대응부(이탤릭체로 쓴 부분) 사이에 In Table 2의 이물질이 끼어들어 양자의 대응성이 명확하지 않다. 그 외에 후속문이 선행문과 같은 형태를 이루고 있어 이 때문에 반복되는 단조로움을 범하고 있다. 예문 (15B)에서는 선행문의 말미와 후속문이 서두에 대명사로 가볍게 받아 어순을 뒤집음으로써 반복을 피하고 있다.

(**16A**) The value is obtained upon replacing ***N*** in the corresponding expressions for the case of no background by ***N′***.

(**16B**) The value is obtained upon replacing ***N*** by ***N′*** in the corresponding expressions for the case of no background.

예문 (16B)가 명쾌한 느낌을 주는 것은 굵은 글씨로 표현한 대응부분이 서로 인접해 있어, 대응성의 인상을 주고 있기 때문이다. 예문 (16A)는 문장의 앞부분에서 서로 당연히 근접해 있어야 할 성격의 N과 N'를 분리함으로써 문장의 초점이 퇴색되어 버린 것이다.

2.2.4 대비의 느낌을 표현

표현방법이 적합하면 문장의 의미가 명확하게 되는 전형적인 형태가 두 가지의 사실을 대비시키는 경우이다.

(**17**) The Doppler coefficient has a large effect while that of the sodium expansion coefficient is small.

이와 같이 "도플러계수의 영향은 크고 나트륨 팽창의 영향은 작다."라는 두 가지의 사실과 그 양상과의 관련이 간단명료할 때에는 주어와 술어를 같은 순서로 나열하는 것이 가장 명쾌하게 대비되는 느낌을 준다. 이 예문은 비교되는 두 가지의 사실이 이와 같이 대조적이지 않다.

(**18**) The product of pyrolysis was $UN_{1.7}$ in the case of UN and $UN_{1.8}$ in the case of U_2N_3.

이 예문은 한국어라면 "열분해의 생성물은 UN, U_2N_3의 경우에 각각 $UN_{1.7}$, $UN_{1.8}$이었다."라고 각각을 사용하여 표현하는 정도의 평범한 경우와 다르지 않다. 단지 사용된 접속어가 예문 (18)에서는 and인 것에 반해 예문 (17)에서는 while을 사용하여 대비의 느낌을 주었다는 점이다.

같은 병렬형에서도 술어를 앞쪽으로 놓아 $a=A\,/\,b=B$와 같은 형태의 예를 들면 다음과 같다.

(**19A**) In the absence of scramming, **0.6 sec** is required for the sodium boiling to take place in the *hottest channel*, and **1.23 sec** in the *average channel*.

(**19B**) In the absence of scramming, sodium boiling takes place at **0.6 sec** in the *hottest channel* and at **1.23 sec** in the *average channel*.

예문 (19A), (19B) 모두 어순은 같은 형태를 취하고 있으나, (19A)에서는 … required to take place 등으로 격조 높은 표현방법을 선택하여 대비시키고자 하는 0.6 sec와 그 대응사실인 hottest channel의 사이가 떨어져 버려 $a=A$의 관계가 선명하지 않게 되었다. 이에 반해 (19B)에서는 $a=A$ and $b=B$로 대비를 구성하는 각 요소가 그 사이에 아무 것도 끼지 않는 상태로 깨끗하게 열거되어 있다. 대비 구성요소의 배열을 바꾼 예가 예문 (20B)이다.

(**20A**) No activity other than ^{128}I was detected in the spectrum immediately after irradiation, but some long-lived impurities were observed after the ^{128}I activity had decayed.

(**20B**) ⋯, but after the ^{128}I had decayed, some long-lived impurities became discernible.

예문 (20A)에서는 (조사 직후=없음/ ^{128}I 감쇠 후=불순물 다소 있음)과 ($A = a / B = b$)의 표현형식을 취하고 있으나, (20B)에서는 ($A = a / b = B$)로 대조적인 요인인 a와 b(측정의 시점)를 인접시킨 배치로 대비를 강조하고 있다. 예문 (17)과 같이 짧고 간명한 문장에 비해 예문 (20) 정도의 긴 문장에서는 ($A = a / B = b$)의 형보다는 ($A = a / b = B$)의 형태가 보다 효과가 있다.

계속해서 예문 (20B)의 후속문의 동사에는 become이란 현상에 도달하는 의미를 포함한 단어를 선택하여 시간경과에 따른 양상의 변화를 한층 강조하고 있다. 대비를 더욱 강조하기 위해서는 아래와 같이 후속문의 실질까지 변화시킨다.

(**21**) In the energy region A, f is larger than g, whereas the relation is reversed in the region B.

즉, 후속문은 문형과 관련하여 선행문으로부터 완전하게 독립시켜 대조성의 설명을 강조한다.

2.2.5 주체 간의 양적 비교

2.2.4항에서는 대비되는 두 가지의 주체 A, B의 양태 a, b가 흑과 백, 양과 음과 같이 정성적 또는 절대적으로 상반되는 경우의 대조적인 표현에 대해서 기술하였으나, 이 항에서는 $a > b$ 또는 $a = b$와 같이 정량적 또는 상대적인 차이에 대해 기술하기로 한다.

(**22A**) The I_0-values of *non-irradiated* **Cu-doped** cells are larger than those of **non-doped** cells.

(22B) The I_0-values of *non-irradiated* cells are larger for the **Cu-doped** than for **non-doped** cells.

굵은 글씨의 두 대조양태는 정답인 예문 (22B)가 서로 접근하여 배열되어 있어 상대관계가 보다 선명한 인상을 준다. 대비양태와는 관계없는 non-irradiated가 예문 (22A)에서는 대비양태를 보이는 단어 옆에 와 있어 정작 대비양태와 혼동을 줄 우려가 있는 것에 비해, 예문 (22B)에서는 이 단어가 대비양태로부터 분리되어 독자는 쓸데없는 신경을 쓸 필요가 없다.

(23A) **Hexagonal lattice** shows better convergence than **square lattice**.
(23B) Convergence is better with **hexagonal** than with **square** lattice.

예문 (23A)는 극히 일반적으로 사용되는 표현이나, 예문 (23B)에서는 대비의 대상인 hexagonal과 square를 서로 더욱 인접하도록 하여 예문 (23A)와 같이 주어로 하지 않고 배치가 보다 자유로운 보어로 격하시키고 뒷부분에 배치시켜 그 둘을 나열하였다. 문장의 주어로는 대비 제목인 convergence를 내세워서 문두에 정리하였다. 또한 이러한 어순을 취한 이득으로서 대비항목인 lattice는 hexagonal과 square의 양 단어에 공용으로 한 번만 사용하여 문장이 간결하게 되었다는 점이다.

(24A) **Using** f_1 as basis should provide the system with a safer temperature coefficient than **using** f_0 to obtain the Doppler coefficient.
(24B) The system should acquire a safer temperature coefficient when the Doppler coefficient is based on $\boldsymbol{f_1}$ than on $\boldsymbol{f_0}$.

예문 (24A)에서는 예문 (23A)와 마찬가지로 대비의 대상인 using f_1에 문장의 주어적인 역할을 부여하였기 때문에 주어와 관련되는 문법상의 제약으로 이 단어와 대비되는 f_0와 떨어져 버리고 오히려 대비의 색채가 엷어지고 말았다. 예문 (24B)에서는 대비시키려는 f_0와 f_1에 힘을 주지 않고 보어로 격하시킴으로써 배치에 자유를 주어 두 단어가 인접하게 되었다.

> (25A) Grain boundaries in the **peripheral** region of both sintered and swaged specimens were attacked deeper than those in the **central** region by chemical etchant.
>
> (25B) In both sintered and swaged specimens, chemical etchants attacked the grain boundaries more deeply in the **peripheral** zones than in the **central** core.

대비대상은 peripheral과 이것에 대응하는 central이나 예문 (25A)에서는 대비의 항목인 region과 관계없이 sintered, swaged, by chemical etchant 등의 수식어가 번거롭게 섞여 있는 데 반해, 예문 (25B)에서는 예문 (22)와 마찬가지로 이를 독자에게 현혹시킬 만한 단어를 대비대상으로부터 분리시킴으로써 정연한 형태를 취하고 있다. 그 수단으로서 예문 (23)을 사용하고 chemical etchant를 주어로 취하여 정리한 것 이외에도 sintered과 swaged를 보다 앞에 배치하였다. 이와 같이 방해가 될 수 있는 구가 위치할 장소로서 문두를 사용하는 것과 관련해서는, 만약 무분별하게 이러한 방법을 사용하면 중요한 어구를 앞에 내세울 것이라는 점에 정면으로 위배되는 위험도 있으므로 2.2.7항에서 다시 검토해 보기로 한다.

이상은 대비의 주체인 A, B에 대해서 각각의 양태가 $a > b$ 또는 $b < a$로 서로 다른 경우였으나, $a = b$ 또는 $a \approx b$의 경우에는 어떻게 될 것인가 살펴보기로 한다.

> (26A) The results obtained by **γ-ray spectrometry** are of the same order in *A*-value as the results obtained by **β-ray counting**.
>
> (26B) **Gamma-ray spectrometry** and **beta-ray counting** result in *A*-value of the same order.

정해진 예문 (26B)에서는 대비시키고자 하는 사상을 위에서 열거한 예와는 달리 주어로 이용하여 양태를 겸하게 함으로써 공통으로 받도록 하였다.

2.2.6 상관관계

$x \to a$로 됨에 따라 $y \to b$로 되는 상관관계는 논문에 자주 나타나는 형태이나, 이를 품격 있는 영어로 나타내는 것은 생각 외로 쉽지가 않다.

(**27A**) The value of *y* increases **as increasing of** *x*.
(**27B**) The value of *y* increases **with** *x*.

가장 간단한 예로서, 예문 (27A)의 as increasing이 중복되어 어색하므로, 이를 예문 (27B)에서는 산뜻하게 제거하고 그 대신에 접속사 with를 사용하였다.

$x \to a$와 $y \to b$의 상관관계를 보다 단적으로 강조하고 싶다면 위에서 사용한 with를 발전시켜 접속사 consistently with, in keeping with, proportionately with 등을 사용한다.

(**28**) The temperature curve rises **consistently with** elapse of time.
(**29**) The current increases **in keeping with** the number of pulses.
(**30**) The stress rises **in proportion with** strain.

이상의 예에서는 *x*, *y*가 동일한 경향을 나타내는 경우이나, *x*가 상승하면 *y*가 하강하는 식으로 반대의 경향을 표현하고자 하는 경우는 다음과 같다.

(**31A**) The ratio **increases** as the pressure **decreases**.
(**31B**) The ratio **increases** *with* **decreasing** pressure.

한편 "… 함에 따라 … 하다"를 표현할 때 자주 사용되는 것이 the more …, the more … 와 같은 어법이다. 이 표현은 교과서적인 표준적인 방법이나 사용해 보면 알겠지만 많은 경우에 박진감 없는 느낌의 문장이 되기 십상이다.

(**32A**) **The larger** *N* becomes **the more** the spatial oscillations **become prominent**.

(**32B**) The spatial oscillations *increase their prominence* **with progression of** N.

예문 (32A)가 어쩐지 졸렬한 느낌을 주는데 이 문형을 사용하는 한 피할 수 없으며, 이 방법을 포기하고 예문 (32B)에서는 예문 (27)~(30)의 문형을 취하였다.

이때 $b \rightarrow y$를 표현할 때 with progression of의 접속사를 사용하였으나, 이러한 사건의 진행을 나타내는 또다른 예를 보도록 하자.

(**33A**) The value of n deviates rapidly from unity as the degree of asymmetry grows.

(**33B**) The value of n deviates rapidly from unity **with accentuating degree of** asymmetry.

(**34A**) This tendency increases as going nearer to the stagnation point.

(**34B**) This tendency **accentuates toward** the stagnation point.

예문 (33B) 및 (34B)의 굵은 글씨의 표현은 예문 (27)~(30)에서 사용한 단순히 관련성을 나타내는 접속구보다도 한 단계 더 진보하여 사건이 진전하는 방향을 병행하여 표현한 것이다.

보다 복잡한 예로서는 다음과 같이 $x \rightarrow a$임에 따라서 $y \rightarrow b$, $z \rightarrow c$와 같은 복합적인 관계를 나타내는 경우이다.

(**35A**) When the separation factor becomes larger, the flow rate rises and the number of stages decreases, but the separation work increases.

(**35B**) An **increase** of the separation factor **raises** the flow rate and **reduces** the number of stages, but **increases** the separation work.

2.2.7 문 두

2.2.1항과 2.2.2항에서 중요 사항을 문두에서 언급하지 않으면 요점이 흐려질 수 있다고 경계한 적이 있으나, 반면에 예문 (14)와 (25)에서는 옮겨놓을 곳이 적합하지 않은 짧은 구를 문두에 오게 하는 방법을 소개한 적이 있다. 문두에서 느닷없이 핵심사항을 접하게 되는 것만이 능사는 아니라는 사실이다.

전후의 상황에 따라 문두에 놓는 것도 검토해야 할 주요한 짧은 구로는 다음과 같은 것이 있다.

① 선행문과 맥락을 같이 하기 위해서 관련시켜 주는 접속적인 도입구

② 해당 문장 중에서 달리 적절한 장소가 없는 구의 처리

먼저, ①의 예를 다음 문장에서 이탤릭체로 나타낸다.

(36) The relation between stress and strain is shown in Fig. 11. *From this figure*, it is seen that ⋯.

(37) List all the variables that are involved in the problem in Step 1. *In Step 2*, express each of the variables in terms of basic dimensions.

앞에 있는 문장을 받는 도입구의 예로서는 for this reason ; based on the results described above ; upon completion of the reaction 등이 있다. 특히 선행문에 관계없이 문두를 가볍게 전치하여 사용하는 예로서는, in the present work ; while no significant changes were observed ; despite every effort to obtain stable conditions 등 많은 방법이 있다. 그러나 이 정도보다도 큰 사명을 짊어지게 하면, 예문 (1A), (3A)와 같이 앞부분이 묵직한 문장이 되기 쉽다. 예문 (14B)를 다시 한번 보자.

(14B) On the basis of the slab model approximation, burnup calculations have been performed to determine the variations occurring in the neutron characteristics of a 1,000 MWe sodium-cooled fast breeder when operated under a given refueling scheme.

이 문장은 나름대로 정돈된 형태를 취하고 있으나, 도입구와 주문장만을 끄집어내어 독립적인 문장을 이루면 다음과 같이 표현된다.

(**38**) On the basis of the slab model approximation, burnup calculations have been performed.

이는 주요한 내용이 늦게 나타나는 전형적인 문장이 되어 동일한 문형이라도 구성하는 각 구의 상대적인 균형이 깨짐으로써 졸렬한 문장이 될 수가 있다는 점을 주의하기 바란다.

2.2.8 명확성

어순이 좋지 않으면 하나의 문장 속에서 언급하고자 하는 몇 가지 사상의 상호관계 및 인과관계 등이 명쾌하지 않아 이해하기 어려운 문장이 된다. 다음 예를 보자.

(**39A**) Iodine vapor was generated by *heating crystal iodine* tagged with ^{131}I in a **diffusion tube**.

이 문장에서는 diffusion tube 속에서 tagging이 이루어졌다고 읽혀진다. 그런 일은 있을 수 없다고 생각하는 독자는 diffusion tube 속에서 일어난 것은 crystal iodine의 가열임에 틀림없다고 다시 생각하지 않는 한 이 문장을 제대로 이해할 수 없다.

(**39B**) Iodine vapor was generated in a **diffusion tube** by *heating crystal iodine tagged* with ^{131}I.

예문 (39A)에서는 diffusion tube와 그것에 관련되는 heating crystal iodine 사이에 tagged with ^{131}I가 끼어들어 사고의 흐름을 중단시키는 것에 반해서, (39B)에서는 상호관계가 있는 단어들을 인접시켜 어순을 논리적으로 일치시켰다.

위의 예에서도 알 수 있듯이 명확한 문장이 되기 위해서는 어순의 적합성이 큰 영향을 미친다. 물론 선택한 단어 자체가 적합하지 않다면 아무리 좋은 어순을 취하여도 소용이 없다는 것은 언급할 필요도 없다.

이 항에서의 어순에 관한 고찰에 이어 2.3절에서는 용어법에 관해서 역시 같은 규칙에 대한 것을 생각해 보기로 한다.

2.3 용어법

2.3.1 주 어

문장이 명확하지 않은 원인으로서 주어와 동사의 관계가 불분명한 경우를 생각할 수 있다. 한국어에서는 원래 주어가 생략되기 쉬우나 영어에서는 그런 일이 없을 것이라고 생각하는 독자가 있다면 다음의 글을 읽어보자.

(1) This reaction *predicts to be based* on the first-order reaction *obeyed* by Langmuir's adsorption theorem rapidly *consuming* the oxygen source.

이 문장에는 모두 4개의 동사가 나타나나 제대로 주어를 가지고 있는 것은 obey에 대한 reaction뿐이다. 형태상으로 보아서는 predict의 주어는 문두의 This reaction이 되겠지만 반응을 예측할 수는 없으므로 논리적으로 허용되지 않는다. 다음에 based의 주어는 역시 This reaction이 되어야 하나 This reaction … is based on the first-order reaction이 되어 "반응이 반응을 토대로 하여"와 같이 종잡을 수 없는 문장이 되고 만다. 마지막에 나타나는 consume에 이르러서는 "무엇이" 또는 "누가" 소비했는지 알 수 없는 상태에 이르게 된다.

위의 문장은 외관상으로는 영어문장의 형태를 취하고 있으나 정상적이라고는 할 수 없다. 그러나 주어를 적당히 생략해도 통용되며 주어와 동사의 관계가 다소 모호해도 허용되는 우리로서는 있을 수 있는 문장이다. 즉, 주어를 중시하는 영어를 사용할 때 주어에 대한 주의를 태만히 하면 언제든지 생길 수 있는 악문의 한 예이다.

> (**2A**) The gas chromatograph was operated at 20℃ for carbon monoxide and ethane. After ethane came out, **it** was operated at 95℃.

뒤의 문장만을 단독으로 보면 주어 it은 ethane을 가리키는 것이 되므로 의미전달이 제대로 될 수가 없다. 이러한 것을 막기 위해서는 it의 의미를 혼동시키는 요인을 제거해야 한다.

> (**2B**) The gas chromatograph was operated at 20℃ for carbon monoxide and ethane. After the appearance of ethane, it was operated at 95℃.

제시한 개정안에서는 문제가 되는 ethane을 came out의 주어로부터 appearance라는 명사의 보어로 바꾼 것이다. 이렇게 함으로써 it의 정체가 혼동되지 않고 선행문의 gas chromatograph라는 것을 쉽게 파악할 수 있다.

위의 예문에서와 같이 주어가 무엇인지 확실하게 파악하기 어려운 문장도 곤란하나, 하나의 문장 내에서 주어가 마음대로 바뀌는 경우도 역시 곤란하다.

> (**3A**) *Using* these values, the asymptotic curves to which are compared the no-gap system, are *presented* in Fig. 4, and they show that the fundamental modes differ markedly from the no-gap system, and that the oscillation term *influences* little at sufficiently large distances from the source.

이 예문에서 나타나는 6개 동사의 주어를 구해보면,

	동　사	주　어
1.	using	저 자
2.	compared	no-gap system
3.	presented	asymptotic curves
4.	show	asymptotic curves
5.	differ	fundamental modes
6.	influences	oscillation term

3과 4의 주어가 같다는 것 이외에는 동사가 나타날 때마다 새로운 주어가 등장한다. 이러한 문장에서는 중심인물이 없는 연속극과 같이 무엇을 중심으로 줄거리를 따라가야 할지 확실히 갈피를 잡을 수 없다.

문장에서의 주어는 한 번 결정되면 도중에 변경되지 않도록 세심한 배려가 필요하다. 또한 한 문장에서 5, 6개의 동사가 사용된다는 점도 문장이 지나치게 길어지는 관점에서 바람직하지 않다.

> **(3B)** Asymptotic curves were *obtained* with these values, as *shown* in Fig. 4, where they are *compared* with the case of no-gap system. The curves *reveal* a marked difference in fundamental mode between the two cases, and *indicate* also that the oscillation term *produces* little effect at sufficiently large distances from the source.

이 문장에서는 우선 지나치게 긴 (3A)의 문장을 선행문과 후속문으로 분리하였다. 그 결과 동사의 수가 전후 각각 3개씩으로, 예문 (3A)와 마찬가지로 동사와 주어를 대응시켜보면 다음과 같다.

	동　　사	주　　어
1.	obtained	asymptotic curves
2.	shown	〃
3.	compared	〃
4.	reveal	〃
5.	indicate	〃
6.	produces	oscillation term

그러나 모든 경우에 문장의 주어가 이와 같이 깨끗하게 정리된 형태로 되는 것은 아니다. 주제라는 것은 문맥의 흐름에 따라 차례로 변해가는 것이며, 문장 도중에 주어를 일체 바꾸지 않고 진행시키고자 하면 더 이상 문장을 이어나갈 수 없는 상태에 처하고 말 것이다. 특히 반응과정의 설명과 같이 다음 예문에서 설명하는 주체는 차례차례 변해간다.

> **(4A)** *Ceramic grade* UO_2(a) was **mixed**(a) with natural graphite, of

> which the *mixing ratio*[b] had been previously **determined**[b] to **obtain**[c] hypostoichiometric UC, and *ball milling*[d] was **carried out**[d] for 6 hr, and the *mixed power*[e] **was compressed**[e] into pellets under a pressure of 1 t/cm^2.

이 예문에 나오는 동사는 5개로서 나타나는 순서대로 알파벳순으로 번호를 붙이고 각각에 대응하는 주어에 같은 번호를 표시하였다. 이 중 (c)의 to obtain은 부정형이므로 주어(실질적으로는 저자가 이에 해당함)가 그다지 문제가 되지 않으나, 나머지 4개는 모두 제 역할을 하면서도 모두 다른 주어를 가지고 있다. 이 문장을 정리하면 다음과 같다.

> (**4B**) Ceramic grade UO_2[a] was **mixed**[a] with natural graphite to a *ratio*[b] previously **determined**[b] to **obtain**[c] hypostoichiometric UC. The *resulting mixture*[d] was **ground**[d] for 6 hr in a ball mill, and **compressed**[d] under a pressure of 1 t/cm^2.

선행문의 동사는 주어가 각각 다르나 동사 determined는 과거분사, obtain은 부정사의 형태를 취하고 있으며 전자는 동사라고 하기보다는 형용사, 후자는 부사 또는 전치사적인 요소가 강하다. 제대로 된 동사다운 역할을 맡고 있는 것은 선행문에서는 mixed뿐이다. 한편 후속문의 동사는 모두 resulting mixture를 주어로 하고 있다.

짧은 문장에서 주어를 도중에 바꾸는 경우는 특히 눈에 띄며 아무런 동기도 없이 슬며시 주어를 바꾸는 것은 곤란하다.

> (**5A**) *Using* the above expression, the computed curves are *presented* in Fig. 1.

using의 주어는 저자, presented의 주어는 curves이다. 또한 이 문장에는 또 하나의 논리적인 비약이 따르므로 좋지 않다. 그러므로 주어를 정리해도 그다지 좋은 문장이 되기는 어려우며, 뒤의 동사를 수동태에서 능동태로 바꾸어 다음과 같이 하면, 2개 동사의 주어는 모두 저자 자신이 되어 주어가 슬며시 바뀌는 것은 일단 막을 수 있다.

(5B) *Using* the above expression, we *present* the computed curves in Fig. 1.

그러나 도입부에서 "윗 식을 이용하여"라고 함으로써 읽는 독자의 입장에서는 이것을 이용해서 도대체 무엇을 했다는 말인가라고 그 다음을 기다리게 된다. 그러다가 느닷없이 주절에서 the computed curves가 튀어나와서는 어느 틈에 계산이 끝나고 그 결과가 그림상에 제시되었기 때문에 독자는 어리둥절해질 수밖에 없다.

(5C) The curves computed *with* the above expression are *presented* in Fig. 1.

이 문장에서 using은 with라는 전치사로 바꾸어 놓음으로써 위에서 열거한 논리의 비약을 해소할 수 있다.

2.3.2 단어의 중복

영어에서는 동일한 단어는 물론 발음이 비슷한 유음어, 공통의 어간을 가진 단어조차도 전후에 접근하여 반복되는 것을 상당히 기피하는 경향이 있다. 이러한 점을 항상 명심하고 글을 쓰지 않으면 usually used, evaluate the values, products that were produced 등과 같은 문장이 되고 만다. 극단적인 한 예를 들어보면, "동사로서는 내용이 희박한 동사보다는 기능적인 동사를 사용하는 것이 좋다."라는 문장을 직역하면 다음과 같다.

(6A) As **verb**, a functional **verb** rather than a **verb** of a weak substance should be used.

여기서 한국어 문장을 보면 반복어 부분에 일부러 밑줄을 쳐놓지 않으면 그다지 눈에 띄지 않으나 이를 그대로 영문으로 직역하면 verb라는 단어가 반복되어 전형적인 나쁜 문장이 되고 만다. 개선책으로 다음과 같이 쓸 수 있다.

(**6B**) As ***verb***, ***one*** that is functional rather than of weak substance should be used.

이 문장에서는 대명사 one과 적절한 생략을 통하여 중복을 피한 형태이며, 이하 가까이에 단어가 중복되는 문장을 피할 수 있는 방법에 대하여 검토해 보기로 한다.

(1) 단순한 반복

아래에 단순히 단어가 반복된 전형적인 문장을 제시한다.

(**7A**) The **model** we used for our calculation was the Prandtl **model**.
(**7B**) We used the Prandtl ***model*** for our calculation.
(**8A**) Several **models** have been proposed, such as the Barnes **model**, the Bernal-Fowler **model** and the Pauling **model**.
(**8B**) Several ***models*** have been proposed, such as those by Barnes, by Bernal-Fowler and by Pauling.

개정안 (8B)에서도 예문 (7B)와 마찬가지로 반복되는 model을 첫 번째는 대명사 those로 그리고 두 번째부터는 생략하였다.

위의 예들에서는 원안인 (7A), (8A)로도 의미는 충분히 전달되며 단지 문장의 모양이 좋지 않은 정도이나, 다음의 예는 모양은 물론 전달하려는 내용까지도 혼동될 수 있는 경우이다.

(**9**) The **present** paper ***presents*** (→ ***proposes*** 또는 ***describes***) a new approach to this problem.

즉, 첫 번째 present는 형용사로서 사용되고, 바로 다음에 이어지는 두 번째 present는 다른 의미를 가진 동사로 사용되어 문장이 혼동스러워졌다. 따라서 형용사의 present를 다른 단어로 바꾸든지 동사의 presents를 ( ) 안과 같이 동의어로 바꿈으로써 해결할 수 있다.

(10A) The detector is housed in a cylindrical ***case***, and in this ***case*** there are also placed seven preamplifiers.
(10B) The detector is housed in a cylindrical ***case***, in which there are also placed seven preamplifiers.

원안에서 사용된 case는 일관되게 용기의 의미로서 사용되어 예문 (9)와 같이 혼동되지는 않으나, in this case는 흔히 "이 경우"라는 의미로 사용되는 구이므로, 위의 예문에 한해서 "이 용기의 속"으로 읽히기를 바라는 것은 아무래도 무리가 따른다.

(2) 숙어의 부분적인 반복

한국어에서는, 예를 들어 기계실, 전기실, 제어실이라고 할 때, 실이라는 글자가 중복되어도 "○○실"이 별개의 단어로 인식되므로 단어의 중복이라는 인상을 주지 않는다. 영어의 숙어는 단일어가 아니고 독립된 단어의 조합에 불과한 만큼 이를 직역하면 다음과 같이 된다.

(11A) Machinery **room**, electrical **room** and control **room**.

이와 같이 room이라는 단어가 반복되므로 반복되는 단어를 한 번만 사용하고 그 다음은 생략한다.

(11B) ***Rooms*** for machinery, for electrical equipment, and for control 또는 Machinery, electrical and control ***rooms***.

(3) 공통어간, 어원을 가진 단어의 중복

usually used, evaluate the values, products that were produced 등의 표현은 동일한 단어의 중복이 아니고 공통의 어간을 가지면서 부사와 동사, 명사와 동사로 사용된 경우이다. 각각의 단어는 독립된 기능을 가지면서 사용되고 있으나 역시 반복을 피하기 위해서는 어느 한쪽을 생략하여 정리하는 것이 좋다. 가장 확실한 방법은 동의어를 사용하는 것이다. 즉, 위에서 열거한 표현 중 evaluate는 assess로, produced는 manufactured 등과 같이 바꾸어줌으로써 공통어간을 가진 단어의 중복을 피할 수 있다. 다음에 몇 가지 예를 들어본다.

(**12A**) We **use** the functions **usually used** in such cases.
(**12B**) We ***adopt*** the functions ***commonly***(or ***widely***) **used** in such cases.
(**13A**) The effect of **neglecting** Na was **negligible**.
(**13B**) The effect of ***ignoring*** Na was **negligible**.
(**14A**) The results are **tabulated** in **Table** 2.
(**14B**) The results are ***presented*** in **Table** 2.

(4) 유음어의 반복

전형적인 예를 들어보기로 한다.

(**15**) The reactions *are maintained mainly* by heat.

이 문장에서는 원래 관계가 없는 **main**tained와 **main**ly가 공통발음을 가지고 인접함으로써 반복의 형태를 보이게 된 것이나, *mainly* 대신 *principally*와 같은 동의어를 사용하는 편이 바람직하다.

(**16A**) The solution by **Case** for the stationary **case** ….
(**16B**) ***Case's*** solution for the stationary ***condition*** ….

이 예에서는 인명이 우연히 문장 중의 인접한 단어와 동음어가 된 매우 드문 경우이기는 하나 진지해야 할 논문에 고의든 고의가 아니든 간에 말의 기교가 포함된 인상을 준다.

(5) 전후하는 문장 사이의 접근반복

(**17A**) This is shown in **Fig**. 13. **Figure** 13 indicates that ….
(**17B**) This is shown in ***Fig***. 13, ***which*** indicates that ….

여기에서는 개선책으로서 관계대명사를 사용하여 원안에서는 독립된 후속문을 종속절로 바꾼 것이다. 문장이 짧은 경우에는 적합하나, 하나의 문장으로 합침으로써 지나치게 길어지면 당연히 개악이 되므로 후속문을 그대로 남겨두고 다른 단어(예를 들면, 대명사)로 바꾼다.

그러나 대명사가 너무 막연하게 앞의 문장의 원하는 단어를 지시하면 문장에 박력이 없어 보이므로, 반복을 피하고 싶은 단어보다 범위가 넓은 의미의 단어를 사용하는 것도 하나의 해결책이다.

(17C) This is shown in ***Fig***. 13. ***This diagram*** indicates that ….
(18A) We employ the **least squares method** to fit the curve to the plots. The **least squares method** is commonly used for this purpose.
(18B) … to the plots. ***This method*** is commonly ….

2.3.3 문장의 격조

논문작성에서 가장 중요한 것은 저자가 의도하는 내용을 독자에게 올바르게 전달하도록 하는 것이다. 어순이나 용어법을 소홀히 하여 독자가 초조하고 답답함을 느끼며 차분한 마음으로 내용을 파악해 나갈 수 없다면 저자가 아무리 열심히 작성한 영문도 단순한 문장의 나열에 불과할지도 모른다. 이와 같은 관점에서 이제까지 어순 및 용어법에서 명쾌함에 초점을 맞추었다. 그러나 이러한 제 1 요건인 "명쾌함"이 충족되었다고 해도 작성된 논문이 독자에게 진지하게 읽혀지도록 하기 위한 제 2 요건은 문장에 논문다움을 갖춘 격조이다. 주로 구어체에서 사용되거나 논문다움을 해치는 몇 가지의 단어를 들면 다음과 같다.

■ can't, won't, don't

구어체이며, 연극의 대사가 아닌 논문으로 생각하고 진지하게 판독하도록 하기 위해서는 생략하지 않고 cannot(can not으로 띄어 쓰는 것도 잘못), will not, do not이라고 써야 한다.

■ get, happen, want

일상 회화라면 문제가 없으나, "입니다"와 "이다"를 구분해서 사용하는 것과 같이 obtain, occur, desire 등 보다 무게 있는 단어로 대체시킨다(단, 이 동사들이 특별히 의도하는 의미가 있는 경우는 예외).

■ pretty

"상당히"의 의미로서 가끔 사용되지만 역시 구어체이며, 논문에서는 fairly, quite 등 보다 격조 높은 부사를 사용한다.

■ *so* much, not *so* much

이때의 so는 very로 치환한다.

■ do

대용동사로서의 사용은 가능하나, "하다"의 의미인 본동사로서 논문에 사용하기에는 역시 적합하지 않다.

(**19**) Experiments on living animals were *done* to prove this point.
(**20**) We *do* the inverse Fourier transformation numerically.

위의 예와 같이 실험이나 계산을 행하는 것을 표현하는 동사에는 undertake, conduct, perform, execute, carry out 등이 있으며 이 중에서 적합한 단어를 선정해서 사용해야 한다.

대용동사로서의 do는 아래 예문과 같이 선행문에 한 번 나온 본동사(이탤릭체)가 중복되는 것을 피하기 위해 사용한다.

(**21**) Experiments were *undertaken* on a mockup apparatus. This was **done** to prove the validity of the safety system.
(**22**) The pressure readings *scaled out* of range, as **did** the temperature indications also.

■ be

본동사로 사용되면 어색하다. 다음 예와 같이 괄호 안에 제시한 보다 본격적인 동사로 치환하는 것이 좋다.

(23) The curves representing the angular distribution are [→ *are shown*] in Fig. 1.
(24) After the excitation energy is [→ *becomes*] smaller than the binding energy ….

예문 (23)에서 괄호 안의 are는 조동사로 사용되고 있는데, 이와 같이 be 동사는 조동사 또는 대용동사로 사용하는 것이 논문에서는 적합하다.

(25) "Be" **is**[(a)] often *used*[(b)] as auxiliary verb, and so **is**[(c)] "have".

이 예문에서 앞의 is는 used의 조동사, 뒤의 is는 중복을 피하기 위한 대용동사이다.

그런데 이 문형은 is가 중복해서 나타나며, 더구나 동일어이면서 사용방법이 다른 중복 중에서도 최악의 형태이지만, 이는 보다 장황한 중복을 피하고 남은 중복의 흔적으로서 정당화될 수 있다. 뒤에 나오는 is가 앞과 같은 사용방식으로 중복될 때는 후속문에서 이 단어를 없애야 한다.

(26A) In such a case, the compound **is** usually reduced to its elements, *and ion exchange **is** applied thereto.*

두 번째의 is는 생략하고 다음과 같이 쓴다.

(26B) … *and ion exchange applied thereto.*

마찬가지로 식을 설명할 때 기호를 잇따라 열거하고 제각기 정의를 할 때, 일반적으로 한국어에서 "p는 압력, v는 체적, t는 온도이다."라고 동사를 1회로 끝내는 것과 같은 방법으로 처리한다.

(27) Here, p **is** the pressure, v the volume and t the temperature.

2.3.4 세심한 문장

시간에 그다지 쫓기고 있지 않은 논문의 저자가 다음과 같은 문장을 작성한다면, 너무나도 단조로우며 무미건조하다고 논문이 평가절하되어도 어쩔 수 없다.

> **(28A)** Much effort has been devoted in the past to understanding electron plasma oscillation, *and the physical concept of the plasma wave has been clarified.*

이 문장은 영어로 아무런 실수 없이 표현하고 있는 것은 사실이나, 같은 사항을 기술하는 데 뒷부분을 다음과 같이 고치면 문장 전체가 보다 힘있어 보인다.

> **(28B)** … *which has resulted in clarification of the physical concept of the plasma wave.*

위의 두 문장의 차이를 지적하면 예문 (28A)에서는 앞뒤의 문장이 단조롭게 and로 연결되어 있는 데 비해, (28B)에서는 양자의 인과관계를 분명히 표현할 수 있도록 제각기 역할이 명확하게 되어 있다는 점이다.

> **(29A)** To evaluate $\phi_n(x)$ for large values of n, the central limit theorem significantly reduces the labor.

이 문장에서 가장 중요한 것이 빠진 듯한 느낌을 주는 원인은 종속절이 주절보다 앞서 있는 형태를 취하고 있기 때문이다. 2.2.1항에서 지적한 "중요 사항의 지연"과 2.3.1항에서 강조한 "주체의 변경"(선행문의 주체는 저자, 후속문은 central limit theorem)의 두 가지가 동시에 위반되어 있다. 첫 번째의 위반은 앞뒤 문장을 바꿈으로써 해결할 수 있다.

> **(29B)** The central limit theorem significantly reduces the labor of evaluating $\phi_n(x)$ for large values of n.

두 번째 위반에 대해서는, 즉 주체를 바꾸는 문제는 원문의 to evaluate 대신에 of evaluating으로 보다 가볍게 언급하는 느낌의 표현으로 바꾸어 어색한 인상을 경감시키고 있다. 원문의 순서를 유지한 상태에서 바꾸어 본다.

> **(29C)** In evaluating $\phi_n(x)$ for large values of n, use of the central limit theorem significantly reduces the labor involved.

이 형은 예문 (29B)와 마찬가지로 동사를 부정사에서 동명사로 바꾸어 앞에 위치한 종속구의 느낌을 가볍게 처리하는 한편, 주문장에 use of를 넣어 앞에 위치한 종속구의 주체인 저자와 간접적이나마 관련지우고, 마지막에 involved를 추가시킴으로써 주문장으로서의 무게를 증가시켰다. 이 예문에서는 관점을 바꾸어 주문과 부문의 상대적인 관계를 역으로 보는 것도 의미가 있을 것이다.

> **(29D)** The evaluation of $\phi_n(x)$ for large values of n is significantly facilitated by using the central limit theorem.
>
> **(30A)** In the electrodeposition step, iron seriously inhibits plutonium deposition. The content of iron in the blood is large. Therefore the behavior of iron in the anion exchange was studied.

이 예문은 표현이 단조로우면서도 어딘지 충분하지 못하다. 내용 하나하나에 전혀 잘못이 없어도 사실을 단편적으로 기술하고 부족한 점을 독자에게 적당히 보충시키려고 한다면 결코 저자의 책임을 다했다고 할 수 없다.

특히 인과관계는 therefore와 같은 단어를 하나 둘 적당히 넣어둔다고 해결되는 사항이 아니다. 인과관계는 논문의 맥을 유지하는 연결고리로서, 각각의 상황에 적합한 표현을 생각하고 사용할 필요가 있다. 이 점에 유의하여 이 문장의 내용을 바꾸어 보면 다음과 같다.

> **(30B)** The electrodeposition step is seriously obstructed by the presence of iron in the solution. Now, iron is contained in

significant amount in blood, and if this element could be removed from the specimen beforehand, this should contribute greatly to improvement of the process. This consideration led the author to study the behavior of iron in the anion exchange step.

한편 단행시와 같이 단편적인 서술로 독자의 상상력에 부담을 주는 문장도 곤란하나, 반대로 한 마디로 정확히 명쾌하게 표현할 수 있는 사항을 어려운 말로 장황하게 기술하는 것도 역시 피해야 할 사항이다. 다음 예문들의 (A)와 (B) 또는 (C)를 비교해 보면 명확히 이해할 수 있을 것이다.

(**31A**) Experiments were performed by heating the irradiated targets at 500~1000℃.
(**31B**) Irradiated targets were heated at 500~1000℃.
(**32A**) As it will be seen in Burks textbook, it has already been pointed out that ….
(**32B**) It is pointed out in Burks textbook that ….
(**32C**) Burk has pointed out that ….

2.3.5 인과관계

바로 앞에서 인과관계는 논문의 맥을 유지하는 연결고리라고 하였는데, 여기서는 그 인과관계의 표현법에 대해 집중적으로 고찰해 보기로 한다.

인과관계 및 이와 유사한 형태로 "목적"(실험을 하기 위해 장치설계를 하다), "이유"(재현성 있는 결과가 필요하므로 실험을 반복하다), "수단"(모형 대신 수치실험으로 결과를 얻다) 등 여러 가지로 생각할 수 있다.

(1) 목 적

대표적인 전치사로는 to와 for, 부사구로 in order to, so as to, for the purpose of, with a view to 등이 있다.

(33) **To** determine the critical mass of the assembly, it is necessary to subtract the excess reactivity.

to로 시작되는 종속구와 주절의 균형을 잡기 위해 다음 예와 같이 그 순서를 반대로 하는 것이 좋은 경우도 있다.

(34) This relatively short length of flight path was chosen **to** increase the counting rate.

이를 예문 (33)과 같이 주절을 뒤로 하면 주동사가 문장의 마지막에 나타나서 좋지 않다(2.2.2항 주동사의 위치 참조).

to만으로 다소 불충분할 때는 in order to, so as to, with a view to, to this end, for this purpose 등의 부사구를 사용하여 보다 무게 있는 문장으로 만들 수도 있다.

(35) The back-up device was removed **so as to** lower the hot spot factor.

(36) The calculation should be carried out without distinction between sections. **To this end**, we divide a section into units.

(37) **For this purpose**, a Neutron Transport Working Group was established.

위와 같은 부사구에서 다음에 오는 동사가 부정사가 될지 동명사가 될지는 사전의 용례를 보고 틀리지 않게 충분히 유의해야 한다.

목적을 위해 도입하는 데 for를 단독으로 사용하는 경우도 있다.

(38) For these calculations, we have developed a FORTRAN-Ⅳ code “SPEX-1”.

for의 또다른 용법으로 … 하려고의 의미를 강조하는 경우가 있는데, 그 경우는 뒤에 소유대명사가 이어진다.

> (39) For its response to temperature regulation, a furnace with tungsten elements was used.

이와 같은 의미로는 오히려 다음 항에서 취급하는 이유에 가까운 성격을 띠고 있다.

위에 열거한 바와 같이 정형적인 전치사나 부사구를 사용하는 대신에 문장의 구조 자체를 보다 직접적인 표현으로 하는 방안도 생각해 볼 수 있다. 다음 예의 A → B → C를 비교해 보자.

> (40A) The lead shield was covered with aluminum foil **in order to** eliminate all effect of heat on the count rate.
>
> (40B) All effect of heat on the count rate was eliminated **by** covering the lead shield with aluminum foil.
>
> (40C) An aluminum foil covering the lead shield eliminated all effect of heat on the count rate.

예문 (40A)의 예에서는 in order to로 위엄 있는 형태를 취해 보았으나 매우 중대한 사항은 아니므로 "목적형"의 연결을 "수단형"의 by로 치환한 것이 (40B)이다. 다시 이 수단을 의인법적 주어를 사용하여 종속절을 없애고 단순한 주문장으로 간소화시킨 것이 (40C)이다. 한국어에서 이 의인법적 주어를 사용하면 "귀하의 후의는 나를 감사의 마음으로 충족시킨다."와 같이 매우 어색한 문장이 되나, 영어의 경우 이 용법을 잘 구사하면 이 (40C)와 같이 경쾌하고 명확한 문장으로 탈바꿈한다.

(2) 이유와 원인

therefore로 상징되는 원인과 결과의 전형적인 인과관계이다. 전형적인 만큼 자칫하면 안이하게 therefore만을 시종일관으로 구사하기 쉽다. 이 부사를 사용하는 것이 잘못이라고 할 수는 없지만, therefore의 결점으로 이것을 문장의 선두에 사용하면 답답한 문장이 될 수 있다는 점이다.

또 같은 원인과 결과의 관계라도 "마침 그곳을 지나게 되었으므로 인사했다."를 I passed him by, therefore I greeted him으로, "그때 마침 그곳을 지나게 되었으므로 조기에 발견할 수 있었다."를 I passed by, therefore I was able to detect it in good time과 같이 그냥 therefore의 제복을 입혀 버리면 묘미도 없을 뿐더러 이 방법으로 중요한 실험의 설명을 정리한다면, 착안점이나 성과의 요점을 정확히 독자에게 전달하는 데 무리가 따른다. 전자는 …, so I greeted him으로 가볍게 받고, 후자는 I happened to pass by, and that is why I was able to … 로 약간 과장을 하여 인과관계가 중대한 요인이 되고 있다는 것을 표현한다.

아래에 인과관계의 정도에 따라 사용할 수 있는 어법을 정리해 본다.

■ therefore

앞에서 설명한 바와 같이 문장을 다소 답답하게 하는 경향이 있는데, 서두를 제외하고 문장 중에 잘 삽입시키면 그다지 중압감을 느끼지 않게 할 수 있다.

(41) The layer thickness depends upon the local Eckman number *E*. **Therefore** these layers may be [→ These layers may ***therefore*** be] identified by the mode of dependence of their thickness on *E*.

■ hence

therefore 대신에 문장의 서두에서 사용할 수 있으며 문체가 가벼워진다.

(42) No evidence of direct reaction is seen, and **therefore** [→ ***hence***] the statistical theory is applicable.

■ consequently

hence보다 인과관계의 정도가 약간 강한 편이며, 시간적인 전후관계가 가미된다. 식을 유도할 때 "따라서" 정도의 느낌이다.

(43) For the density gradient, this coordinate introduces a parameter *E*. **Consequently**, the series expansion must be made in terms of *E*.

■ thereupon

consequently보다 더욱 시간적 요소가 전면에 부각된다. 그러면, 그래서의 느낌이다.

(44) **Thereupon** the problem is transformed into one of optimization.

■ for this reason, for the above reason(s)

인과의 결합 정도를 강조하고 싶을 때 사용한다.

(45) **For the above reasons**, the necessity is felt to analyze the exact neutron behavior of the neutron density waves for each energy group.

이상의 경향과 반대로 인과관계를 가볍게 so that, and 등으로 받아넘기는 것이 경쾌한 경우도 있다.

(46) The individual variables do not change very much, **so that** optimization is not difficult.

so that보다 가벼운 것이 and로서, "비가 와서 갈 수 없었다." 정도의 느낌이 든다.

(47) The characteristic photopeaks of these nuclides were unresolvable, **and** quantitative analysis could not be obtained.

양적인 요소를 포함한 인과관계로는 so … that 용법이 있다.

(48) The absorption cross section is **so** small **that** it can be ignored.

같은 인과관계라도 흐름을 반대로 하여, 결과 → 원인 또는 결과 → 이유의 형태(기호의 ∵에 상당)로 할 수 있으며, because로 상징되는 문장이 이에 해당한다. 이는 주지하는 바와 같이 영어의 발상은 현상을 먼저 기술하고 이유를 뒤에 덧붙이는 것이 자연스러우며, 일반적인 한국어와 반대의 순서이다.

■ because

가장 일반적인 접속사이나 단독으로 사용하면 문체가 다소 평이한 경향이 있다. 일반적으로는 (결론) …, because (이유) … 의 형태를 취한다(물론 이는 절대적인 것은 아니다).

> (49) The overall ratio is obtained by dividing the content in the core by the total reactor volume, **because** the substance is considered present only in the core part of the reactor.

다음의 This is because … 의 형태를 취하면 보다 중후한 느낌을 준다.

> (50) We do not consider here a centrifuge with feed and discharge openings close to the axis. **This is because** most modern centrifuges have their openings arranged as shown in Fig. 2.

■ since

because 대신에 사용할 수 있으나, 보통 since (이유) …, (결론) … 의 형태를 취하며 보다 강렬한 인상을 줄 수 있다.

> (51) **Since** the unit cell contains four molecules, the order of the resulting secular determinant is 12×12.
>
> (52) Since $M=18$ and $m_r=2.32$, $m_v=1.95$.

■ owing to, due to

because of와 비슷한 의미이나 사용법은 상이하다.

(53) Higher concentration is conductive to lower mass transfer, **because of** [= **owing to**] greater mass transfer resistance in this phase.

because of와 owing to가 부사적으로 사용되는 데 비해 due to는 형용사적으로 사용되어야 한다. 최근에 미국의 많은 필자들은 이를 어기고 부사적으로 사용하기도 하나 올바른 사용법은 아니다.

(54) This is **due to** dissolution of the oxygen present in the US lattice.

예문 (54)와 같이 due to 이하는 형용사구이므로 보어로 사용된 것이나, 여기에 because of나 owing to는 사용할 수 없다.

(55) **Because of** [= **Owing to**] its instability, the enzyme had to be kept at below 2℃.

이유나 원인에 대해 추측의 의미가 포함될 때에는 the reason [cause] may be that … 등과 같이 조동사를 사용해서 이를 전달하는 것이 가장 일반적인 형태이다.

(56) It **may** *be said* from this result that ….
(57) One of the causes of this discrepancy **may** *be traced* to ….

또한 이유의 도입에 편리한 것으로는 attribute가 있다(만약, 추측을 포함하면 attributable).

(58) This deviation from the theoretical curve **may** *be* **attributed** *to* ….
(59) His disease is directly **attributable** *to* lack of cleanliness.

이유에 대해 가볍게 언급하기 위해 이유와 관련되는 내용을 진행형으로 하는 방법이 있다.

(**60**) Barium was deposited only on the flat portions of the specimens, the other parts **be*ing*** protected by grease coating.
(**61**) **Introduc*ing*** the characteristic functions (2-3) and (2-4) into Eq. (19), we obtain the corresponding total neutron distribution.

예문 (60)은 "다른 부분이 그리스 도막으로 보호되어 있어, …", (61)도 "특성함수 (2-3), (2-4)를 (19)식에 대입하고, …"와 같이 이것이 원인이 되고 있는 것을 가볍게 시사하는 뉘앙스이다.

(3) 의인법의 사용

다음 예와 같은 의인법을 사용하여 인과관계를 표현함으로써 예상 외로 세련된 영어 표현이 된다.

(62A) **Therefore**, complicated competition occurs around 1.0 MeV.
(62B) **This *causes*** complicated competition around 1.0 MeV.
(63A) **Therefore**, the behavior of iron in the anion exchange step was studied.
(63B) **This *induced*** the author to study the behavior of iron in the anion exchange step.
(64A) Gather *et al.* have measured this fast neutron spectrum, ***and* found** the now well-known 2.3 keV scattering resonance dip.
(64B) …, ***which led to* the finding of** the ….

위의 예들에서 (A)도 통용되지만, (B)의 의인법을 사용하면 표현이 오히려 간결해지며 인과관계가 선명하게 떠오른다. 의인법에 사용되는 동사는 이밖에도 아래와 같이 여러 가지가 있다.

■ produce

(65) Recombination of these electrons and holes **produces** thermoluminescence.

■ permit, allow, provide for

(66) Use of the light conduit permits the light pulses originating in the scintillator to be led to a photomultiplier installed separately, thus **providing for** significant reduction in scintillator size.

■ introduce

(67) Adoption of this average value **introduces** *no* significant error in the resulting calculated critical mass.

이 예는 이 의인법을 사용하여 인과관계가 존재하지 않는 것을 기술한 것이다(이탤릭체 *no* 에 유의).

■ enable

(68) Knowledge of this value **enables** us to calculate the remaining unknowns.

이 enable은 주의해서 사용해야 할 동사로서, 이 동사의 목적(실질적 주체)에는 반드시 us, the author 등과 같이 사람을 전제로 한 명사 또는 대명사로 이어져야 한다.

따라서 주어와 목적어 모두 의인법을 사용한 예문 (66)에서 Use of the light conduit enables the light pulses … to be led to… 의 형태를 취할 수는 없다. 굳이 이 동사를 사용한다면 … enables us to lead the light pulses to … 이 되며, 동사 enables는 주어에 의인법을 사용할 수 있어도 목

적어에는 us를 사용해야 하므로 의인법의 묘미는 반감된다.

의인법을 더욱 철저하게 구사한 형태가 "… 의 필요성이 … 시켰다."라는 표현이다.

> (69) *The call for* efficient reactor operation at high temperatures has in recent years **raised** interest in the study of refractory compounds.

이 경우는 인과관계의 이유가 주어 자체에 내장되어 동사는 이 관계를 표현하는 역할에서 해방되어 선택 범위가 훨씬 확대된다.

같은 의인법에 의한 인과관계의 표현이라도 결과를 출발점으로, 그 결과를 얻기 위한 필요조건을 뒤에 기술하기 위해서는 need, require, call for [예문 (69)와 같이 명사가 아닌 동사로] 등이 사용된다.

> (70) Further experimentation is **needed** before a final judgment can be made on this point.
> (71) Heat treatment in an inert atmosphere is **essential** to obtain high sensitivity.

(4) 수 단

수단은 전치사 by로 대표되는 관계이다.

> (72) The mass flow rate is determined **by** integrating Eq. (29) from *A* to *B*.

이 관계를 더욱 강조하기 위해 by means of, making use of, with use made of, using 등의 전치사구를 사용한다.

> (73) The inelastic scattering cross sections are calculated **by means of** the following equation.
> (74) This difficulty was solved **by using** a 60% ethanol solution.

문장의 균형을 고려해서 주절과 종속절의 순서를 바꾸는 것이 좋은 경우도 있다.

(75) **Using** an incident beam with its angular spread narrowed down, the angular dependence of the small-angle scattering was measured for several values of incident energy.

주절과 종속절을 연결하는 접속어로는 through, with가 보다 어울리는 경우도 있다.

(76) The evaluation of this function was greatly *facilitated* ***through*** *the adoption of* the central limit theorem.

이 경우, … facilitated ***by adopting*** … 로 하면, 상기 예문과 달리 adopting이 동명사의 형태가 되어 동사의 성격을 유지하게 되므로, 그 주어는 무엇인가 하는 주어 문제(2.3.1항 참조)가 수반된다. 즉, 위에서 facilitated에 대해서는 evaluation이, adopting에 대해서는 묵시적으로 저자가 주어이며 주어가 슬그머니 바뀌는 과오를 범하게 된다.

수단으로 도구·방법 등을 기술하는 데는 by보다 with쪽이 타당한 경우가 많다.

(77) Measurements were made **with** γ-ray detector.

(78) These values were calculated **with** the optical model, **using** the ELEASE-2 code.

예문 (78)에는 수단을 나타내는 부사구가 optical model과 ELEASE-2 code 2개이므로 양쪽 모두 with를 사용하면 중복이 되며 한쪽을 using으로 변화를 주어 이를 피한 것이다.

방법에 대해 기술할 때는 based on의 사용도 생각해 볼 가치가 있다.

(79) We propose a procedure of analysis **based on** [→ ***on the basis of***] the modified modal expansion method.

그러나 based on도 due to와 마찬가지로 형용사구이며 명사를 수식해야 한다. 이를 부사구적 용법으로 사용한 예가 미국인이 작성한 논문에서 자주 발견되나 on the basis of로 바꾸어 주는 것이 좋다.

값, 식, 조건, 방법을 수단으로 하여 구하고자 하는 해를 유도하는 경우 from을 사용한다.

(80) The diffusion coefficient is estimated **from** Gilliland's equation.
(81) **From** the invariance condition of the potential energy, we derive the following equation.
(82) The interaction taking place between the liquid and steam will only be understood **from** a statistical approach.

같은 수단이라도 사용법에 절이 이어지는 경우에는 … in such a way [manner] that … 등의 접속사구를 사용한다.

(83) The inner and outer flows are mutually linked **in such manner that**, if the inner flow is in one direction there is a corresponding outer flow in the opposite direction.

수단을 표현하는 데 다음 예와 같이 동사의 진행형으로 가볍게 표현할 수도 있다.

(84) **Substituting** the relation (31) into Eq. (29), we obtain the Fourier transform of $f(x, m)$ with respect to x.

(5) 정량적 인과관계

"$x \to a$에 따라 $y \to b$"와 같은 상관관계에 대해서는 이미 2.2.6항에서 다루었다. 보다 일반적으로 $y = f(x)$의 관계를 문장으로 표현해 본다.

(85) The variable y *is a function of* x.

이와 같은 정형적인 표현 외에 depend, determined by, governed by 등의 기능적인 동사를 사용할 수 있다.

(**86**) The distribution ratio **depends** *sensitively on* the total concentration.

이 예문의 문절을 거꾸로 나열하고 현상을 좌우하는 이른바 독립변수 x를 주어로 내세워 다음과 같이 나타내 본다.

(**87**) The total concentration *strongly* **influences** the distribution ratio.

예문 (87)은 의인법의 한 예인데, 2.3.5 (3)항에서는 이 기법을 이유의 기술로 사용한 경우이다.

정량적인 인과관계에 대한 의인법의 또다른 예를 들어본다.

(**88**) The chemical purity of the target material *inevitably* **affects** the radiochemical purity of the products.

(**89**) A selective high diffusivity path that is open only to smaller atoms *decisively* **governs** the diffusion of fission products.

이와 같은 의인법을 구사할 수 있으면, 표현법의 선택 범위가 확대되어 틀에 박힌 문장을 피할 수 있고 반복에 의한 지루함으로부터 벗어날 수 있다. 또 영어를 모국어로 하는 사람에게는 예를 들어 "이러한 관찰에서 저자는 … 에 착안했다."고 하는 것보다 "이 관찰은 저자를 … 로 착안시켰다."로 하는 것이 보다 직관적이다.

단, 의인법에 사용되는 동사[예문 (87)~(89)의 굵은 서체] 뿐만 아니라 그 동사와 조합을 이루는 부사(예문의 이탤릭체)도 문맥에 맞춰 선정하지 않으면, 모처럼의 시도가 오히려 우스꽝스럽게 될 수도 있다. 자신이 없을 때는 용례가 풍부한 사전에서 그 단어가 자신이 의도하는 문장의 뜻에 가까운 용법으로 인용되어 있는지의 여부를 확인해야 한다. 자신이 사용하고 싶은 명사를 주어로 하였을 때 어울리는 동사, 그 동사를 수식하는 데 어울리는 부사를 찾아내기 위해 편리하게 편집된 사전도 있다.

(6) 시 기

When으로 대표되는 관계로서, 미국에서 볼 수 있는 도로표지에 SLIPPERY WHEN WET라는 것이 있는데 이러한 인과관계를 상징적으로 표현하고 있다.

> **(90A)** Prolongation of the annealing time and reduction of the heating rate renders the values of n and k larger and smaller, respectively.
>
> **(90B)** The value of n tends to increase, and k to decrease, **when** the annealing is prolonged or **when** the heating rate is lowered.

위의 예는 2.2.6항에서 취급한 "… 함에 따라 … 하게 되다."의 약간 복잡한 응용 예로 볼 수 있는데, "$x \to a$ 또는 $X \to A$에 따라 $y \to b$와 동시에 $Y \to B$"라는 복잡한 관계를 (A) 안에서는 "$x \to a$; $X \to A$에서 y와 Y가 각각 b와 B"(더욱이 b와 B는 서로 반대 양상)라고 너무 간단히 정리했기 때문에 대충 보아서는 직관적으로 알기 어렵다. 반면에 예문 (90B)는 when을 사용하는 평이한 문형으로 충분한 설명을 간단명료하게 기술하고 있다.

주절과 종속절의 순서를 반대로 하여 종속절을 앞에 배치한 예를 들어본다.

> **(91)** **When** isothermal desorption is brought about by two successive stages of step heating, the activation energy can be expressed by
>
> <*equation*>

이 예에서 만약 주절을 앞으로 하면 when으로 시작되는 종속절은 수식 다음에 오게 되어 문장 속에 식이 삽입되는 형태로 되는데, 역시 위의 예와 같이 수식이 문의 끝에 오게 하는 형태가 일반적으로 무난하다. 주절과 종속절

가운데 어느 것을 선행시키느냐는 이와 같이 수식 등과의 관련 이외에도 절의 길이 등을 고려해서 결정한다.

영어의 when (… 할 때)은 if (… 하는 경우)에 가까운 의미로 사용되는 경우가 많으며, 위의 예에서도 when을 그대로 if로 치환하여도 별다른 영향이 없다. "… 하는 경우"의 조건을 나타내는 기술에 대해서는 다음의 2.3.5 (7)항에서 다루기로 하고 여기서는 우선 시기, 시간을 보다 중시하는 경우를 고려한다.

■ upon / as soon as

(92) **Upon** application of the present method, a distinct diminution in discrepancy resulted between calculation and measurement.

(93) The rising trend of the curve reappeared **as soon as** the pressure was reduced.

■ until / so long as

(94) This ambiguity will not be clarified **until** further detailed data become available.

(95) The tendency to vaporize persisted **so long as** the heating was continued.

(7) 성립조건

(96) **If** d is constant, ε **is** [**should be** / **must be**] proportional to the temperature θ.

이는 (a) d=const.이면 (b) $\varepsilon \propto \theta$의 관계이기 때문에 (a)는 (b)의 충분조건이다. 이러한 조건에는 if 또는 이에 상당하는 접속사(구)에 의하는 것이 가장 간편하고 평이하며, 매우 복잡한 현상도 표현할 수 있다.

> (97) **In the case where** [=**If**] the detector is held at the center of a cylindrical system, the reciprocal of the geometrical buckling *will*[*should*/ *must*] be proportional to the number of fuel elements.

만일 주절의 동사(위의 예의 *will*/ *should*/ *must*)가 이와 같이 단정적이 아니라 *may*/ *might* 등의 불확정적인 형태로 되면 상황이 달라진다.

> (98) If the flow rate in the absorption step is appreciably reduced, then the adsorption yield *might* significantly improved.

여기에서 종속절의 유량감소가 주절의 수량증가를 보증하는 것이 아니다. 보다 엄밀하게는 별도의 더욱 안성맞춤인 조건이 충족된다면 종속절의 조건을 충족하지 않고도 잘 될 수 있다. 즉, 종속절의 유량감소가 주절의 수량증가의 수단으로 가능성이 있다는 것을 시사하는 데 불과하다.

이와 반대로 조건이 충분하다는 것을 강조하고 싶으면 sufficient, adequate, ample 등의 수식어를 사용하는 한편, suffice라는 기능동사의 사용도 고려할 수 있다.

> (99) To measure the current, it should *suffice* to measure the applied voltage, since the resistance does not change appreciably.

adequate라는 형용사는 자칫 suitable, valid 등 막연히 "적당한" 정도의 의미로 사용되는 예를 볼 수 있으나, 이 단어는 어느 일정한 양적 또는 질적인 기준이 머릿속에 그려져 있어 그 기준에 충분하다는 것을 표현한다.

> (100A) The DWBA theory is **adequate** [→ ***applicable***/ ***valid***] only when β is small.
>
> (100B) The DWBA theory is ***adequate*** for obtaining approximate solutions.

(**101A**) We sum up the terms with ***adequate***[→ ***suitable***] weighting.

(**101B**) ***Adequate*** weighting of the terms to be summed up will result in an amply accurate value.

확실히 필요조건이라는 것을 인상지을 때는 주절과 종속절의 동사, 조동사의 선택이나 활용형을 연구해야 한다.

(**102**) If *d is to be* constant, ε *must*[*should*] *be* proportional to θ.

또한 필요조건을 기술하는 표현으로 아래와 같이 need, require, demand, call for 등을 사용하는 가장 일반적인 형이 있다.

(**103**) Further experimentation on precursor diffusion *is needed*[*is called for*/ *is required to be done*/ *must be performed*] to determine the cause of this discrepancy.

인용문헌

(1) Gowers, E. : "The Complete Plain Words," Her Majesty's Stationery Office, London, 1958.
(2) Fowler, H. W. : "A Dictionary of Modern English Usage," Oxford Univ. Press, London, 1958.

CHAPTER 03

품 사

제 2 장에서는 어순과 용어법 등 총론적으로 문장구성에 대해 살펴보았으며, 이 장에서는 명사, 형용사, 동사 등 각각의 품사에 대해서 살펴보기로 한다.

각각의 단어나 구가 어느 품사로 분류되는지에 대해서는 구애받지 않고 실용 위주로 다음과 같은 방법에 따르기로 한다.

① 2개 이상의 품사로 될 수 있는 어구는 하나의 품사로 정리하여 함께 기술한다. 예를 들어, only는 only once라는 구성이 되면 부사, only you라고 하면 형용사가 되는데, 이 책에서는 편의상 형용사에 포함시키고 부사로서의 용법에 대해서도 아울러 고찰한다.

② 동일어간에서 변형되어 서로 다른 품사가 되는 단어들도 마찬가지로 어느 하나의 품사로 정리한다. 예를 들어, similar, similarly는 형용사, respective, respectively는 부사의 부분에 각각 정리한다.

③ 구의 경우는 그 역할에 따라 분류된다. 예를 들어, of course는 전치사 of와 명사 course로 되어 있지만 구로서는 부사의 역할을 하게 되므로 부사구, 마찬가지로 so far as는 접속사가 된다.

3.1 명 사

3.1.1 명사 총론

한국어는 명사를 기본으로 하는 언어이다. 졸업하다, 취직하다, 출세하다 등 "하다"가 붙은 동사, 기본적 · 전반적 등 "적"이 붙은 형용사는 모두 명사가 원형이며, 기타 품사는 이것으로부터 변형된다. 이와 같은 한국어의 구조적 성격에 익숙해지면 영어로 쓰는 경우에도 measure, irradiate라고 기능적인 동사를 사용하면 간단한 것을 일부러 perform measurement, carry out irradiation과 같이 복잡하게 쓰게 된다.

기능적인 동사로 정리하는 대신에 명사+보조적 동사로 문체에 중량감을 더하는 것은 때와 경우에 따라 필요하지만, 일반적으로 기능적인 동사를 사용하는 편이 보다 간명한 문장이 되어 영어다운 표현이 된다.

(1) Power distribution data were obtained by **measurement of** [→ ***measuring***] γ-rays of energy above 0.6 MeV.
(2A) **Washing was carried out** on the resulting solution by using an ample amount of 8 M HCl.
(2B) The resulting solution ***was washed*** with an ample amount of 8 M HCl.

또한 명사를 형용사 대신의 용도로 사용하는 것은 한국어와 마찬가지로 영어에서도 가능하며, "**압력** 용기 = **pressure** vessel", "**주파수** 변조 = **frequency** modulation" 등이 성립한다.

그러나 "**파손** 연료 = **defect** fuel", "**연결관** = **connection** tube"와 같이 명사의 형용사 대용이 한국어에서 허용된다고 영어에서도 허용된다고 할 수 없다. 즉, 이 경우 ***defective*** fuel, ***connecting*** tube 등과 같이 영어에는 형용사, 현재분사 등 정상적인 품사가 존재하므로 이를 사용해야 한다.

이런 경우 명사를 형용사 대신에 사용하는 것이 좋은지의 여부는 그것이 영어로 현재 통용되고 있는지의 여부로 결정된다. 따라서 사전이나 영어로 발간된 문헌에 나와 있으면 사용이 가능하고 그렇지 않으면 안 된다. 기준이나 법칙 등이 있을 이유가 없지만 유의할 점은 안이한 직역이나 연상에 의해 남용하는 것은 피해야 한다는 점이다.

또한 명사를 형용사적으로 사용하면 특정한 의미를 갖게 되는 경우도 있다.

(3) A large number of photopeaks require to be analyzed in comparison with the **channel number** [→ ***the number of channels***].

원 구문의 형태로는 "채널 번호"가 되어 버려 이를 "채널의 수"라고 판독시키는 것은 무리이다. 이와 같이,

(4) The **peak position** [→ The ***position of the peak***] of power distribution shifted upward with burnup.

원래 형태의 대용 형용사 어법에서는 peak가 저자가 의도한 "피크"가 아니라 "피크시의"의 의미로 받아들여지기 쉽다. peak가 대용 형용사가 되는 것은 다음과 같은 경우이다.

(5) The peak power consumption shifted toward later hours with lengthening daylight.

3.1.2 명사 각론

■ absence

"전혀 없음"의 의미를 가지고 있으므로, 결핍이라는 의미의 lack와는 구별되어 사용되어야 한다.

(6) Yeast metabolizes glucose anaerobically in the ***absence*** of oxygen.
(7) Animals grow slowly on a low protein diet owing to ***lack*** of amino acids.

■ appearance

"출현"과 "외관"의 두 가지 의미를 가지므로 어순이 다르면 또다른 의미가 되어 버린다. 최초의 광전자 출현의 시점이라고 할 때는 the time of *the first photoelectron appearance*가 아니라 the time of ***the appearance of the first photoelectron***.

■ cause

어떤 결과를 가져오는 것, 즉 그것이 없으면 그 결과는 일어나지 않는다고 생각되는 것을 나타내므로, 어떤 사항(또는 사물)에 대해서 원인을 설명하기 위해 생각한 것을 나타낼 경우에는 reason 또는 because가 올바르다. 그러나 reason과 because를 동시에 사용하는 것은 적절하지 않다.

(8) The ***cause*** of death was poison, gas, a knife or some other lethal thing.

(9) The ***reason*** for this is ***because*** (→ ***that***) ….
(10) This is ***because*** … .

■ characteristics

명사로 사용할 때는 일반적으로 s를 사용해서 복수로 한다. 여러 가지 특징을 전체적으로 파악하고 집적한 것이라고 볼 수 있다.

(11) Plutonium embodies the ***characteristics*** required of a fast breeder reactor.

그 특징에서 하나만을 대상으로 할 때에는 characteristic의 단수로 사용하는 것도 잘못은 없지만, property로 표현하는 것이 그 사항의 특유(proper)한 특성을 보다 잘 나타낸다.

(12) The most prominent ***property*** of laser is that it does not disperse and scatter like ordinary light.

■ effect

the effect of gravity라고 하면 중력이 존재함으로써 미치는 영향으로서 본래의 의미가 되지만, 이 표현을 안이하게 확장하여 effect of volume, effect of mass라고 사용하면 체적이나 질량은 본질적으로 존재하는 사실로서 저자가 의도하는 "체적, 질량을 변화시킴으로써 미치는 영향"이라는 의미는 아니다. effect of difference in volume / mass가 올바르다. 단, 온도의 경우는 이러한 표현을 쓰면 온도차의 존재에 의한 영향이라고 할지 모르므로 이 표현도 적합하지 않다. *dependence on temperature*로 해야 한다.

■ equipment

"장비하는 것"이라는 추상명사의 흔적이 남아 있는 단어이며, s를 붙이면 이상하다. 단수 그대로도 복수를 느낄 수 있지만 아무래도 복수로 하고 싶으면 *pieces of equipment*로 한다.

■ existence

중력과 같이 존재 유무가 논점이며, 존재하고 있는 장소가 대상이 아닌 경우는 꼭 어울리지만, flux perturbation by the existence of the cladding은 "cladding이 거기에 있기 때문에 중성자속이 혼란해진다."는 의미가 되므로 어디에 있으나 같다는 것은 아니다. 이때는 *presence* 쪽이 좋다.

■ finding

이 단어는 실험 내용이 논문상에 기술되어 있지 않은 경우에는 적절하나, 기술되어 있는 경우에는 results를 사용한다.

(**13**) Smith reported the **results** [→ ***finding***] that ….
(**14**) Figure 1 shows the ***results*** of this experiment.

■ literature

"문헌 일반"의 추상명사이므로, 정관사나 부정관사를 붙이지 않으며 복수가 안 된다.

■ ratio

어느 양 r이 x와 y의 비라고 할 때, The value r is the ratio of x to y라고 하는 경우가 많은데, 이 of … to는 ratio of 1 to 5와 같이 비율을 숫자로 나타내거나 ratio of partial to total pressure과 같이 전체에 대한 일부분을 차지하는 비를 나타낼 때는 적합하다. 부분과 전체의 관계가 아닌 비율에는 between … and … 가 어울린다.

(**15**) … mole ratio **between** uranium **and** plutonium.
(**16**) … ratio **between** counts with **and** without the sample set in position.
(**17**) … ratio **of** concentrations **between that of** the incoming flow at the column top **and that of** the outgoing flow from the bottom.

예문 (17)의 ratio of … between that of … and that of … 의 구분을 사

용하면, 이 예문과 같이 "상부의 유입농도와 하부에서의 유출농도의 비"와 같은 복잡한 관계일 때에도 평이하게 기술할 수 있다.

■ research

"연구"를 한영사전에서 찾아보면 이 단어가 나온다. Bohr undertook research in theoretical physics와 같이 "이론물리학의 연구", 즉 "연구라는 것"과 같이 막연히 추상적인 내용에 대해서는 이 단어가 적당하지만, 논문 표제와 같이 구체적인 내용의 연구라면 study 또는 research work가 좋다. 또 studies의 복수로 하면 research와 같은 범위가 넓은 막연한 의미가 된다. 이와 함께, 일반적으로 study는 몇 가지 실험(experiments)을 포함하고 있으며, 이 실험결과들은 논문(paper)에 쓰여지므로 이들 단어들을 구분하여 쓰는 습관을 들이는 것이 좋다. investigation에 대해서는 2.1.3항을 참조하기 바란다.

(18) In this **paper** [→ ***work*** / ***study***] we examined the effect of calcium.

(19) This **work** [→ ***paper***] describes studies on membrane permeability.

(20) The **experiment** [→ ***experiments*** / ***work***] described in this paper show [→ show / shows] the effect of ionic strength.

3.2 대명사

영어가 한국어와 크게 다른 요인으로 관사라는 품사의 존재와 대명사가 차지하는 역할의 차이를 들 수 있다.

영어는 주어나 보어에서 대명사가 불가결하게 활용되는 데 반해, 한국어에서는 주어를 생략하는 것이 보통이다.

■ one

명사의 중복 회피를 위한 용례가 압도적으로 많으나 기타 사용법에 대해서도 언급하도록 한다.

(1) The ice sample was shaped in 40 cm cube, *and* **the** *paraffin* **one** [→ *and* ***that of*** *paraffin*] in 46 cm cube.

명사의 중복 기술을 회피하는 의도는 좋았지만, one을 이에 적용한 것은 문법적으로 잘못이라고는 할 수 없어도, 구어적인 표현이 되어 논문답지 않다. 이러한 용도의 one(s)은 대부분의 경우 that(those)으로 치환하는 것이 보다 논문다운 문체가 된다.

one(s) → that(those) 외에 변화를 준 중복 회피법을 살펴보기로 한다.

(2) These experimental values are smaller than *Friedmans* **ones** [→ *than* ***given by*** *Friedman*].

이 예문은 one을 that given by로 치환하고 기술내용을 보다 구체적으로 한 다음 that을 생략한 형이다. one을 소거하는 데는 다음과 같이 그다지 복잡한 방법을 사용하지 않아도 가능한 경우가 많다.

(**3A**) Noise phenomena in reactors originate from three types of causes - *the* thermodynamic, *the* hydrodynamic and *the* mechanical **ones**.

(**3B**) Noise phenomena in reactors originate from three types of causes - thermodynamic, hydrodynamic and mechanical.

위 예문에서는 the, ones를 전부 제거함으로써 문장이 더욱 매끄럽게 된다.

(**4A**) The kernel is assumed to be *a* separable **one**.

이 예문에서는 a, one을 제거하여 본다.

(**4B**) The kernel is assumed to be separable.

(**5A**) The behavior of resonance neutrons vitally affects the performance of dilute fast and advanced thermal reactors as well as *intermediate* **ones**.

(5B) The behavior of resonance neutrons vitally affects the performance of dilute fast and advanced thermal reactors as well as ***others of intermediate***.

그러나 다음 예문들에서와 같이 one이 논문에서 전혀 적절하지 못한 것은 아니다.

(6) This monitor is used in addition to ***one*** of ordinary type.
(7) Thereupon, the design problem is transformed into ***one*** of optimization.
(8) The spectrum at time *t* becomes ***one*** such as shown in Fig. 2.
(9) The optimum flux distribution would be ***one*** that is symmetric in reference to core axis.

이러한 one에 대한 용례의 공통점은 one에 형용사 상당의 명사[예문 (1)의 *the paraffin one*, 예문 (2)의 *Friedman's one*]나 관사[예문 (3)의 *the* ones]를 수반하지 않고 독립적인 모습이며, 성격으로는 부정관사를 붙인 느낌의 불특정 요소를 갖춘 점이다. 더욱이 어느 경우나 one 뒤에 수식구나 종속절이 이어져서 이 대명사를 한정하고 있다. 즉, one이 독립적이며 불특정이라고 하여 실이 끊어진 연과 같이 전혀 구속이 없는 모습이 아니라, 선행하는 명사를 받아 이를 어느 정도 한정하는 경우에 사용된다.

one이 흔히 사용되는 또 하나의 형은 one of … 로서 다음과 같다.

(10) **One** of *the typical properties* [→ ***A*** *typical property*] of the BWR is the special variation of its neutron spectrum.

사물의 불특정 성격을 나타내는 데 영어라면 부정관사의 활용으로 간단히 끝나는 것이 한국어에서는 관사에 의해 명사의 성격을 구분할 수 없으므로,

"… 의 하나는 …" 등으로 설명구를 덧붙이게 된다. 명사의 불특정적인 성격 표시에 대해 그 불편함에 너무 익숙해진 우리로서는 영어에 부정관사라는 편리한 존재를 잊어버리고, one of the … 를 남용한다. one of the most … 와 같은 한정적인 수식을 수반하는 경우를 제외하고, "… 의 하나는 …"은 부정관사 a, an을, 마찬가지로 some of the … 대신에 some … 으로 하는 것이 안정되고 간결한 내용이 된다. 마지막으로 one is …, the other is … 와 같은 형태에서 one이 나오는 예를 들어본다.

> (**11**) The output was fed into two photomultipliers in coincidence. ***One*** produced signals for a time-to-pulse con verter, the other **one**(→ *omitted*) was used for pulse-shape discrimination.

이러한 형태에서 일반적인 기술이 먼저 있고 잇따라 구체적인 현상을 열거하는 경우가 있는데, 이때는 대시(—) 또는 콜론(:)으로 계속 열거하는 것이 간결하다.

> (**12A**) Two kinds of cyclic activation analysis are *available for this purpose.* **One is** *the fixed-point method and* **the other is** *the transfer method.*
>
> (**12B**) Two kinds of cyclic activation analysis are *available for this purpose* — (a) *fixed-point and* (b) *transfer methods.*

■ that / which

that과 which 사용구분은 점차 사라져 가는 경향이라고 할 수 있는데, 논문과 같이 수량이나 범위가 중요한 요건인 경우는 약간의 주의로 저자의 의도를 더욱 정확하게 독자에게 전달할 수 있으므로 선택이 필요하다. that은 "제한적 용법"으로서 주체의 명사를 that 이하의 종속절에서 특정 종류나 범위로 한정하는 것이다.

> (**13**) A function is introduced ***that*** satisfies.
>
> $$df(r) = -Hf(r) \ \ at \ \ r = r_1 \ \cdots\cdots (1)$$

이 예에서 도입하는 것이 함수라면 무엇이나 된다는 것이 아니라, 여러 함수 중에서 식 (1)을 충족하는 사항으로 한정된다. 보다 구체적인 예를 열거하면 다음과 같이 된다.

> (**14**) The eigenfunction *W* is the solution of the Helmholtz equation ***that*** satisfies the boundary condition (5).

여기서는 주체인 eigenfunction은 Helmholtz 방정식의 풀이 중에서도 경계조건 (5)를 충족하는 것이어야 한다. 이 경우 that을 which로 치환하면 Helmholtz 방정식은 원래부터 경계조건도 충족하고 있다는 의미가 되며, 원래 주체가 갖추고 있는 성격을 좀더 확실히 나타내기 위해 부연해서 기술하는 성격이 된다.

■ which

선행하는 주절에서 주체의 성격에 대한 정의는 완료되었지만, 좀더 설명을 요하는 단어나 구를 이 관계대명사에 의해 계속적 용법으로 종속절에 이어 보충해서 설명하는 것이다.

> (**15**) The process of elastic slowing-down can be fully explained by Williams' theory, ***which*** takes into account the effect of chemical binding and external motion.

이 문장에서 종속절의 주체가 되는 Williams' theory는 유일무이의 존재이며, 그 이상 한정할 수 없다. 이 경우 theory가 갖고 있는 성격 중 특기사항을 설명하기 위해 which를 활용하였다.

> (**16**) The process is handicapped by the difficulty of removing oxygen, which tends to remain in the product.

이 예에서도 산소 제거의 어려움은 산소의 종류에 의해 좌우되는 것이 아니라, 다만 부가적인 설명을 위해 그 산소의 특성을 덧붙인 것에 불과하다. 만일 이 종속절이 tends to가 포함되지 않은 표현이라면, 차라리 … which remains in the product의 remains를 분사형으로 바꾸고 which를 생략하여 종속절을 remaining in the product로 형용사 상당구로 격하시켜 정리하는 것이 좋다. which가 없는 좋은 예를 들어본다.

(**17**) The samples were dissolved in 0.5 N KOH solution **which** *contained* [→ ***containing***] KI.

(**18**) … thermocouples **which** *were* (→ *omitted*) insulated with ceramic coating.

(**19**) … a trip circuit ***which*** *has* [→ ***provided with***] a tunnel diode oscillator.

(**20**) … measures ***which*** [→ ***to***] prevent a nuclear accident from developing into a disaster.

이와 같이 "which+동사의 일반형"을 같은 동사의 분사로 바꾸는 것 이외에 "which+조동사"를 그대로 삭제하거나 "which+보조적 동사"를 기능적 동사의 분사 및 which를 접속사 to로 바꾸는 등 상황에 따라 가장 적합한 방법을 사용한다.

이상과 같이 which를 제거하는 것은 문장의 과장을 없애고 간결히 하기 위한 것이며, 반대로 문장에 중량감을 느끼게 하기 위해서 which를 이용할 수도 있다.

(**21**) At high temperatures, the activation energy exceeded 36 kcal/mol, *corresponding* [→ ***which corresponds***] to lattice diffusion.

■ **we**

논문에서 저자의 경험이나 사고방식 등을 기술하는 데 주어로 we(저자가 혼자인 경우라면 I)를 사용하는 것이 경원시되기 쉬운 것은 동사의 수동태(예를 들어, an experiment was conducted on …. It is considered that ….)로 하는 것이 보다 논문다운 문체라고 여겨지는 점에서 유래되고 있다. 그러나 부자연스러운 구문으로 하면서까지 무리하게 we를 피할 필요는 없다.

(**22A**) The accuracy of the parameters determined by the present method, which vitally affects the reliability of the energy spectrum derived therewith, *shall now be examined.*
(**22B**) ***We*** *shall now examine* the accuracy of the parameters determined by the present method, since this accuracy vitally affects ….

예문 (22A)는 주동사(이탤릭체)가 상당히 긴 문장의 끝부분에 위치하고 있다(주동사 위치에 대해서는 2.2.2항 참조). 더욱이 주절의 주어와 동사 사이에 종속절이 끼어 어색하다. 예문 (22B)는 주동사가 주어에 붙어서 문장 앞부분에 위치하며, 또 예문 (22A)에서 방해가 된 종속절은 형태를 바꿔 since 이후로 처리함으로써 전체가 평이하고도 간결한 문장을 이룬다.

(**23A**) In the first place, the temperature distribution under forced flow *is examined*, neglecting the effect of free convection.
(**23B**) ***We*** first *examine* the temperature distribution under forced flow, neglecting ….

위 예의 경우에는 (23A)에서도 주동사가 문장의 거의 중앙에 위치하여 동사의 표현이 늦다고는 할 수 없다. 그러나 이 동사가 수동태이므로 주절의 주어는 temperature distribution이나, 이어지는 종속절에서는 저자가 사실상의 주어가 되어 문장 중의 주어가 바뀐 셈이 된다(주어의 교체에 대해서는 2.5.1항 참조). 예문 (23B)와 같이 처음부터 저자를 주어로 하여 자신의 계획이나 행동에 대해 책임 소재를 명확히 한쪽이 독자에게 공감을 얻을 수 있다.

we, us를 적당하게 활용하면 보다 호소력 있는 문장 구성이 가능하다.

(**24**) Such are the questions **we** must answer as a first step in solving the problem interesting **us**.
(**25**) It is not **our** problem here to examine the details of fuel transformation, and **we** shall limit our consideration to the effect of fission products on the fuel composition.

이상은 we, us를 사용해서 효과를 거둔 예인데, 그 반대로 we가 별로 의미가 없을 때에는 동사를 수동태로 하거나 비인칭의 it is … 등으로 하는 것이 논문다워지는 것은 전술한 바와 같다.

(**26A**) We *can apply* the two-bubble theory in the following cases.
(**26B**) The two-bubble theory ***can be applied*** in the following cases.
(**27A**) We *usually perform* burnup calculations by means of a multi-group model. Then *we need* a group-constant set containing fission-product cross sections.
(**27B**) Burnup calculations ***are usually performed*** by means of a multi-group model. ***This requires*** a group-constant set containing the fission-product cross sections.
(**28**) We can expect that [→ ***It can be expected that***] the number of expansion terms required for convergence would not be excessive.

■ this, these / that, those

this와 these는 이미 앞에 나온 것을, that과 those는 뒤에 나올 것을 받는다.

(**29**) The agreement between the calculated and observed values is not good. **This** is due to our neglect of ….

즉, 이 this는 선행문에서 문제로 삼고 있는 계산값과 계측값의 불일치를 나타내고 있다.

(**30**) The agreement between A and B and **that** between C and D is good.

이 경우 대명사가 지시하고 있는 사항은 선행하는 *A*, *B* 사이의 agreement와 동질의 사항이지만 다음에 나타나는 *C*, *D* 사이의 그것이므로 that을 사용한다. 이들의 사용구분은 형용사로 사용될 때에도 동일하다.

(31) *The gas motion in a rotating cylinder* is three-dimensional, and we shall now formulate the analytical expression of **this** motion.

이 예에서 형용사 this가 한정하는 motion은 이미 나온 the gas motion in a rotating cylinder이다. 다음 예에서 those가 가리키는 핵분열 생성물은 그 다음에 나타나는 이탤릭체로 표시한 부분이다.

(32) We now proceed to an examination of **those** fission products *that have longer half-lives.*

위의 예와 같이 선행문에 의해 주체가 명확한 경우는 this의 한정 대상이 뚜렷해지나, 선행문 없이 사용되기 쉬운 것이 this study(work, paper, report)와 같이 "본 연구", "본 보고" 등의 "본"자를 안이하게 this로 하는 경우이다. 특히 이에 앞서 다른 저자의 과거업적에 대해 기술한 다음 저자 자신의 본 연구를 언급하는 과정에서 this study … 라고 하면 위에서 지적한 바와 같이 당연히 선행문에서 취급한 다른 저자의 연구라고 풀이된다. 가령 선행문에 이 정도의 오해를 유도하는 요인이 포함되어 있지 않다 하더라도 다시 저자 자신의 작업에 관해 기술하는 데 this work는 부적합하다. 올바른 것은 the present study(work paper report)이다.

(33) MacCown *et al.* applied this method to the separation of ^{144}Ce from uranium. *In* **this** *paper*[→ *In **the present** paper*] the same method was applied to ….

(34) A considerable amount of literature exists in this domain, among which a recent paper by Loewe gives a review of such published work. The object *of* **this** *paper*[→ *of **the present** paper*] is to ….

■ it / them

이러한 지시대명사는 선행문 중의 어구를 받는 데 사용하게 되면 중량감 부족으로 문장표현이 저하되는 경우가 있다. 이때에는 지시대명사 대신에 지시형용사+명사의 형태를 사용한다.

> (**35**) In the uranium-sulfur system the compounds most actively studied are US, U_2S_3, and US_3. *Among* **them** [→ *Among* ***these compounds***] US has the highest melting point.

■ when / where

전자는 시간, 후자는 장소의 관계대명사인데 실질적으로 시간이라도 문법상으로는 장소로 해야 하는 경우가 흔히 있다.

> (**36**) We place the origin of time at the point **when** [→ ***where***] the wave front reaches “A”.
> (**37**) Many cases arise **when** [→ ***where***] the result is contrary to expectation.

■ whose / which

사람에게는 who, 사물에는 which를 사용하면 whose는 사람 전용이며 사물은 of which로 받아야 한다고 되어 있는 교과서도 있으나, 이와 같은 규칙에 대해 Gowers(1)는 쓸데없는 속박이라고 배격하였으며, Fowler(2)는 Shakespeare, Milton의 작품에서 사용사례를 인용하고 무생물에 대한 “whose 사용 금지의 금지”를 주장하고 있다. Fowler가 인용하였던 예문 하나를 소개한다.

> (**38A**) The camera, the remarkable and convincing evidence it has been possible to obtain, *with which* has ….
> (**38B**) The camera, ***whose*** remarkable and convincing evidence has ….

논문에서도 whose를 무생물로 사용하면 문장이 간단명료하게 되는 경우가 많다.

(**39**) We thus derive Eq. (21) **of which** the [→ ***whose***] physical meaning is evident.

이와 반대로 whose를 사용하여 문체에 중량감 부족이 느껴지면 of which를 특별히 기용하는 것도 하나의 방법이다.

(**40**) The static and dynamic reactivities can be related to each other by

<*equation*>

the validity ***of which*** has already been shown.

3.3 관 사

관사가 존재하지 않는 한국어를 사용하는 우리로서는 영작문시 가장 골치 아픈 존재가 관사라고 해도 과언이 아닐 것이다.

오늘날 세계적으로 많이 사용되는 유럽계 언어에 가끔 이와 같은 까다로운 품사가 있으나, 라틴어나 러시아어 등 관사가 없는 언어가 압도적으로 많다. 관사를 사용하는 언어에서도 영어와 불어의 관사 사용법은 일치하지 않는다. 하물며 관사가 없는 언어를 모국어로 하는 사람에게 관사는 참으로 성가신 존재임에 틀림없다.

영어의 관사나 전치사를 사용하는 방법은 매우 까다롭다. 일반적으로 관사의 사용이 적합한지를 논리적으로 판단하는 것은 거의 불가능에 가깝다고 할 정도이다. 실제로 영미인에게 물어보아도 문장을 음미해 본 후에 이쪽이 보다 낫다고 대답하는 경우가 많다.

우리가 영어를 배울 때 익힌 규칙, 즉 특정한 기지의 것은 정관사 the, 불특정한 미지의 것은 a라는 방식으로 설명하기에는 예외가 너무나도 많다. 흔히 관사의 사용이 적합하지 않아도 그 이외의 것이 전부 훌륭하면 되지 않는가라고 반문할 수도 있다.

그러나 잘못된 관사의 사용으로 인하여 전체 문장의 의미가 모호해질 수도 있다는 점을 감안한다면 단순히 단어의 철자가 잘못되었거나 부자연스러운 영어표현 이상으로 논문의 생명인 정확한 의미전달이 제대로 될 수 없다는 점을 깊이 인식해야 한다.

미묘한 것은 나중으로 미루고 우선 충분히 알고 있다고 생각하는 일반적인 내용부터 시작하기로 한다.

3.3.1 앞에 나온 사상(사물과 현상)에는 정관사

주어, 목적어, 보어를 불문하고 앞의 문장 중에서 나타난 주체가 다시 나타나는 경우 정관사를 붙인다.

(1) Cathode-ray *oscillograms* were obtained. ***The*** *oscillograms* were then analyzed for higher harmonics.

후속문의 주어인 오실로그램은 선행문에서 대상이 되었던 특정의 사항이며, 독자는 이 명사에 the가 붙어 있는 것을 보고 이 오실로그램은 선행문의 그것과 동일물이라고 인지(사람이라면 신원이 확인되었다고 생각할 수 있다. 이러한 의미를 포괄적으로 포함하여 이하 identity, identify로 표기한다)하게 된다.

선행문에서 대상이 된 주체를 후속문에서는 다른 어구로 표현해도 주체의 identity에는 변화가 없다. 용어의 형에 사로잡히지 않고 주체가 실질적으로 동일하면 후속 명사는 identify되는 셈이다. 예문 (1)의 경우 후속문을 다음과 같이 해도 독자는 같은 오실로그램을 기술하고 있는 것으로 이해한다. 따라서 서두에 the가 사용되는 것이다.

(2) ***The*** *resulting record* was then analyzed ….

선행문은 문제의 명사 바로 앞에 있을 필요는 없다. 독자가 그 주체에 대해 동일 논문 중 어디에서 화제로 떠오른 듯한 느낌이 들면 그것으로 주체는 특정사항으로 인지되어 the를 사용하게 된다.

> (3) Electrodeposition was performed in the same manner as before. During ***the***[(a)] process, ***the***[(b)] pH of ***the***[(c)] solution increased from 2.0 to 8.0.

위의 예문에는 the가 3번 나오는데, (a)의 process는 선행문의 electrodeposition과 identify로 되고, (b)는 pH값이 논문 중 이미 논제가 되어 있기 때문에 identify로 되며, (c)의 solution도 같은 논의의 대상이 되어 있는 주체로 논문을 처음부터 판독한 독자에게는 친숙한 문제의 용액으로 인지된다.

동일어를 근접한 상태로 반복시키는 것은 피하게(2.3.2항 참조) 되는데, 관사는 예외이다.

3.3.2 처음 나타나는 사상에는 부정관사

앞 항의 경우와 반대로 그 논문에 처음 등장하는 사상에는 부정관사가 적용된다. 즉, 그 현상이 단수이면 a / an으로 하고 복수이면 붙이지 않는다.

> (4) (—) Local core faults in (—) liquid metal-cooled fast-breeder reactors might occur without generating (—) detectable signals.

여기에서 (—)은 그 위치에 아무 것도 들어가지 않는다는 의미로 사용된 기호, 즉 무관사를 의미한다. 예문 (4)는 논문 머리말의 한 구절이며, 따라서 표현되는 명사의 주체는 모두 그 논문의 첫 등장이 되는 셈이다. 이 예는 그와 같은 명사가 모두 복수이기 때문에 부정관사는 (—)로, 즉 쓰지 않는 것이 올바르다.

3.3.3 선정기준은 독자의 입장에서 결정

앞에서 설명한 the와 a의 선정기준은 동일 논문 중에서 한 번 나타난 사상은 정관사, 처음 등장하는 사상은 부정관사가 된다.

(5) **A** comparison between swaged and (—) pelletized forms of Zn specimens reveals that ⋯.
(6) **A** comparison between ***the*** present swaged and ***the*** pelletized forms of Zn specimens ⋯.

예문 (5)는 일반적으로 swage형과 pellet형의 시료를 비교하게 되지만, 예문 (6)은 본 논문에서 제안되고 있는 방법에 의한 swage형과 그 상대로서의 pellet형이라는 뜻이며 이미지가 훨씬 구체적이다. 선정기준의 견해를 바꾸면 독자에게 처음 듣는 문장이면 부정관사, 구문에 속하면 정관사라고 할 수 있다. 중요한 것은 선정기준을 저자의 입장이 아니라 독자의 입장에서 적용해야 한다는 점이다.

(7) Below 10^{17}nvt, there was observed **the** [→ ***an***] enhancement of diffusion.

이 예문에서 저자에게 "확산의 증가"는 엄연한 실험적 사실이며, 이 이상 확정적인 것은 없다는 인식에서 보면 enhancement는 정관사를 붙이고 싶을 것이다. 그러나 독자의 입장에서 보면 실험결과에 대해 이것이 첫 대면이며 그것이 가끔 확산의 감소가 아니라 증가된 것도 처음 접하는 내용이므로, 여기에 the를 사용하게 되면 마치 처음부터 알고 있어야 했다는 것이 되어 당혹할 것이다.

(8) The scatters were placed at **the** [→ ***a***] distance of 7.3 cm from the neutron source.

이 예에서도 저자에게는 중성자원으로부터의 거리는 7.3 cm로 아무런 불확정적인 요소가 없지만, 독자측에서 보면 저자가 제멋대로 이 거리로 정했을 뿐이며 처음부터 알고 있었던 사항이 아니므로 부정관사여야 한다.

3.3.4 첫 등장이라도 독자에게 친숙한 사상에는 정관사

최소제곱법, 상대성원리 등 독자에게 당연히 친숙하게 생각되는 방법, 공리, 학설 등은 논문에 첫 등장이라도 처음 접하는 내용이 아니므로 정관사를 사용한다.

(9) Reactivity loss caused by a hole introduced in a reactor is calculated by means of ***the*** two-group perturbation theory.

이 경우 the 이하의 two-group perturbation theory는 이 분야에 익숙한 독자에게는 친숙한 사항으로 정관사를 사용했다.

(10) ***The*** response matrix method is applied to criticality calculations of two-dimensional reactors.

역시 "응답행렬법"이 독자가 처음 듣는 사항이 아니므로 정관사가 사용되었지만, 만일 이 방법이 논문에서 처음 평가받기 위해 나타나는 사항이라면 다음과 같이 부정관사 사용 후 인용부호를 사용하여 이 명칭의 신규성을 표현하면 된다.

(11) ***A*** "***response matrix method***" is proposed for application to criticality calculations ⋯.

3.3.5 identity의 선취

이미 등장한 사상에는 정관사라고 일단 규정했지만, 이를 확장하여 직후의 설명에서 확정하는 사상에도 정관사를 사용한다. 부연하면 지금부터 다루는 사항들(3.3.5~3.3.9항)은 일반적으로 교과서에서 취급하지 않는 실전적인 내용들로서 논리적으로 정관사, 부정관사, 무관사의 구분이 용이하지 않은 부분이기도 하다. 특히 이 부분을 잘 이해하게 되면 상당수의 관사 문제는 해결될 수 있으리라 본다.

(12) A method for calculating the[(a)] temperature coefficient of the[(b)] neutron multiplication factor in an[(c)] infinite homogeneous medium is examined with a view to its application in considering the[(d)] temperature coefficient of this[(e)] factor in thermal reactors.

위의 예에서 (a)의 온도계수는 이어지는 (b)의 중성자 증배율, (b)의 중성자 증배율은 (c)의 무한균질매체와의 관련에서 바로 그 신원이 파악(identify)되며, 같은 (d)의 온도계수는 (e)의 중성자 증배율과의 관련에서 규정되므로, 이러한 용어는 모두 친숙한 느낌이어서 정관사가 적용되고 있다.

> (**13**) The[(a)] purpose of the[(b)] present work is to study the[(c)] relation between the[(d)] states of existence of (—)[(e)] Mn^{++} in $CaSO_4$ and (—)[(f)] thermoluminescence sensitivity.

이 예문에서 (a), (c), (d)의 정관사는 모두 identity 선취에서 설명되며 (b)는 본 연구를 지시하고 있으므로, 첫 등장의 주체라도 독자는 의도하고 이 논문을 받아들이고 있어서 처음 듣는 문장이 아닐 것이다.

한편 (e), (f)는 모두 이 논문의 목적을 소개하기 위해 여기에 처음으로 등장하는 사상이므로 정관사를 사용할 수 없다.

이와 같이 등장 직후에 identification을 실시하면서 예문 (12)의 머리말은 A method … 라고 부정관사, (13)은 The purpose … 로 정관사를 받는 명사를 주어로 하고 있다. 전자의 경우에는 문제의 온도계수를 산출하는 방법은 몇 가지 존재하겠지만 그 중의 하나를 여기에 소개한다는 이유에서 부정관사가 선정되었다고 볼 수 있다. 이를 정관사로 치환하면 저자는 "이것이 정확한 방법이다. 이밖에는 없다."의 의미가 되며, 독자가 그렇게 이해하고 있는 경우나 독자에게 그렇게 생각하게 하고 싶은 경우에 사용할 수 있다.

The purpose of the present work의 The에 대해 "본 연구의 목적"이 저자에게는 유일무이의 확고한 사항일 뿐만 아니라, 독자로서도 이와 같은 사실은 그 구체적인 내용은 별개로 하여도 개념 자체는 저자가 당연히 갖고 있어야 할 사항으로 생각한다. 그와 같은 의미로 정관사가 사용되었다고 설명된다. 이를 a purpose … 라고 기술하면, "목적은 많은데, 그 가운데 하나만을 개진하면 …"이라는 느낌이 든다.

3.3.6 identity 선취의 한계

앞에서 "첫 등장이라도 직후의 설명으로 확정되는 사상에는 정관사"라는 취지를 설명하였지만 복습의 의미로 예문을 하나 들어본다.

(**14**) The carbon content was determined by measuring the$^{(a)}$ electro-conductivity of the$^{(b)}$ KOH solution after being placed in contact with the$^{(c)}$ CO_2 gas produced by the$^{(d)}$ combustion of the$^{(e)}$ specimens in an$^{(f)}$ oxygen flow at 1300℃.

이 예문에 나오는 정관사 (a)~(f)는 모두 직후의 설명에 해당된다. 그러나 이와 같은 구문에도 반대로 부정관사를 취하는 경우가 있다.

(**15**) Figures 2 and 3 present the$^{(a)}$ time variation of (—)$^{(b)}$ monochromatic neutron pulses in (—)$^{(c)}$ free gas at 293 K and in (—)$^{(d)}$ ice at 0 K respectively.

이 경우 (c)의 free gas와 (d)의 ice가 각각 at 293 K, at 0 K로 identify 되어 있는 듯하지만, 그 한정 방식이 예문 (8)과 같이 독자의 입장에서 보면 그래프의 파라미터를 저자가 마음대로 결정한 것이며, 독자로서는 예상할 수 없다. 또한 (c)나 (d)에 the라고 해서는 그래프가 나타내는 자유기체나 얼음 상태에 대해 "아는 바와 같이 각각 293 K, 0 K로 한다."로서 독자가 그것을 이미 알고 있지 않으면 안 된다라는 느낌이다 [(b)에 관사가 붙지 않는 것은 다음 3.3.7항에서 설명하는 일련의 명사에는 관사 생략에 해당].

그러면 이 불확정성이 순차적으로 선행되는 명사에 파급되어 일련의 명사 전부에 부정관사가 붙느냐 하면, 예컨대 예문 (14)는 (f)에서, (15)는 (c)에서 파급효과가 중단되어 그 앞은 정관사로 되어 있다.

(**16**) The$^{(a)}$ preferential flotation method is very effective for the$^{(b)}$ treatment of (—)$^{(c)}$ radio-active waste solutions containing (—)$^{(d)}$ long-lived fission products such as ^{137}Cs, ^{90}Sr and ^{144}Ce.

이 예문에서도 복수 부정관사 (—)$^{(d)}$로 된 "긴 수명의 분열생성물"은 직후 설명이 "^{137}Cs … 등의"라는 예시만으로는 정관사의 가치가 없다는 이유로 부정관사가 적용되었다 [(c)에 관사가 붙지 않는 이유는 3.3.7항에서 설명]. 파급

효과는 여기서 끝나고, 그 때문에 (b)는 정관사, (a)는 이미 언급한 사상으로 이것도 정관사를 취한다. 이상과 같이 불특정성의 파급효과는 대체로 1회에서 끝나고, 그 이전에 선행하는 명사는 통상의 직후 설명으로 취급이 되어 정관사가 된다.

3.3.7 숙어, 구 중의 관사 생략

전후로 이어지는 일련의 명사 서두에 붙는 관사가 바로 다음의 명사 하나만을 지배하는 것이 아니라, 일련의 명사의 전체적인 개념에 대한 지정이라고 볼 수 있는 경우가 있다. 쓰레기통이라는 글자를 보면 우선 쓰레기를 머리에 그리고 이어 그것에 관련된 통을 연상하는 것이 아니고 보통은 갑자기 길거리의 쓰레기통이 바로 머리에 떠오를 것이다.

마찬가지로 a set of electrodes, the length of free path 등은 "전극 한 조", "자유행정"과 같이 각각 하나의 정리된 개념으로 포착되며, 그것에 붙여진 관사는 set이나 length 등의 별개의 단어를 지배하는 것이 아니라, set-of-electrodes, length-of-free-path로 표현된 복합사상에 총체적으로 관여되는 관사라고 보아야 한다.

(**17**) In a[(a)] *system containing* (—)[(b)] *random empty holes*, the[(a)] *length of* (—)[(d)] *free path* will be modified by the[(e)] *distribution* of (—)[(f)] *voids*.

(a)는 system containing random empty holes에 대한 총체적인 관사이며, 이 복합사상은 첫 등장이므로 부정관사, (b)도 첫 등장, (c)는 length of free path 복합사상이 앞에 나타난 친숙한 사상이므로 정관사, (d)는 앞에 나타난 또는 이미 친숙한 사상이기는 하나 free path는 여기서 독립되어 있는 것이 아니라, 자유행정이라는 숙어의 한 요소에 지나지 않으므로 관사는 생략되어 있다. (e)는 (c)와 같은 성격이며, (f)도 (d)와 같이 숙어 중의 비독립명사이므로 관사는 생략된다.

이와 같은 관점에서 3.3.6항의 예문 (15)의 (b)와 (16)의 (c)도 숙어 중의 요소로 생각하여 관사를 생략한 케이스로 보아야 하며 불특정성의 파급효과로 이해하는 것보다는 훨씬 자연스러울 것이다.

(**18**) The[(a)] function is expressed by a[(b)] *combination of the*[(c)] *orthodox exponential function and* (—)[(d)] *periodic function.*

여기에서 (b)의 부정관사는 단어 combination에만 속하는 사항이라기보다도 기존의 지수함수와 주기함수의 복합이라는 사상에 붙인 관사이며, 이것이 첫 등장이므로 그 총체적인 관사로서 a가 선정되었다.

이밖의 관사에서 (a)는 이미 등장, (c)는 독자에게 친숙한 사상으로 모두 정관사이다. 단, (c)에 대해서는 이를 예문 (17)에서 소개한 숙어 중의 명사라고 보면 관사는 생략할 수 있으나, 이 경우 대상으로 하는 복합현상이 문장의 절반을 차지할 정도로 긴 구이며, 이를 set-of-electrodes와 같이 combination-of-orthodox-exponential-function-and-periodic function으로 단숨에 읽고 하나의 숙어라고 주장하기에는 약간 무리가 있다.

그래서 개념으로는 하나의 복합현상으로 취급하여 총체적인 관사가 적용되고 있으나, 그 현상의 기술에는 보통의 구와 같은 구성형식을 채용하고 구 중에 나타나는 명사의 관사는 생략하지 않았다. 예문 (18)의 (d)는 the가 생략되고 있는데, 이는 선행의 (c)의 the가 겸하고 있기 때문이다.

이와 같이 복합사상을 나타내는 구에서 관사의 생략은 구의 길이에도 영향을 받으나, 무엇보다도 생략 여부는 저자의 주관이 많이 작용한다고 볼 수 있다.

즉, 강조하고 싶은 경우에는 굳이 생략할 필요가 없으며 다음 예문 (19)의 (d)가 이에 해당한다.

(**19**) The[(a)] neutron flux becomes negative in a[(b)] *certain energy region depending on the*[(c)] *form of the*[(d)] *scattering kernel and on the*[(e)] *choice of* (—)[(f)] Δt.

이 예문에서 관사의 성격을 분석하면 (a)는 이미 등장, (b)는 첫 등장의 복합현상에 대한 총체적인 관사이다. 단, 이 복합현상의 기술에는 (c) 이하의 관사가 생략되지 않았다. (c)는 직후 설명, (d)는 이미 등장, (e)는 직후 설명, 그리고 (f)는 이미 등장한 내용이나 기호로 표시하였으므로 생략된 형이다.

3.3.8 부사구 중의 관사 생략

for instance, in reference to …, with lapse of time 등, 전치사+명사의 부사구 중에서 일반적으로 관사는 생략된다(for the time being, in the case of … 등의 예외도 있음). 이와 같이 명사가 구 중에서 사용되면 이미 명사라는 성격은 엷어지며, 관사가 혼재되면 부사구적인 의미가 약해진다. 부사구 중의 명사의 용례를 들어본다.

(20) The peak used **as** (—) *reference* is of pure Gaussian shape.
(21) **After** (—) *irradiation*, the specimens were heated for 30 min at 350~550℃.
(22) The reaction products were analyzed **by** (—) *X-ray diffractometry.*

위의 예들에서 부사구 중의 명사는 모두 첫 등장의 경우이나, 이번에는 다른 형의 예를 들어본다.

(23) The density of the layer can be calculated from the differences in weight and volume between the states **before and after** (—)[a] *removal of* ***the***[b] *layer by*[c] *oxidation.*

(a)의 명사 removal 다음은 of the로 이어져 직후 설명의 전형이며, 당연히 여기에 정관사가 이어져야 할 부분이나 이 다음의 전체가 전치사 before and after로 이어진 부사구(이탤릭체)를 형성하고 있으므로 관사가 생략되었다. (c)는 단순한 부사구 형식이다. 다음의 예문 (24)도 마찬가지로 (a)는 직후 설명의 형태이나 부사구(이탤릭체)가 되기 위해 관사를 생략하였으며, (c)는 단순한 부사구 취급으로 인한 관사 생략이다.

(24) The theoretical curve was obtained **by** (—)[a] *substitution* of **the**[b] *calculated slowing-down spectrum in* Eq. (1) and by (—)[c] numerical integration.

여기서 부연하면 두 예문 모두 부사구 중에 정관사 (b)의 the가 혼재되어 있다는 점이다. 이것도 예문 (18)의 (c)에서 복합명사 중에 정관사가 나타난 바와 같이 부사구도 길어지면 하나의 숙어로 계속되지 않으므로, 여기서 보통의 구문으로 해서 이 (b)의 위치에 관사가 사용된 것이다.

이 항의 서두에 특수 예로 in the case of를 기술하였는데 in case of rain은 “우천의 계절에”와 같이 일반적인 현상을 염두에 두고 있으면 일반적인 부사구와 같이 관사는 생략된다. 그러나 특정의 현상을 전제로 그 현상의 출현을 조건으로 하는 경우를 논하기 위해 정관사를 적용하지 않으면 아무래도 강조의 의미가 떨어진다.

(25) The transport resistance can be ignored **in *the***(a) *case of* gaseous xenon.

“다름 아닌 Xe 가스의 경우”로 특수성을 강조하는 한편, 이 (a)의 정관사가 없으면 아무래도 볼품이 없다. 반대로 문제 삼고 있는 현상이 특정적이지 않은 인상을 주기 위해서 부정관사를 사용한다.

(26) In **a** *case where* the detector is held in at the center of a subcritical system, ….

3.3.9 형용사구의 관사

전항에서 부사구 중의 관사는 생략한다는 것을 기술했는데, 「전치사+명사」의 부사구(for instance, in reference to … 등) 외에 a precipitate ***of blue color***(=blue), subject to modification *without notice*(=*unannounced*) 등 형용사구도 이에 해당된다. 그리고 대부분의 경우 부사구와 마찬가지로 형용사구 중의 명사에는 관사가 붙지 않는다.

(27A) The holes are of (—) *diameter* D.
(27B) The holes are of (—) *round shape.*
(27C) The holes are *round.*

위의 세 예문을 서로 비교하면 이탤릭체의 보어부분은 형이 달라도 공통역할을 하고 있는 것을 알 수 있다. 또 (—)부분은 관사가 없는 쪽이 형용사구다운 느낌이 든다.

> **(28)** The pattern *of* (—)[(a)] *flow* changes to (—)[(b)] *viscous form.*

(a)의 flow는 선행의 명사 pattern을 수식하는 형용사구, (b)의 viscous form은 자동사 changes를 수식하는 부사구로 모두 전치사+(관사 생략) 명사의 구조를 취하고 있다.

> **(29A)** The sodium sample was divided into (—)[(a)] two regions *of* (—)[(b)] *central core and* (—)[(c)] *peripheral zone.*

이 예에서는 동사 divided를 수식하는 부사구 into two regions 중의 명사 regions가 이어지는 형용사구 of central core and peripheral zone에 의해 더욱 한정되는 복합수식구문으로 되어 있다. 관사에 대해, (a)는 부사구 중의 명사, (b)와 (c)는 형용사구 중의 명사로 각각 생략되어 있으나 (a)의 경우는 그 주체인 regions가 직후 설명에서 identify되는 형이므로 여기에 정관사 the를 사용해도 된다. 즉, 구 중의 관사 생략은 원래 있어야 할 것이 생략된 것이므로, 거기에 써서 잘못이라는 정도의 강한 규제는 아니다. 다만, 관사를 생략함으로써 구 중의 명사가 명사로서의 색채를 약화, 그 존재를 희미하게 하여 구가 형용사답게(또는 부사답게) 문장으로서 경쾌한 느낌을 가지게 한다.

이와 같이 구 중의 명사가 무관사로 표현되면 명사가 나타내는 주체도 가볍게 취급된 형식이 되며, 이 예문에서는 "분할되었다"가 진술의 중점이 되어 "분할의 결과"로 "중심부와 주변 영역의 2개 구역으로 되었다."는 사실이 부대적으로 가볍게 언급된 느낌이다. 문장의 중점을 "분할되었다"가 아니라 "2개 구역"에 두기 위해서는 다음과 같이 대시를 사용하는 방법이 있다.

> **(29B)** … was divided into two regions — *central core and peripheral zone.*

만일 "중심부와 주변 영역"의 분할구역명칭을 강조하고 싶으면 다음과 같이 한다.

(**29C**) … into two regions — **a** *central core* and **a** *peripheral zone.*

즉, 명사에 관사를 붙여서 명사다움을 회복함으로써 훨씬 무게 있는 존재가 되도록 한다. 이 구역명칭을 더욱 강조하고 싶으면 동사의 목적에 구역명칭을 취한다.

(**29D**) … into **a** central core and **a** peripheral zone.

여기서 중요한 것은 (29C)나 (29D)에서 구역의 명칭을 강조하고 싶은 나머지 정관사를 적용해서는 안 된다는 점이다. 즉, 저자가 아무리 기세를 올려도 독자에게 이러한 주체가 여전히 첫 대면이 되므로 정관사를 적용해서는 안 된다. 정관사와 부정관사의 사용구분은 어디까지나 독자의 입장에서 결정되며, 저자의 심정과는 관계가 없다. 따라서 만일 논문구성에서 중심부와 주변 영역이 독자에게 이미 알려져 있는 사상이라면 정관사를 적용해야 한다.

(**29E**) … divided into **the**(a) central core and **the**(b) peripheral zone.

(b)의 the는 구역명칭의 양쪽 모두 충분히 강조하고 싶지 않으면 생략해도 된다. 이 경우 (a)의 the가 두 명사의 관사를 겸하게 된다. 같은 맥락에서 정관사가 사용되는 또다른 예를 들어본다.

(**30**) Direct measurement of plutonium in **the**(a) *human body* is almost impossible, excepting insoluble plutonium dust deposited on **the**(b) *lung tissues.*

(a)의 인체는 독자에게 친숙한 존재이며, 여기에서는 아무런 조건 없이 어느 독자에게나 친숙한 일반적인 인간의 신체, 또 (b)의 폐조직도 인체에 관련

되어 그 존재가 당연히 독자가 인식할 수 있는 사항이므로 모두 정관사가 사용되고 있다.

관사가 직후에 이어지는 명사를 지배하는 데 그치지 않고 전체 숙어 또는 구를 총체적으로 규정하는 데 대해 3.3.7항에서 a set of electrodes, the length of free path 등의 예를 들어 설명했는데, 이와 같은 숙어는 대부분이 「명사+(전치사)+명사」, 즉 「명사+형용사구」의 구조로 되어 있다. 지금까지 열거한 예문 이외에도 다음과 같은 예문이 가능하다.

(31) **The**[(a)] heat of (—)[(b)] *adsorption* was found to be **a**[(c)] function of ***the***[(d)] *specimen surface.*

(a)의 정관사는 독자가 이미 알고 있는 흡착열(heat of adsorption)이라는 숙어를 지배하는 총체적 관사이다. 형용사구(이탤릭체) 중의 명사 adsorption은 무관사, (c)의 부정관사는 첫 등장의 주체인 function of the specimen surface의 총체적 관사, (d)는 형용사구 중의 명사이나 독자가 이미 알고 있는 것을 강조하기 위해 정관사가 사용되었다.

「of+명사」가 형용사구로 사용되는 대표적인 것이 … number of … 이다.

(32) The[(a)] **number of** (—)[(b)] *independent variable* is now reduced to six.

(33) Table 1 lists the[(a)] **number of** (—)[(b)] *nodes* and (—)[(c)] *bucklings* of the delayed neutron modes.

여기서는 예문 (32)의 independent variable, (33)의 nodes, bucklings 모두 논문에서 몹시 힘든 고찰을 거듭해온 핵심용어이며, 독자에게 초문이라고는 도저히 생각할 수 없다. 따라서 (b)의 (—)에 the를 사용하고 싶은 것이 사실이지만, 실은 그 정관사의 역할을 number 앞 (a)의 the에 적용하고 있다. 즉, 이 number of라는 숙어에 대해 pair of, set of 등과 같이 3.3.7항에서 예시된 set-of-electrodes, length-of-free-path와 비슷한 느낌이며, 관사가 지배하는 범위가 직후에 이어지는 명사를 넘어서 예문 (32)는 the number

-of-independent-variables, (33)은 the number-of-nodes-and-bucklings -of-the-delayed-neutron-modes로 구 전체에 미친다고 생각할 수 있다.

3.3.10 현상, 작업, 행위의 표현에는 관사 생략

이 항에서 취급하는 내용은 부정관사를 생략할 수 있는 경우를 대상으로 하며, 정관사에 해당되는 것은 다른 항에서 다룬 것과 동일하다.

> **(34)** (—)[(a)] Radiation-anneal hardening was observed upon (—)[(b)] annealing at 250℃.

이 예문의 (a)의 장소에 있어야 할 관사가 지배하는 radiation-anneal hardening은 현상, (b)의 annealing은 작업으로 원래 모두 첫 등장으로서 부정관사가 적용되어야 하나 생략되어 있다.

이와 같이 현상, 작업, 행위를 나타내는 추상명사에는 주어나 목적어에도 관사를 생략하는 것이 보통이다. 물론 선행문에서 이 현상에 대해 논하고 있으면 정관사를 붙인다. 반면에 부정관사를 이러한 종류의 추상명사에 적용하는 것은 a radiation hardening of particular character와 같이 형용사(구)로 한정이나 수식이 가해지는 경우가 일반적이다. 이 경우에는 오히려 그 주체의 일반성, 보편성을 잃고 "뭔가 사정이 있는 특수한 사례"라는 느낌을 준다. 요컨대 현상, 작업, 행위의 추상명사에서 부정관사는 단수의 경우도 a, an이 아니라 무관사가 일반적이라고 이해하면 틀림없다.

이하 현상, 작업, 행위와 관계되는 명사의 관사 생략 사례를 들어본다.

> **(35)** A back-up scram device was provided to ensure (—) reactor safety.

여기에서 reactor safety는 현상이며 부정관사를 생략하였다.

> **(36)** (—)[(a)] Non-destructive γ-ray spectrometry was carried out on (—)[(b)] spent fuels of (—)[(c)] HTGR.

(a)의 non-destructive γ-ray spectrometry는 작업, (b)는 첫 등장으로서 숙어 spent fuels of HTGR의 총체적 관사, (c)는 숙어 중의 명사로 관사를 생략하였다.

> **(37)** (—)[a] Application of the[b] optical model to light nuclides is still an open question.

(a)의 application은 행위로 부정관사, (b)는 독자에게 친숙한 현상으로 정관사를 붙인다. 이 optical model은 숙어 중의 명사로서 관사를 생략하면 문장 의미상 중요성이 떨어지므로 정상적으로 정관사를 붙였다.

> **(38)** (—)[a] Counting with (—)[b] spectrometer will permit (—)[c] determination of (—)[d] plutonium in the[e] blood.

(a)는 작업, (b)는 숙어 중 또는 형용사구, (c)는 작업, (d)는 물질명사(이에 대해서는 3.3.11항 참조)로, 이상 모두 관사를 생략한다. (e)는 종류의 총칭으로 정관사이다. 이와 같이 관사의 생략이 여러 차례 계속해서 나오는 경우도 있다. 이 예에서 만일 (b)의 spectrometer를 도구로서 사용하는 것이 문장 의미상 중요하다면 정관사를 생략하지 않고 counting with ***the*** spectrometer will … 로 함으로써 "특히 스펙트로 분석기를 사용하는 경우의 계측은 …"의 어감을 준다.

> **(39)** This may be due to (—)[a] mismatching, which cannot be avoided at low values of *L*.

여기서는 (a)의 mismatching을 보통의 현상으로 취급하여 관사를 생략하지만, 이를 생략하지 않고 … due to ***the*** mismatching which cannot be avoided … 로 하면 "특히 낮은 *L* 값에서는 불일치"의 의미를 갖게 되어, 원문의 경우 단순한 생각의 덧붙임에서 문장의 의미상 중요한 요인으로 바뀐다. 이 경우, 이 요인인 which cannot be avoided … 중에는 명사에 상당하는 단어가 없어 관사를 붙이거나 제외하여 문장 의미의 중요도를 조정할 수 없으므로 그 대신에 요인이 작용하는 주체인 mismatching에 정관사를 붙이거나 무관사로 처리한 것이다.

만일 이 요인 기술 중에 적당한 명사가 존재하면 그 명사에 붙는 관사로서 중요도를 조정한다.

> (**40**) This indicates (—)[(a)] attenuation of the[(b)] propagating pressure depression during its passage through the[(c)] fluid.

이 경우 (a)는 현상, (b)는 같은 현상이라도 해당 논문 내용의 중심적인 역할을 하고 있는 "압력강하 전파"이며, (c)의 유체도 이 실험에서 전파매체로 계속 사용되었으며, (b), (c) 모두 독자가 이미 알고 있는 사항으로서 관사가 생략되지 않았다.

이상 현상, 작업, 행위에 대한 추상명사의 부정관사는 원칙적으로 생략(—)되며, 예외로서 부정관사가 붙는 경우가 있다는 것을 예문으로 표시하였다. 또한 관사의 유무로 의미가 변화할 수도 있다.

> (**41A**) This substantiates (—)[(a)] occurrence of the cavity cooling described earlier.
>
> (**41B**) This substantiates ***the***[(a)] occurrence of cavity cooling described earlier.

예문 (41A)는 정관사가 cavity cooling 그 자체에 적용되므로 논문의 이전 부분에서 이 cavity cooling의 현상을 논하고 있으며, "이와 같은 양상을 보여주는 공동냉각"과 같이 cavity cooling이 각광을 받고 있는 데 비해 (41B)는 관사가 현상의 발생쪽으로 이동함으로써 현상 자체는 논외로 밀려나고 현상이 일어난 것이 대상이 된다.

이상은 문장의 뜻에 의해 관사 생략의 적용이 결정되는 경우이다. 그러나 전치사에 따라서도 그 뒤의 관사를 생략하기 쉬운 것이 있으며, 관사가 없으면 어딘지 부족한 느낌이 들기도 한다. upon, during 등 이음절의 전치사가 전자에 속하고 짧은 in, on 등이 후자에 해당되며, 어조와 관계 있는지도 모른다.

(42A) *In* ***the***[(a)] analysis of biological samples of (—)[(b)] plutonium, (—)[(a)] insufficient adsorption of Pu(Ⅵ) on the anion exchange resin is frequently observed.

(42B) *During* (—)[(a)] analysis of biological samples ⋯.

위의 두 예문은 문장의 뜻은 거의 변함없지만 전자는 관사를 붙이고 후자는 관사를 생략하는 형이 각각 저항 없이 받아들여진다.

3.3.11 물질명사의 부정관사 생략

앞 항의 추상명사와 마찬가지로 복수형이 없는 명사로서 물질명사가 있는데, 이것도 원칙적으로 부정관사가 생략된다.

(43) (—)[(a)] Nitrogen was purchased in (—)[(b)] cylinder, and purified by passing through (—)[(c)] silicagel.

위 예문에서 (a)의 질소와 (c)의 실리카겔은 모두 물질명사이며, (b)는 부사구 중의 명사로서 모두 관사를 생략하였다.

(44) Quantitative recovery of (—)[(a)] pure Yb is difficult, and (—)[(b)] radioassay of the[(c)] Yb fraction is interfered by the[(d)] existing La radioisotopes.

(a)의 순수 Yb는 물질명사, (b)는 작업으로 모두 관사를 생략하였다. 같은 물질명사이더라도 (c)는 그 명사가 형용사 상당어로서, 형은 명사이더라도 기능상으로는 fraction을 한정하는 형용사이며, 본래 모습인 물질명사가 아니므로 관사 생략의 적용 대상이 아니다. (d)의 방사성 동위원소는 명실공히 물질명사이지만, 이미 알려진 현상이라는 성격을 주기 위해 정관사가 붙었다.

3.3.12 정관사가 붙는 특수명사

the world, the sun 등 유일무이의 사상에는 정관사가 적용된다는 것은 교과서에 실린 잘 알려진 내용이나, 이는 3.3.4항의 독자에게 친숙한 사상의 부류에 속한다고 볼 수도 있다. 이것을 좀더 확장하면 미터법, 뉴턴역학, 질량 중심계 등에도 적용할 수 있다. 그러나 이러한 종류의 개념이라면, 독자에게 친숙하다는 관점에서는 문제가 없으나 유일무이의 관점으로는 약간 문제가 될 수 있다.

world에 반드시 the를 붙이는 것이 아니라는 예로 "정상적인 세계"에서 본 "미치광이 세계"는 유일무이가 아니라는 인상을 주기 위해 In ***a*** world of lunatics … 라고 부정관사를 붙인다. "미터법"의 경우에도 이를 가장 합리적인 것이라고 신봉하고 있는 사람은 "In ***the*** metric system …"과 같이 표현할 것이고, 만일 미터법을 눈엣가시로 여기는 영국식 단위의 신봉자라면 "In ***a*** metric system …"과 같이 미터법 따위라고 표현할 것이다. 이와 같이 경멸, 비난이 가득찬 경우가 아니라도 문제가 되고 있는 현상이 유일무이가 아니라는 것을 독자에게 인식시키고자 할 때에는 부정관사를 사용한다. 그렇게 되면 뉴턴역학도 양자역학 관점에서 뒤돌아보고 "그 세계에서는 이렇게 생각했을 것이다."라는 기분으로 기술하면 "In ***a*** world of Newton mechanics …"가 된다.

(45) It has been proposed to produce (—)[(a)] hydrogen with (—)[(b)] use made of the[(c)] high temperature generated in the[(d)] HTGR.

이 문장에서 (d)의 고온가스로가 독자에게 친숙한 또는 유일무이의 사항으로서 교과서대로 정관사를 적용하고 있다. 이밖에 (a)는 물질, (b)는 부사구 중의 명사이며 모두 관사를 생략하였고, (c)는 직후 설명에 의해 정관사를 취한다.

대학, 연구소, 회사 등의 명칭에 정관사를 사용하는지의 여부는 관례에 따를 수밖에 없다. The Johns Hopkins University, The Bank of Korea와 같이 정관사를 아예 명칭의 한 부분으로 사용하는 경우가 있는가 하면 UNESCO, IBM과 같이 일반적으로 통용되고 있는 약칭에는 관사를 사용하지 않는 것이 일반적이다. 일반적인 기준으로 기관, 단체, 연구실 등 집단적인 것의 명칭에는 the가 붙고, 같은 집단이라도 약칭의 경우에는 개인 명칭과 마찬가지로 관사가 사용되지 않는다고 보면 된다. 그러나 PCM, AWACS, HTGR와 같이 시설, 기기, 방식 등의 약호는 개인이나 단체와는 달리 관사를 사용하는 편이 사물이라는 느낌이 들게 한다.

다음에 집단, 사물의 정식 및 약식 명칭의 예를 들어본다.

> **(46)** (—)[(a)] UNESCO does not subsidize individual national projects such as for the construction of nuclear reactors like the[(b)] JPDR or the[(c)] FUGEN.
>
> **(47)** Much importance is attached to the work of ***the***[(d)] *Thermal Engineering Center* of (—)[(e)] *KIST.*

(a)의 UNESCO, (e)의 KIST는 기관명의 약자로 무관사, (d)의 Thermal Engineering Center는 정식 기관명칭으로 정관사, (b)의 JPDR는 시설의 약식 명칭, (c)의 FUGEN은 사물의 정식명칭으로서 모두 정관사가 사용된다.

(e)의 KIST는 예를 들기 위해 갑자기 약칭을 기재했지만 일반적으로 국내 기관의 명칭이 해외에도 알려졌다고 생각하는 것은 약간 위험하며, 독자에게 친절을 베푸는 의미에서도 논문에 처음 등장할 때는 Korea Institute of Science and Technology와 같이 일단 정식명칭을 게재한 다음 두 번째부터 약칭을 사용하는 것이 좋다. 또한 논문의 독자는 반드시 그 잡지를 매호마다 구석구석 샅샅이 정독하는 것이 아니므로 "이 잡지의 독자라면 KIST나 PNC 정도는 알고 있다."라고 생각하는 것도 위험하다.

고유명사에 부정관사를 사용하는 경우도 있다.

> **(48)** For this purpose ***a***[(a)] *Neutron Transport Working Group* was established in ***the***[(b)] *Research Committee on Neutron Shielding.*

(a)의 Neutron Transport Working Group은 가령 그것이 유일무이의 존재라도 여기서 이를 소개하고 있는 것은 독자가 그 존재를 모르고 있는 것을 전제로 하기 때문에 "잘 아시는 바와 같이"의 느낌이 드는 정관사는 어울리지 않는다. 그래서 굳이 부정관사를 사용해서 독자에게 "이 모임에 대해 귀하가 이제까지 모르고 있었다는 것은 당연하다. 조금도 수치가 아니다."라고

안심시킨다. 한편 (b)의 Research Committee on Neutron Shielding은 이전부터 설치되어 있으며, 독자도 그 존재를 알고 있는 것으로 전제하고 정관사를 사용해서 등장시킨다. Neutron Transport Working Group도 동일 논문 중에 재차 언급하거나, 첫 등장이라도 신설의 소개와 같은 특수한 형식을 취하는 것이 아니라면 물론 정관사가 적용된다.

고유명사 이외에 PVC, r.h.s.(right-hand side) 등 어느 정도 일반성이 있는 약호나, 일단 양해를 구하고 그 논문에서만 사용하는 특수약호(가능하면 쓰지 않는 것이 좋다)는 무분별하게 무관사로 사용되기 쉬우나 이러한 보통명사의 약호는 지금까지 언급한 고유명사의 약식 명칭과는 다르게 취급한다. 즉, 마치 본래의 명사가 그곳에 생략되지 않고 전체가 기술되어 있다고 보고 관사를 선정해야 한다.

(49) **The**[(a)] *r.h.s.* of (—)[(b)] Eq. (3) is integrated over ***the***[(c)] interval 0～1.
(50) The piping was made of (—)[(d)] *PVC.*

여기에서 약호와 관련되는 것은 (a), (b), (d)인데, 이 가운데 (a)의 우변은 직후 설명형으로서 정관사, (d)의 염화비닐은 물질명칭으로 무관사가 되며, (b)의 Eq. (3)은 chapter 5, line 8과 같이 순서를 나타내는 경우 관사를 적용하지 않는 관례에 따른 것이다.

단, 이 숫자에 서수가 사용되었을 때(예를 들어, ***the*** second law of thermodynamics ; ***the*** 8th line from the bottom)에는 정관사 the가 붙는다.

한편 예문 (49)에서 (c)의 interval은 0～1에 의한 직후 설명형의 정관사이지만 3.3.6항에서 기술한 직후 설명형의 한계를 넘지 않는다. 좀더 구체적으로 설명하면 적분범위를 0～1로 하는 것은 저자가 결정한 사항이므로 독자에게는 처음 듣는 사실이라고 하지 않을 수 없다.

그러나 예문 (15)의 곡선매개변수를 결정할 때와 같이 저자가 임의로 이 범위를 선정하는 것이 아니라, (49)에서는 식을 풀기 위해 이 범위에서 적분해야 할 필연성이 있다. 따라서 독자에게도 어느 정도 예상된 선택이라고 할 수 있으므로 정관사가 적용된 것이다.

3.3.13 고유명사의 형용사 상당

a *diesel* engine, **the** *pitot* tube와 같이 *diesel*이나 *pitot*에 관사가 붙어도 그다지 저항감이 느껴지지 않지만, 이 정도로 보통명사화되어 있지 않은 고유명사에 관사를 적용하는 것은 주저하는 경향이다. 그런데 사람의 이름과 같은 고유명사도 보통명사와 같이 형용사 대신에 사용되는 경우에는 이미 명사로서의 자격을 완전히 상실하였다고 볼 수 있으며 거리낌없이 관사를 적용해도 된다.

> (**51A**) Due account is taken of ***the*** *Doppler* and *void* **feedbacks**.

이 예문은 인명인 Doppler와 보통명사인 void가 대등한 자격으로 양쪽 모두 feedbacks를 한정하는 형용사의 역할을 하고 있다. 정관사 **the**는 바로 뒤에 이어지는 인명과 사실은 관계가 없고, feedbacks를 규정하는 관사이다. 이와 같은 경우 관사의 선정은 어순으로 직결된 외관상의 명사에 의한 것이 아니라, 그 다음에 나타나는 실질적인 명사에 의해 지배된다.

위의 예는 Doppler feedback과 void feedback이 모두 이미 등장한 현상 또는 독자에게 친숙한 현상으로 정관사가 적용되었다. 만일 독자가 이러한 피드백 현상에 친숙하지 않고 처음 등장하는 현상이라면 feedback이 현상이므로 무관사의 형이 된다.

> (**51B**) Due account is taken of (—) Doppler and void **feedbacks**.

비슷한 형이라도 고유명사가 소유격으로 s가 붙어 있으면, 이는 훌륭한 명사로서의 자질을 구비하고 있으므로 관사를 적용해서는 안 된다.

> (**52**) The diffusion coefficient is estimated from (—) *Gilliland's* **equation**.

Gilliland's equation으로 인명이 소유격이 되어 있으므로 일반적인 인명과 같이 무관사이며, 실질적인 명사인 equation은 이것이 소유격형의 형용사 상당으로 한정되어 있기 때문에 **my** wife, **his** face 등 소유격 대명사와 마찬가지로 무관사이다.

(**53**) In the[a] rationalized MKS system, ***the***[b] *Maxwell* **equations** are

<*equation*>

<*equation*>

and (—)[c] *Ohm's* law

<*equation*>

위의 예에서 (b)에 이어지는 Maxwell은 그 뒤의 equations를 한정하는 형용사에 상당하며, 명사의 자질은 없고 이 관사는 Maxwell이 아니라 equations를 규정한다.

이와 대조적으로 (c)는 이어지는 인명이 Ohm's의 소유격으로 되어 있기 때문에 기술내용은 거의 같아도 Ohm이 명실공히 인명으로서의 역할을 하고 있으므로 관사가 적용되지 않는다.

또한 (a)의 MKS system은 유일무이의 존재 또는 독자에게 친숙한 부류에 속하는 정관사이다.

고유명사가 형용사 상당구로 되어 있어 관사가 그 명사를 통과하고 실질적인 주체 명사에 이어지는 사례는 인명뿐이 아니다.

(**54**) It was discussed at the[a] Geneva Conference.
(**55**) ***The***[b] *Purex* **process** is adopted.
(**56**) For this, ***a***[c] *FORTRAN* **code** has been devised.

(a)의 관사는 지명에 이어지고 있는데, 실질적으로는 이 고유명사를 통과하고, 다음의 Conference, 보다 정확하게는 지명도 포함한 Geneva Conference를 지배한다. (b)의 방법명은 이미 거의 보통명사화되어 있으나 대문자로 시작하면 어쨌든 관사를 없애고 싶어진다. (c)는 부정관사의 예인데, 이는 ***a*** Boeing jet, ***a*** Nylon stocking 등의 「관사+상품명+품명」의 형과 거의 같다.

3.3.14 특정 형용사와 관사의 관계

■ the same

(57) Subcritical systems of (—)[(a)] *different shapes A and B* but *of* (—)[(b)] *identical composition* must be associated **with the**[(c)] **same** geometrical buckling.

(a), (b)는 subcritical systems를 수식하는 형용사구 중의 명사에 해당되므로 관사가 생략되나, 비슷한 상황의 (c)는 정관사 the가 붙어 있다. 이 정관사는 독자가 이미 알고 있는 사항이 아니라 same에 붙은 것이다. 즉, 영어에는 same이라는 단어는 존재하지 않고 the same이라는 숙어밖에 없다고 생각해도 된다.

따라서 위의 예에서 the same을 비슷한 의미인 identical로 바꾸면 the가 없어진다.

(58) … but of **the same** composition must be associated with (—) **identical** geometrical buckling.

■ the following

"이하와 같이"라고 기술하면 당연히 독자에게 첫 대면의 사항을 지금부터 전개하게 되며, 이는 부정관사로(예컨대 … in **a** following manner) 쓰고 싶으나 관습적으로 following에는 반드시 the가 이어지게 된다. 이와 같은 표현에 이어지는 내용은 구체적으로 명확한 형태를 취하는 것이 보통이므로, 이른바 직후 설명의 구문으로서 정관사가 적용되는 것으로 설명할 수 있다.

■ the x-direction / the right-hand side

좌표축의 축방향, 식의 좌우변 등 제한된 선택범위 중에서 저자가 어느 것을 선정하든 독자에게 알려진 사항으로서 의외성이 전혀 없으면, 전후 문장과 관계없이 the를 적용한다.

■ both

both ends가 the two ends와 비슷한 의미라도 사용된 용어가 다르면 관사의 적용방법이 달라진다. 이 경우 both 앞에는 the를 붙여서는 안 된다. 아무래도 관사가 없어 허전하면 both 뒤에 넣는다.

> (59) **Both** [***the***[(a)]] inner and [***the***[(b)]] outer surfaces were found entirely free of deposit.

한국어에도 "내외면 모두", "내면 외면 모두", "내면 및 외면 모두" 등 강조하는 정도를 바꿔 표현할 수 있지만, 위의 예에서 관사 (a), (b) 모두 생략, (b)만 생략, 양쪽 모두 생략하지 않고 기술함으로써 점차 강하게 독자에게 전달하는 느낌이 든다.

■ either / neither

관사의 사용법은 both와 같다.

■ … with (—) increasing (—) …

"$x \to a$ 에 따라 $y \to b$"의 상관관계에 대해 2.2.6항에서 기술했지만 이 경우 $x \to a$ 의 a 가 예컨대 그 논문을 거듭해 고찰해 온 독자에게 완전히 친숙해진 변수라도 관사를 적용해서는 안 된다.

여기서 전달하고 싶은 가장 중요한 요건은 $x \to a / y \to b$ 라는 양상으로, 즉 부사구적인 요소이며 명사에 관사를 적용해서 부사다움이 약화되면 곤란하다.

3.3.15 관사의 정리

이 항에서는 지금까지 관사 취급에 대해 여러 가지로 기술해 온 것을 하나의 일반원칙에 비추어 정리하여 논문 작성에 직접적으로 적용할 수 있도록 한다.

「그 원칙은 정관사와 부정관사의 사용구분은 저자 의중의 대상 사물이 독자의 의식에 있는지의 여부로 결정된다는 점이다.」

(1) 대상 사물이 인식범위 외인 경우 부정관사

a) 대상 사물이 그 논문에 처음 등장

- In ***a*** previous report, the authors pointed out that ⋯.
- ***An*** experimental study was performed on ⋯.

위의 예문 모두 저자에게는 완전히 친숙한 저자 자신의 저작이나 작업에 대해 기술되어 있지만, 독자측에서 보면 여기서 처음 소개되는 사항이므로 부정관사를 붙인다.

b) 저자가 임의로 결정한 사항

- ***A*** distance of 7.3 cm was maintained between the poles.

저자가 문제로 삼고 있는 극간의 거리는 이 단어 바로 다음에 7.3 cm라고 명기되어 있지만, 독자에게 이 수치는 초문이므로 부정관사를 붙인다. 이를 정관사로 the distance of 7.3 cm ⋯ 라고 하면, 독자는 이 수치에 대해 갖고 있는 예비지식으로 7.3 cm의 거리가 양극 사이에 유지되었다고 느끼게 되어 상황을 독자에게 정확히 전달할 수 없다.

c) 대상 사물이 유일무이 또는 독자가 이미 알고 있는 것과 다르다는 것을 강조하고 싶은 경우

- In ***a*** world of lunatics ⋯.
- ***A*** Neutron Transport Working Group was established.

(2) 대상 사물이 인식범위 내인 경우 정관사

a) 유일무이한 존재

- ***The*** earth is a planet of the sun.
- Not many scientists take ***the*** Loch Ness monster very seriously.

b) 논문의 평균적 독자층에게 주지의 사상

- ***The*** least squares method is applied here.
- ***The*** response matrix method is used in criticality calculations of reactors.

평균적인 독자가 알고 있다고 하기에는 당연히 무리한 특수용어에 아무렇게나 정관사를 적용하는 것은, "이 정도는 기억해 두어야 한다."고 강요하는 듯하므로 어색하다. 이를 피하기 위해 인용기호를 적용하거나 what is known as 등 적당한 용어를 적용해서 표현을 완화시킨다.

- ***A*** "response matrix method" is proposed to be applied here.
- ***What is known*** as the "*response matrix method*" is applied here.

첫 번째 예문은 이 방법을 처음으로 세상에 내놓는 자세이며, 두 번째는 일부 식자에게는 이미 알려져 있는 경우로 이른바 응답행렬법이라는 느낌이다. 여기에서 이른바를 so-called로 직역해서는 안 된다. 이 단어에는 다소 경멸적인 의미가 내포되어 있으므로 사용을 자제해야 한다.

c) 동일 논문 중에 이미 등장한 사물

- We present ***a***(a) method for deriving an approximate solution for point reactor regulation. The merits of ***the***(b) method are as follows.

d) 이미 나온 내용으로부터 독자가 연상해서 인식할 수 있는 사물

- ***The*** proposed system has the following advantages.

이 예문이 c)의 예문에 이어진다면 proposed system은 위에서 나온 method for deriving an approximate solution과 용어는 다르나 독자는 동일한 사항이라는 것을 직감적으로 알 수 있다. 따라서 실질적으로 이미 등장한 사항이다. 이는 언어의 중복(2.3.2항 참조)을 피하기 위해 선행문장과 다른 표현을 사용할 때 특히 유의해야 할 문제이다.

e) 후속문의 설명에 의해 확정되는 직후 설명

- ***A***(a) method was devised for calculating ***the***(b) thermal coefficient of ***the***(c) neutron multiplication factor in ***an***(d) infinite homogeneous medium.

(b)의 thermal coefficient는 바로 뒤에 오는 (c)의 of the neutron multiplication factor라는 수식에 의해, (c)는 이어지는 in an infinite homogeneous medium에 의해 모두 직후 설명이 바로 이어짐으로써 독자에게 나중에 인지시키는 구성이다. 또한 (a)에 대해서는 이어지는 설명 사이에 was devised인 주동사가 개재되어 직후 설명으로 되어 있지 않으므로 부정관사, (d)는 첫 등장에 의한 부정관사이다.

f) 대상 사물이 특정 사항이라는 것을 강조하고 싶을 때

3.3.3항의 예문 (6) 참조.

(3) 무관사로 하는 경우

a) 고유명사

인명, 국명은 무관사, 강의 이름은 정관사 등 교과서에 있는 대로이나, 그밖에 놓치기 쉬운 약간의 규칙을 열거한다.

- 형용사의 대용 명사는 이미 명사가 아니다.
  (예) Due account is taken of ***the*** *Doppler* feedback.
- 소유격형은 고유명사의 기능을 한다.
  (예) The coefficient is estimated from (—) Gilliland's equation.
- 기관명에는 **the**(단, 그 약호에는 적용되지 않는다),. 사물의 명칭에는 정식명, 약식명 모두 **the**이다.

b) 현상, 작업의 부정관사는 생략이 원칙

- (—)[a] Provision of a scramming device was considered to ensure (—)[b] reactor safety.

(a)는 "작업", (b)는 "현상"으로서 모두 관사를 생략한다. 정관사 및 부정관사를 이러한 종류의 명사에 적용하는 것은 3.3.10항과 같은 특수한 경우에만 국한한다.

c) 물질명사의 부정관사는 생략

- (—)[a] Radioassay of (—)[b] Yb is interfered by ***the***[c] existing La radisotopes.

(a)는 작업, (b)는 물질이며 모두 무관사, (c)는 정관사이므로 이 기준에 해당되지 않는다.

d) 형용사구 중의 관사

- A precipitate of (—) *blue color* ….
- Subject to modification *without* (—) *notice.*
- Full width *at* (—) *half maximum.*
- The sodium sample was divided into (—) two regions *of* (—) *central core* and (—) *peripheral zone.*

형용사구는 대체로 전치사+명사의 숙어이며 구 중의 관사를 생략함으로써 형용사다움을 나타낸다. 그러나 관사가 생략되어 명사다움을 상실하면 곤란한 경우에는 관사를 붙인다.

- … divided into **a** central core and **a** peripheral zone.

e) 부사구 중의 관사

- for (—) instance, in (—) reference to, with (—) elapse of (—) time 등의 문장의 서두에 사용되는 부사구 외에 다음과 같이 일반적인 형태의 부사구도 형용사구와 마찬가지로 관사가 생략된다.
- The reaction rate was obtained by (—) substitution of the calculated value into Eq. (2) and by (—) numerical integration.

3.4 동 사

동사는 문장에서 중심적인 역할을 담당하며 문장 전체의 구성에 가장 크게 영향을 미친다.

이러한 동사의 용법에 대해서는 앞에서 일부 언급하였다. 예를 들면, 2.3.3항(문장의 격조)에서 어떤 표현을 선택할 것인가에 대해서 설명하였는데, 문장을 구성하는 용어 중에서도 이 동사를 얼마나 정확히 선택하는가에 따라 문장의 중량감이 결정된다. 또한 2.2.2항에서 주동사의 위치가 늦어지면 곤란하다는 것과 3.1.1항에서 기능적 동사의 효용성을 설명하였고, 2.3.5 (3)항에서 의인법의 사용을 권장하였다.

여기에서는 이러한 고찰을 정리하는 한편, 능동태와 수동태, 부정형, 시제, 분사, 동명사와 부정사 등의 용법에 대해서도 언급한다.

3.4.1 동사 총론

(1) 주동사의 위치

문장의 중요한 내용이 주동사를 둘러싸는 형태가 일반적이므로 동사의 출현이 지연되면 어색한 문장이 된다(2.2.2항 참조).

(1A) The value of *y* as function of *x* **is shown** in Fig. 5.
(1B) The value of *y* ***is shown*** in Fig. 5 as function of *x*.

주동사의 지연은 특히 서론이나 초록에서 쉽게 볼 수 있다.

(2A) The peculiar behavior observed upon annealing of certain substances after neutron irradiation **are studied**.
(2B) A study ***is presented*** on the peculiar behavior observed upon ….
(3A) *In this paper, to evaluate the density function on in an infinite homogenous medium,* **we propose** a statistical method to convert random modulation into displacement.

예문 (3A)에서는 굵은 서체로 표시한 주동사가 나타날 때까지 머리말이 장황하게 이어지는데, 한국어에서는 당연한 듯 보이나 그대로 영문으로 작성하면 전형적인 졸문이 되어 버린다. 이를 해결하기 위해서는 경위나 사정의 해설은 뒤로 미루고 본론을 바로 기술해야 한다.

(3B) *We* ***propose*** in this paper a statistical method to convert random modulation into displacement as a means of evaluating ….
(3C) *The present work* ***is*** an attempt to evaluate the density function for an infinite homogeneous medium by means of a statistical method to convert ….

위의 개정안은 모두 주동사가 주어 바로 다음에 위치하여 가능하면 문장의 앞부분에 나타나도록 강구하였다. 이를 실현하기 위한 구체적인 방안으로 (3B)는 원안 (3A)의 용어를 거의 바꾸지 않고 어순만을 변경하여 정공법인 「주어(이탤릭체)+주동사(굵은 이탤릭체)」의 배열을 취하였다.

반면, 예문 (3C)는 본 논문을 주어로 하여 의인법적인 방법을 사용한 것이다.

(2) 의 인 법

의인법에 대해 2.3.5 (3)항에서 인과관계의 표현방법과 관련해서 기술했지만, 여기서 그 복습으로 일반적인 고찰을 해 본다.

> (4) The distribution *is made* ***equal to***[=*is made* ***to equal***] the static eigenfunction.

원안과 [ ] 안의 개정안은 어순을 약간 바꾼 것으로 형태는 서로 비슷하지만, 원안에는 "분포를 정적 고유함수와 같도록 한다."로 equal이 형용사로 사용된 것에 반해 개정안의 to equal은 부정사형으로 어엿한 동사이다. 그래서 의인법적 느낌이 더해져서, … "정적고유함수와 같아지게 시킨다."로 마치 저자의 명령으로 분포가 마지못해 정적고유함수와 같은 값을 갖도록 자신의 모습을 바꾸는 듯한 묘사이다. 이 방법이 보다 영어적인 발상이다.

본 예에서는 의인법을 채용해도 총단어수에는 변함이 없으며 문맥의 명확성도 거의 같아 단순한 사고의 유희로 끝났지만, 다음 예와 같이 실익을 수반하는 경우가 많다.

> (5A) *Under such condition,* sodium fog **is generated**. *As a result* the vapor concentration curve **becomes steeper** in the vicinity of the surface of evaporation.
>
> (5B) This ***generates*** sodium fog, which **causes** the vapor concentration curve to steepen its gradient in the vicinity of the surface ….

이 예는 "이 상태→Na 안개 발생→Na 증기농도곡선이 증발면 부근에 급경사를 이룸"이라는 일련의 인과관계를, 예문 (5A)에서는 "이와 같은 조건하에서 … 발생하다. 그 결과 … 급경사가 되다."로 우리의 사고방식을 그대로 영문으로 표현하고 있다. 그러나 예문 (5B)에서는 "이 상태가 Na 안개를 발생시켜, 그 발생이 증기농도곡선의 기울기를 급하게 하다."로 under such condition이나 as a result의 연결용 부사에 의존하지 않고 문장의 구조(구체적으로 동사의 취급법) 내에 인과관계를 포함하여, 영어권의 사람은 그 경위를 무리 없이 이해한다. 이것이 알기 쉬운 간결한 문장이다.

이상과 같이 의인법은 인과관계의 기술에서 본래의 특색을 발휘하게 되는데, 이에 적합한 동사로는 *cause* 이외에 *introduce, produce, provide for, permit, lead to, tend to* 등이 있어 상황에 따라 선택해서 사용할 수 있다.

(**6**) This ***causes*** complicated behavior.
(**7**) This ***induced*** the author to study ….
(**8**) … which ***led*** to the finding of ….
(**9**) Recombination of electrons and holes ***produce*** thermoluminescence.
(**10**) Use of the light conduct ***permits*** the light pulses to be led to a photomultiplier installed outside, thus ***providing for*** significant reduction in size of the experimental apparatus.
(**11**) This ***introduces*** no significant error in the resulting values.

의인법을 더욱 진행시키면 "… 의 필요성이 … 을 시키다."라는 표현이 된다.

(**12**) *The call for* efficient reactor operation at high temperatures ***has raised interest*** in the study of refractory compounds.

또한 원인, 결과의 구문에서 결과쪽을 출발점으로 하고 그와 같은 결과를 얻기 위한 필요조건을 뒤에 기술하기 위해 need, be essential 등의 동사를 사용한다.

(**13**) Further experimentation is ***needed*** before a judgment can be made on this point.

(14) Heat treatment in an inert atmosphere ***is essential for*** obtaining high sensitivity.

(3) 기능적 동사

의인법에 관한 전항의 예문 중 원안과 개정안에 사용된 동사를 비교해 본다.

(4) 예 : is made equal[(a)] → is made to equal[(b)]
(5) 예 : is generated[(c)] / becomes steeper[(e)] → generates[(d)] / causes … to steepen[(f)]

여기서 주목되는 것은 원안에서 (a) 같게 되다(형용사), (c) 발생되다(수동태), (e) 급경사(형용사)로 되지만, 개정안에는 (b) 같아지도록 하다(동사), (d) 발생시키다(능동태), (f) 기울기를 급하게 하다(동사)로 각각 원안에 비해 적극성이 강한 기능적인 동사가 사용되고 있는 점이다.

한국어에서는 "견고하다", "경화되다"와 같이 형용사+동사, 명사+동사의 형태가 많은 데 비해, 영어에서는 동사가 중추를 이루고 있다. 이러한 관계를 고려하지 않고 무신경하게 그대로 이식하면 다음과 같이 되고 만다.

(15A) *Washing* **was carried out** on the solution.

한국어에서 "세정하다"라고 기술하면 색다른 것이 없는 명사+동사형의 변성동사이지만, 영어의 washing은 원래 동사에서 전화되어 생긴 변성명사이다. 그런데 여기에 새삼스럽게 불필요한 변성동사 [예문 (15A)에서 carried out]을 추가로 덧붙여 재변성하므로 복잡하고 까다롭게 된다. 좀더 솔직하게 표현하면 된다.

(15B) The solution ***was washed.***

기능적 동사는 양적 기술이나 그 비교에 사용하면 효과적인 경우가 많다.

(**16**) One cycle **is** [= ***extends***] from A to B.

(**17**) The curium fraction was found **to be more than** [= ***to exceed***] 99.9 % in α activity.

또 사물의 재질이나 구조를 설명하는데, 한국어로 "목제이다", "벌집구조를 가지다"와 같이 "이다", "가지다"를 그대로 is, have라고 하면 어색한 경우가 많다. 역시 기능적 동사를 사용하는 것이 좋다.

(**18**) The support **is** [→ ***is made of***] wood.

(**19**) This yields a resin **having** [→ ***possessing***] a honeycomb structure.

carry out washing → wash, become steeper → steepen와 같이 명사+변성동사, 형용사+변성동사의 조합보다 기능적 동사만을 사용한 것이 명쾌한 표현이 되는 경우가 많으나 이것도 한계나 제약이 있다.

우선 문제가 되는 것은 동사에는 주어가 붙어다니며, 이에 무신경하게 되면 2.3.1항에서 기술한 주어가 슬그머니 교체되거나, 주어가 불명확한 변덕스러운 문장이 되어 버린다.

(**20A**) Q = rate of **separating** the species.

이는 수식에 사용된 기호의 정의에서 인용된 것이나, 여기에서 separating은 동명사이므로 주어의 명기가 없어도 상관없지만, 동명사의 잠재적인 주어는 항상 존재한다는 것을 잊어서는 안 된다.

이 문장이, 예컨대 the *energy required for* separating the species이면 required의 주어는 명백히 energy이며, 동시에 의인법적 관점에서 이 energy가 품종을 분리하게 된다. 따라서 수동태의 required와 동명사 separating이 공통의 주어 energy를 갖게 되어 산뜻한 감을 준다.

그런데 예문 (20A)는 동명사 separating의 잠재적 주어가 실험자인 데 반해, 선행명사 rate가 이와는 관계가 없어 선행명사와 후속동사가 주어와 동사라는 자연스러운 관계로 연결되어 있지 않으므로, 독자에게 주어를 바꾼 것과 같은 인상을 주게 된다. 이를 해결하기 위해서는 동사의 사용을 포기하고 다른 품사로 교체해야 한다.

(**20B**) Q = rate of ***separation of*** species.

이 경우 전치사 of는 중복되어도 상관없다. 기능적 동사를 사용하지 않고 인과관계 등을 기술하게 되면 주절, 종속절을 that으로 연결한 서툰 문장이나 지나친 구어체가 되어 버릴 염려가 있다.

(**21A**) Clouds indicate that it is going to rain.
(**21B**) Clouds forebode rain.

예문 (21A)는 공손해 보이기는 하나 이러한 격조로 논문을 작성하면 산만하고 맺고 끊음이 없는 문장이 되기 쉽다. 그러나 예문 (21B)와 같이 하면 간명하게 "구름은 비의 조짐"이 된다. 논문에서 인용한 다른 예를 보자.

(**22A**) The experiment by Hong *indicates* **that** *the enrichment of solutes* **is** *surprisingly low.*
(**22B**) … *indicates surprisingly low enrichment of the solutes.*

(4) 능동태와 수동태

(**23A**) In Table 3 is given the cross section for pure elastic scattering.
(**23B**) ***Table 3*** gives the cross section ….

계속해서 화제가 되는 의인법의 용례가 또다시 나온 셈이 되었지만, 그림이나 표의 설명은 한국어에서도 의인법적인 방법을 사용하여 "그림 3은 … 을 표시한다."라고 해도 조금도 부자연스럽지 않으며, 하물며 의인법의 아성과 같은 영어로 표현하려고 할 때 이를 기피해서 원안과 같은 색다른 구문으로 하는 방법은 생각하기 힘들다. 이와 같은 표현으로 저자를 we로 하는 경우도 있다.

(24) In **Fig. 1 we show** some curves of neutron capture.

제 1 인칭을 사용해서 효과가 있는 경우에 대해 3.2절에서 논했지만, 위의 예문은 we를 적용시켜도 의미가 없는 전형이라고 할 수 있다. 역시 Figure 1 ***shows*** … 의 구문으로 하는 것이 명확하다.

도표의 설명 이외에도 수동태보다 능동태를 사용한 구문이 명쾌한 예는 다음과 같이 얼마든지 있다.

(25A) **By** a parameter search, good fits to the experimental data **were obtained**.

(25B) A parameter search ***resulted in*** good fits to experimental data.

(26A) **For** preparing transcurium elements, long irradiations of ^{241}Am **are required**.

(26B) Preparation of transcurium elements ***requires*** long irradiations of ^{241}Am.

그러나 능동태 기용에도 한계가 있으며, 만일 수동태쪽이 오히려 솔직한 문장이 된다면 물론 무리하게 능동태로 하지 않는다.

(27A) As the Fermi model **predicts** [→ As ***predicted by*** the Fermi model], a_2 is independent of excitation energy.

이 경우 "페르미 모델로 예상되듯이"는 주절에서 기술되어 있는 a_2와 관련된 부대적인 상황으로 가볍게 언급한 내용이라면, 원안의 능동태보다는 [ ] 안의 수동태가 이러한 느낌을 잘 나타낸다. 만일 이 "페르미 모형에 의한 예상"이 중요한 사항이라면, 다음과 같이 "페르미 모델"을 주절의 주어로 격상시킨다.

(27B) The Fermi model ***predicts*** *that* ….

"페르미 모델에 의한 예상"이 가벼운 느낌의 부연인지 중요한 기술인지에 대해 무엇 때문에 그와 같이 신경을 써야 하는가 의문을 갖는 독자라면, 논문이 초등학교 시절의 소풍에 대한 작문과는 다르다는 사실을 명심해 주기 바란다. 즉, 논문의 독자는 소풍에 동행하는 교사와 같이 내용의 실체를 사전에 알고 있는 것도 아니며, 기술한 사람을 위해 호의로 독해하는 것도 아니다. 실험이나 고찰의 실질적인 가치에 걸맞는 평가를 받기 위해서는 논문으로서의 체제와 판독의 용이함을 갖추어야 한다.

(5) 부 정 형

의인법과 같이 모처럼 편리한 표현이 있음에도 불구하고 좀처럼 가볍게 사용하지 못하는 것이 다음과 같은 형태의 문장이다.

(28) Interference effect was **not** observed [→ ***No*** interference effect was (—) observed] between the control rods.
(29) Alpha activity was **not** detected [→ ***No*** α-activity was (—) detected] in the Sb fraction.

not을 no로 바꾸어 주는 것은 이제까지 기술한 의인법적 발상의 연장이다. not을 사용한 문장에도 일단 현상이 주어형으로 되어 있으나, no를 사용한 문장에서 현상의 결여를 주어로 한다는 발상은 우리로서는 생각하기 어려운 추상적 개념의 주어화이다. 그만큼 의인법을 좋아하는 영어권의 사람에게는 이 어법이 스마트하게 반영된다.

「no+긍정형」과 비슷한 구문에 「any+부정형」이 있지만, 이는 문법적으로 부적합하다.

(30A) ***Any*** gaseous product other than N_2 was **not** found.
(30B) ***No*** gaseous product other than N_2 was found.

any는 not과 양립하지 않는 단어이며 상기 예문은 I haven't no money와 같은 잘못을 범하고 있다. not을 no로 바꾸고 약간의 용어를 정리하여 보다 명쾌한 구문으로 된 예를 들어본다.

(**31A**) The space dependence of the slowing down time could **not** be observed.

(**31B**) ***No*** evidence of space dependence could (—) be observed in the slowing-down time.

예문 (31A)에는 "감속시간의 공간 의존성"에 정관사가 붙어 있으며, "그 실존에 대해서는 저자나 독자가 믿어 의심하지 않으나, 다만 그 관측에 실패했다."라고도 받아들일 수 있는 표현이다. 정관사를 삭제하고 무관사로 한 것은 완전하지 않으며, 예문 (31B)로 하였을 때 감속시간의 공간 의존성이 존재하지 않음이 명확해진다.

(**32A**) The comparison of the amount of gas between the observed and estimated amounts of CO evolving from U(C, N) was **not** done.

(**32B**) ***No*** comparison was made between the observed and estimated amounts of CO evolving from U(C, N).

원안인 (31A)는 "U(C, N)에서 방출되는 CO가스량의 실측값과 예측값을 비교하지 않았다."의 충실한 직역이다. 원안과 개정안 (31B)의 차이는 not → no 전환과 amount의 반복 제거뿐인데, 표현의 명쾌함에는 많은 차이가 난다.

물론 「no+긍정형 동사」의 구문도 이를 사용했기 때문에 오히려 번거로운 표현이 되어 버리면 어색하다.

(**33A**) **No application** of this method has ever been **made** to the bent duct problem.

(**33B**) This method has ***never*** been ***applied*** to ….

이는 application … made를 기능적 동사 apply로 바꿈과 동시에 no+ever를 never로 합쳐 구문을 명확히 하였다.

(6) 시 제

현재, 과거, 미래, 진행형, 완료형 등의 시제에 대해서는 문법책에 상세히 설명되어 있다. 그러나 논문에서 우선 문제가 되는 것은 저자가 문헌을 심독하고, 실험의 계획 및 실시, 결과의 분석, 논문의 저술 그리고 독자가 읽게 되는 시점이 서로 다르다는 점이다. 어느 시점에 맞추어 시제를 결정하면 되는지를 잘 인식하지 않으면, 시제의 불안정한 짜임새로 엉성한 문장이 되어 버린다.

독자가 된 입장이라는 기준에서 유추할 수 있는 몇 가지 규칙을 생각해 보기로 한다.

a) 동일 논문 중의 전후 관계는 그대로 시제에 반영

상식적으로 독자는 논문을 일단 쓰여 있는 순서대로 읽을 것이므로 후술하는 사항을 언급할 때는 미래형, 앞의 내용에 대한 것이면 과거형, 도표의 설명 등은 독자가 그 시점에서 이를 참조하는 것을 전제로 현재형을 사용한다.

(34) In the next chapter, we ***will show*** the framework of the present approach.
(35) Section 2.3 ***outlined*** the experimental technique adopted in the present work.
(36) The present work ***has thrown*** light on the mechanism of heterogeneity in the FCA.
(37) Table 1 clearly ***reveals*** this effect.
(38) Strong exothermic peaks ***are seen*** in the thermogram shown in Fig. 1.

위의 예문에 대해 덧붙여 설명하면 우선 예문 (34)는 다음 장의 예고이므로 미래형이나 "필자는 … 을 표시하기로 한다."로 결의를 나타내고 있으므로 교과서대로 제1인칭 will로 되어 있다. 그러나 will, shall의 사용구분이 점차 약해지고 있으며, 이 예문을 … we shall show … 라고 기술한다고 이의를 제기할 이유는 없다.

예문 (35)는 논문 말미의 결론부분에서 독자에게 논문을 읽어 내려오는 과정에서 눈에 띈 한 절을 상기시키는 목적에 불과하므로 보통의 과거형을 사용하였다. 이에 비해 예문 (36)은 결론에서 논문의 내용을 되돌아보는 부분까지는 예문 (35)와 같아도 독자가 지금 보고 있는 그 논문을 전체적으로 다시 한번 보고 "본 연구는 … 을 밝히는 것이다."라고 새삼 평가를 내리면서, 독자에게는 본 논문을 다 읽어버린 과거의 것이 아니라 이러이러한 가치가 있는 현존의 것으로 하여 보다 현실적으로 느낄 수 있게 현재완료형을 채택하고 있다.

이 사고방식에서 한 걸음 더 나아가 논문 내용에 대해 독자와 함께 생각하면서 결론을 다시금 이끌어내는 형태로 현재형으로 하기도 한다.

(**39**) The following conclusions ***are drawn*** from the results of the present study.

이와 같은 표현방식은 예문 (37)의 도표 설명에도 공통되며, 그 경우 독자를 끌어들여 "자, 표 3을 보세요. 지금 말한 현상이 확실히 나타나고 있는 것을 알 수 있지요."라고 하는 느낌이다. 이는 예문 (38)의 그래프 설명에 대해서도 같다.

b) 논문 작성 시점에서 과거의 현상이면 독자에게도 물론 과거

이 부류에 포함되는 것은 우선 실험의 방법, 경과, 결과의 고찰 등이다.

(**40**) The unsupported length of the tube ***was*** 130 cm.
(**41**) Care ***was taken*** to keep the beam current as constant as possible.
(**42**) During the experiment, the transducers ***sustained*** damage from the pressure waves.
(**43**) The velocity ***was derived*** by dividing the distance between the observation points by the time taken by the wave to travel this distance.

예문 (40), (41)은 모두 실험방법, (42)는 경과, (43)은 실험결과의 고찰에 관한 기술의 예이다.

그런데 도표를 사용해서 실험결과를 설명하는 경우, 즉 예문 (38)의 도표 설명은 현재형과 (43)에 의한 실험결과의 기술은 과거형을 어떻게 조정해야 할지 생각해 둘 필요가 있다.

> **(44)** It is seen from Fig. 1 that the over voltage ***decreased*** when the atmosphere ***was changed*** from air to oxygen.

이와 같이 직접 도표에 관련된 주절의 동사 is seen은 수동태이면서 현재형, 실험결과를 기술한 that 이하의 종속절은 과거형이 되어, 양 규칙 모두 존중되어 작성된다. 주절의 현재형을 종속절에도 유지하여 … the overvoltage decreases, … is changed … 라고 하면 이 실험은 불변의 진실인 자연법칙에 따라 일어나는 현상을 재현하고 있다는 관점에서 "이와 같은 요인이 작용될 때는 이와 같은 현상이 일어난다."고 밝히고 있는 느낌이다. 만일 저자에게 이러한 느낌이 전혀 없이, 다만 담백하게 "이와 같은 실험을 하면, 이와 같은 결과가 나왔다."라고 관측 데이터를 경험으로 보고하는 것이 목적이라면 예문 (44)와 같이 실험결과의 기술을 과거형으로 한다.

예문 (40)은 실험방법의 설명이지만, 실험에 사용된 장치가 독자에게 언급될 때 이미 과거의 것인지의 여부가 문제가 될 수 있다. 독자가 논문을 읽을 시기를 언제로 상정하는가에도 관계가 있지만 일단 이를 논문 발표 직후로 하면, 예컨대 원자력 연구소의 JRR-4에서 실험하고 이 원자로에 대해 설명을 더하고 싶을 때 JRR-4 **was** a swimming pool reactor … 라고 과거형을 사용하는 것은 남의 이야기를 "그 녀석은 좋은 녀석이었어."라고 하는 것과 같아서 본인이 듣고 "나는 아직 살아 있다."라고 반박할지도 모른다.

영어에는 현재완료라는 시제가 있어 현재와 과거를 동시에 나타내고, I have lost it ; Spring has come. 등과 같이 과거에 있었던 결과가 현재까지 지속되는 표현으로 사용된다. 그러나 JRR-4 has been a swimming pool reactor로 하면 일반적인 예는 분실이나 도래라는 현상 자체는 완료되고 그 결과만이 상태로 남아 있는 데 반해, 본 예는 swimming pool reactor라는 현상 자체가 현재까지 지속되고 있어 사정이 약간 다르므로 이와 같은 구문에서 swimming pool reactor로 완료된 상태라고 하는 이상한 느낌이 되어 버린다.

그래서 과거의 상태라고 해도 그 상태가 지금까지 지속되고 있는 인상을 주려면 was and still is 등으로 장황한 표현을 사용하거나, 그렇지 않으면 과거의 것은 자명하므로 생략하고 그냥 현재형으로 한다.

> (**45**) JRR-4 ***is*** a swimming pool reactor ….
> (**46**) The experimental apparatus ***consists*** of a diffusion tube and a reaction column.

이상에서 특히 실험장치를 그림에 의해 설명할 때, 예문 (38)과 같이 도표 설명은 현재형의 규칙과 동시에 실험장치의 설명은 현재형이 무난하다고 할 수 있다.

단, 실험방법의 기술과 아울러 관련된 실험장치를 설명할 때는 시제의 일치가 문장을 산만하게 하지 않는 고려도 필요하다. 예문 (40)은 장치의 설명으로 볼 수 있지만 실험방법과 밀접한 관계가 있으며, 또 JRR-4와 달리 그 실존성이 문제가 되지 않는 장치이기도 하므로 과거형으로 되어 있다.

c) 과거 업적은 현재완료

저자 자신의 업적이나 다른 연구자의 작업을 언급하는 경우 그 연구를 실시한 시기가 문제가 아니면 이를 기술하는 이유는 그 성과가 문헌이나 기타 자료로 현존하기 때문이다. 따라서 과거의 행위에 대한 결과가 현재까지 지속된다는 현재완료의 요건에 적합하다. 또 이 요건은 독자가 논문을 읽는 시점도 충족된다.

> (**47**) Most past studies on this phenomenon ***have been conducted*** on pool boiling.

예문 (47)은 불특정의 다른 연구자 업적에 대해 언급된 것이나,

> (**48**) Details of the experimental pile ***have been published*** elsewhere.

예문 (48)은 명기하지는 않았으나 저자 자신의 업적을 가리키고 있다.

> (49) Kovda ***has suggested*** that there are several oxides in this range of O/U ratio.

반면, 예문 (49)는 특정한 다른 연구자의 업적을 인용한 예이다. 그런데 이 현재완료를 사용하기 위해서는 원인이 된 사건발생이 불특정한 과거 시기여야 한다. 이 발생시기를 명기하면 현재완료는 안 되며 단순 과거로 해야 한다. I have arrived yesterday는 불가능하며 어제라고 한정하였으므로 I arrived yesterday가 된다.

따라서 현재완료를 사용하여 과거의 연구를 소개하였다가 같은 연구를 다시 언급할 때에는 그 실시 시기도 이미 알려져 있으므로 단순 과거를 사용한다.

> (50) Blitz et al. ***have determined*** the oxygen dissociation pressure of U_3O_8 by dosimetry. They ***reported*** that the limiting composition was $UO_{2.61}$ at 1160℃.

또 여러 편의 문헌을 정리해서 소개하는 경우 선행 연구의 성과를 토대로 후속 연구가 이루어지는 상관관계가 있을 때에는 시기적으로도 전후 순서의 제약이 있으므로, 후속의 연구에 대해서는 단순과거가 된다.

> (51) Veeder[(a)] ***has analyzed*** the thermoelectric deformation of sintered pellets. Gittus[(b)] ***has proposed*** a dynamical model to evaluate the stress-strain conditions. *Later* Mogard[(c)] ***succeeded*** in artificially simulating fuel failure.

(a)의 Veeder와 (b)의 Gittus는 상호 관계없이 별개로 연구되었다고 보고 그들에게 관련된 동사는 현재완료를, 이어지는 (c)의 Mogard에 대해서는 later로 시기적으로 한정되어 있으므로 단순과거를 취한다.

(7) will / shall / may / must

바로 앞에서 will, shall의 사용구분은 점차 잊혀지는 경향이라고 했다.

Gowers[1]에 의하면 이 사용구분은 영어권에서도 지방에 따라 다르며 이에 지나치게 구애받는 해학을 표현하는데, 스코틀랜드인이 잉글랜드에 가서 강물에 빠져 "Nobody shall save me. I will drown!"(스코틀랜드에서는 "아무도 도와주지 않네. 물에 빠져 죽어요!" 잉글랜드에서는 "아무도 도와주지 마라. 나는 물에 빠지겠다.")라고 외치면서 도움을 청했지만, 의미가 통하지 않아 익사했다는 일화가 있다.

그러면 will / shall은 전혀 무차별로 사용해도 지장이 없느냐 하면 그렇지는 않다. 사용구분이 허술한 것은 제 1 인칭의 경우이며, 기타에 대해서는 일단 규칙을 알아둘 필요가 있다.

(52) If the cross section contains systematic error, the value x *will* be correspondingly lower.
(53) These findings *will* suffice to permit more precise estimation of the cross sections.
(54) These considerations *shall* be the subject of a separate report to be published.
(55) The above solution *shall* be utilized in the next chapter.

will은 예문 (52), (53)과 같이 저자가 자신의 의지나 판단에 의하지 않고, 객관적인 예정을 예정으로서 기술하는 경우에 사용한다. shall이 기용되는 것은 이와 달리 저자 자신의 의도가 담겨진 기술이며, 예문 (54)는 이러한 고찰에 대해 저자가 발표하는 별도의 보고 중에 다시금 논하는 결의를, 예문 (55)는 마찬가지로 저자가 상기 풀이를 다음 장에서 조속히 활용하겠다고 표명하는 것이다(제 1 인칭의 경우는 will과 shall이 서로 바뀐다). would / should에는 모두 저자의 판단이 포함되어 있지만, would는 객관적인 사실의 단순한 추정, should는 필연성의 주장이 내포되는 경우이다.

(56) Such complicated calculations *would* not be necessary if the present method is used.
(57) This *would* appear to indicate error in the assumptions that have been adopted.

> **(58)** These formulas are not convenient for practical applications, but they *should* still contribute to a better understanding of neutron correlation.
> **(59)** It *should* be noted that Eq. (6) can be obtained also by expanding Eq. (2)

예문 (56)은 "이 방법을 사용하면 번잡한 계산은 불필요하다.", (57)은 "이는 가정에 뭔가 잘못이 있는 듯하다."로, 저자는 객관적인 고찰에서 자연히 생긴 추정으로 조금도 무리하지 않고 깨끗하게 기술되어 있는 형, 이것이 would의 당연한 모습이다.

should가 되면 저자는 더욱 굳건한 자세가 되어, 예문 (58)은 "이러한 공식이 예컨대 실용에는 불편해도 아직은 중성자의 상관관계를 이해하는 데 공헌할 것이다.", (59)는 "(6)식은 (2)식을 전개해도 얻을 수 있다는 점을 주목해야 한다."로 저자의 판단을 독자가 인정할 것을 기대 또는 요청하고 있는 모습이며, 이른바 자신을 갖고 권하는 표현이다.

이 경우 저자는 마구 자신의 의견을 독자에게 강요하는 것이 아니라 여러 상황을 감안하면 이 결론은 독자를 포함해서 만인이 한결같이 기대할 수 있다는 논리나 자연법칙이 가세되어 주장하는 형태가 많다.

> **(60)** The temperatures in this zone are such that the liberated carbon *should* oxidize rapidly.
> **(61)** If the above conditions are satisfied, the distortion is reduced to a range that *should* be tolerable in practice.

예문 (60)에서의 온도는 이미 언급된 알려진 양이며, 독자가 화학교과서라도 참조하면 그와 같은 온도에서 탄소가 산화되기 쉬운 상태라는 것은 바로 알 수 있으며, (61)의 "조건이 충족되었을 때의 변형은 실용상 누가 보아도 지장이 없는 범위에 들어간다."는 의미가 된다.

should와는 반대로 "독자에게 자신의 생각을 강요하다니 어처구니없다. 다만 문제를 제기하고, 독자 판단에 맡길 뿐이다."라는 기분일 때는 may, 더욱 공손하게는 might로 한다. 이것을 예문 (58)에 적용시키면 but they *may* (*might*) still contribute …, (59)이면 It *may* (*might*) be noted that … 이 된다. 이 경우 might까지 되면 "쓸데없는 일이라 하면 그냥 단념하지만, 어쩌면 맞을지도 모른다고 생각해 언급해 보았다."라는 느낌이다.

한편 위와는 반대로 기술 내용이 반드시 독자에게 받아들여지지 않으면 안 될 때는 must를 적용한다.

> **(62)** It is generally considered that the neutronic data for reactor design *must* be based on actually measured data.
>
> **(63)** Means *must* be devised to suppress noise if accurate results are to be obtained.

예문 (62)는 "원자로 설계는 실측 데이터에 입각하는 것이 불가결하다."로 이를 무시하면 큰 문제가 될지도 모른다는 것을 시사하고, (63)의 "정확한 결과를 얻기 위해서는 잡음제거수단이 없어서는 안 된다."는 것을 강조하고 있다.

(8) 분 사

분사는 형용사 대신 사용하는 동사의 형으로서, 형용사와 같은 방법으로 사용하면 되나 이것이 가끔 망각된다.

> **(64)** This quantity increases *with decreasing* **the** *neutron energy.*

decreasing이 분사형이므로 형용사와 같은 용법이어야 하나 분사 뒤에 관사 the를 붙이면 푸른 하늘을 blue the sky라고 기술하는 것과 같은 잘못을 범한 것이다. 이 예문의 이탤릭체 부분은 전형적인 부사구이며, 관사는 생략하는 것이 원칙이다(3.3.8항 참조).

아무래도 관사를 적용하고 싶은 특별한 이유가 있으면 ***the*** *decreasing … energy* 로 분사 앞에 둔다. 단, 이렇게 표현하면 "감소되는 것에 대해 독자가 이미 알고 있는 중성자 에너지"라는 의미가 되며, 만일 "감소되는 이미 알려진 에너지"로서 감소되는 것이 아니라 에너지쪽에 정관사를 적용하고 싶을 때는 분사를 사용하는 것에 집착하지 말고 … *with decrease* ***of the*** *neutron energy* 라고 하면 된다.

다음에 분사를 형용사 대신에 사용할 때 현재분사형은 능동태, 과거분사형은 수동태를 나타내며, 분사형의 형태와 현상이 실제로 존재한 시기와는 무관하다는 점을 유의해야 한다.

(65) Helium gas *contain**ing*** the iodine was passed through an activated charcoal bed.

(66) Iodine *contain**ed*** in the helium gas was removed by activated charcoal bed.

예문 (65)의 I를 포함한 He이나 (66)의 He에 포함된 I 모두 현상 그 자체는 동일하며 따라서 존재하는 시기도 물론 같다. 그럼에도 예문 (65)와 같이 포함하는 주체인 He을 주어로 능동태 구문으로 하면 현재분사, 반대로 포함된 주체인 I를 주어로 수동태로 하면 과거분사를 사용해야 한다. 즉, 현상이 과거에 속하는 것에 사로잡혀 Helium gas contained iodine was … 라고 하면 잘못이다.

또한 자동사는 수동태가 없으므로 현재분사만이 사용된다.

(67) The solid products *remain**ing***(자) [= *contain**ed***(타)] in the boat were analyzed.

사용법으로 자동사나 타동사 어느쪽에나 적용되는 동사도 많다.

(68) The crystals were irradiated with X-rays ***passed*** through a Cu filter.

(69) The emitted light, ***passing*** through a monochrometer, was detected by photomultiplier tube.

(70) A filter ***passing*** only infrared rays would be opaque to the human eye.

예문 (68)의 passed는 과거분사, 즉 타동사이며 Cu 필터를 통과시킨 X선이라는 의미이다. 예문 (69), (70)은 모두 현재분사이며, 전자는 자동사로서 모노크로미터를 통과한 빛, 후자는 타동사로서 적외선만을 통과시키는 필터이다.

그런데 (69)의 경우, 후속문에 "광전자 증배관에서 검출되었다."고 하는데, passing이 현재분사이며, 빛은 모노크로미터를 통과하고 있는 중에 검출되는 것이 아닌지 염려할 필요는 없다. 즉, 분사의 시제와 현상의 발생 및 경과시기와는 관계가 없다는 것을 잊어서는 안 된다. 분사를 사용한 구문에서는 현상이 존재한 시기는 전혀 상관없다.

요약하면 (69)에서 검출은 모노크로미터 통과중이나 통과 후, 경우에 따라서는 통과 전이라도 관계없다. 만약 시간적인 관계를 명확히 할 필요가 있으면 after / while / before passing … 이라고 하는데, 이 passing은 외형상으로는 현재분사와 같으나, 실은 동명사이며 뒤에서 언급하기로 한다.

> (71) Chromatography was applied to a $^{35}SO_3^{2-}$ solution ***obtained***[(a)] from $^{35}SO_2$ ***evolving***[(b)] from the pyrolyzation of carrier-free CU$^{35}SO_2$ and ***passed***[(c)] through aqueous NaOH solution.

(a), (c)는 타동사, (b)는 자동사로서 각각 과거분사, 현재분사로 되어 있으나, 그와 같은 동사를 표현하는 현상은 chromatography를 시행했을 때는 모두 종료된 후이며, 시기로는 과거의 과거, 즉 과거완료이며 종속절 구문으로 표현하면 … that had been obtained / that had evolved / that had been passed through … 가 된다.

지금까지 분사의 현재형, 과거분사형은 현상이 존재하였던 시기와 관계없다는 것을 강조했지만, 이는 어디까지나 분사가 수식하려는 명사와 직결되었을 때이며, 분사에 조동사가 붙어 그 동사가 본래의 형으로 활용되는 경우에는 교과서대로의 용법이 되살아난다. The train was **running**이라고 할 때는 이야기 시점에서 열차는 달리고 있어야 되고, 그 시점에서 달리는 것이 끝났다면 … had run으로 분사 역시 과거분사형을 사용하게 된다. 앞의 경우와 비교해 보자.

> (72) The train *was* ***running*** at 100 km when it hit a dump truck.
> (73) The train *had* ***run*** 100 km when it hit ….

(74) The train ***running*** through the tunnel *came* to a stop at the next station.

(75) A train ***running*** over the new route *will* take less time to reach the terminal.

타동사, 예를 들어 derive라면 과거분사로 되어 예문 (72)～(74) 중 (72)는 통상 활용되는 과거진행형이고 열차가 덤프에 충돌되었을 때는 주행하고 있는 상태에 있었으며, 만일 예문 (73)과 같이 100 km를 다 달린 시점에서 충돌되었다면 과거분사가 된다. 이는 동사 run의 본래 활용형이며, 이에 비해 (74), (75)가 앞에서 논한 명사 직결형의 분사용법으로, (74)의 경우 열차가 다음 역에 정지했을 때는 이미 터널을 통과한 뒤이다. 또한 예문 (75)에서 새 노선은 이야기 시점에서 아직 개통되지 않아 열차가 그 위를 주행할 리 없으므로 기술은 미래를 상정한 것이나, run은 자동사로서 두 예문 모두 현재분사로 되어 있다. 만약 각각 … *was being driven* at 100 km / *had been driven* 100 km / ***driven*** through the tunnel / ***driven*** over the new route … 로 된다.

분사에 조동사가 붙어 있는지 없는지를 확실하게 식별해 두지 않으면 다음과 같은 잘못을 범하게 된다.

(76) The error would be magnified if the scram occurs while the safety rod *is* **being** inserted.

"안전봉이 삽입된 상태에서는…"이라고 표현하려면 … is inserted라고 하면 되는 것을, **being**이 여분으로 들어간 만큼 선행 조동사 is가 있으므로 통상 활용형의 현재진행형(수동태)이 되어 삽입·조작중에의 의미가 되어 버린 것이다. 분사 being을 활용하고 싶으면 is는 제외한다.

(77) The safety rod ***being*** inserted, the error … would be magnified.

이는 다음 단에서 소개할 분사구문의 한 예이다. 한편 분사의 효용에 대해한 마디 덧붙이면, 분사를 유효하게 활용함으로써 문장이 훨씬 명확해지는 경우가 많다.

> (**78A**) … mass number far from Sb ….
> (**78A**) … mass number far from Sb ….

마찬가지로 다음의 예는 모두 이탤릭체의 전치사(구) 앞 또는 뒤에 분사를 덧붙여 [+…] 또는 분사로 치환함으로써 [→…] 문장이 보다 명확해진다.

> (**79**) … a pattern [+ ***appearing***] on the screen
> (**80**) … problems [+ ***encountered and surmounted***] in developing the EXPANDA-75 code.
> (**81**) … the flow *into* [→ ***entering***] the chamber.
> (**82**) … hydrocarbons *with* [→ ***possessing***] the same diffusion length.
> (**83**) … results [+ ***obtained***] with this formula
> (**84**) … the spectrum observed with the antenna [+ ***placed***] in the chamber.

단순한 전치사보다 적절한 분사를 사용하는 것이 문장을 돋보이게 한다는 것을 알고 있어도 문제는 그 문장에 적합한 분사를 발견해 내는 것이다. 이를 위해서는 외국 문헌에서 유사한 기술을 발견하고 참고로 하거나 인용문이 많이 기재된 사전 등을 사용하여 자신의 의사대로 표현해낼 수 있도록 노력해야 한다.

(9) 분사구문

> (**85**) ***Substituting*** Eq. (31) into Eq. (29), *we* obtain the Fourier transform of $f(x, m)$.

흔히 볼 수 있는 이 예문의 서두와 같이 분사의 주어를 생략한 형태의 문형이 분사구문이다. 이 예문에서 분사의 생략된 잠재적인 주어는 저자이며 주동사의 주어 we와 공통으로서 주어 교체는 일어나지 않고 있다. 또 다음에 논하겠지만 분사구문에서는 주어를 그대로 유지해야 하는 원칙을 반드시 지킬 필요는 없으나, 다음과 같은 문장은 어색하다.

(86) ***Substituting*** Eq. (31) ⋯, $f(x, m)$ will be transformed into
<*equation*>

이를 읽는 사람은 분사구문에서 생략된 잠재주어인 저자가 주절에서 어떤 형태로 나타나기를 기대하게 되는데 별도의 주어 $f(x, m)$가 나타남으로써 이 기대에 어긋나고 있다.

이와 같은 분사구문은 위의 예와 같이 수단이나 방법을 기술하는 데 사용할 뿐만 아니라, 주절과 관련하여 시기・원인・이유・조건・결과 등 여러 부대상황을 나타내는 데 사용하며 반드시 서두에 적용할 필요는 없다.

(87) ***Hearing*** a noise, I jumped out of bed. (시기)
(88) ***Feeling*** tired, I took a rest. (원인)
(89) Certain poisons, properly ***used***, can prove beneficial. (조건)
(90) A second temperature rise followed[(a)] the first, ultimately ***bringing***[(b)] the temperature to about 1000℃. (결과)

위의 예문은 모두 분사의 주어가 주동사와 공통의 주어를 받고 있다. 예컨대 예문 (90)에서 동사 (a), (b)의 주어는 모두 second temperature rise이다.

(91) Here $S(\alpha, \beta)$ is[(c)] the scattering law, α and β ***being***[(d)] defined by
<*equation*>

이 예에서 주동사(c)의 주어는 $S(\alpha, \beta)$, 분사 (d)는 α and β로서, 확실히 주어가 교체되고 있다. 그러나 분사구문에서는 이와 같이 분사와 주동사가 각각 바로 앞에 주어가 선행되면, 주어에 대해 모호한 점이 전혀 없으므로 독립분사구문이라는 명칭으로 공인되고 있다. 일반적인 예를 들어본다.

(92) The stone ***being*** so heavy, I could not move it.

(93) The lesson ***ended*** the teacher went out.

이와 같이 주어가 바뀔 수 있는 경우, 각각의 동사에 주어를 직결하고 명기하는 것이 보통이지만, 관용구 등에서 분사의 주어를 내세워 기술할 정도가 아니라면 분사의 주어를 생략하는 경우도 있다. 비인칭 독립분사구문이라고 칭하는 이 문형의 예를 들어본다.

(94) Strictly ***speaking***, it is difficult to obtain a rigorous solution to this equation.

(95) ***Neglecting*** the effect of gravity, there remains only the magnetic force to consider.

(96) ***Letting*** $x \to \infty$, we have the equation that was sought.

이상의 예와 같이 이러한 형태의 분사는 대부분이 저자가 잠재적인 주어이며, ***considering***, ***referring*** *to*, ***judging*** *from* 등의 문형이 있다.

being을 사용한 분사구문은 이유나 원인의 의미를 필연적으로 갖게 되므로 유의해야 한다.

위의 예문 (92)의 The stone ***being*** so heavy, ⋯ 은 "돌이 너무 무거워서 ⋯"이며, "굴뚝이 너무 높으므로 ⋯"이면 The chimney ***being*** so high라고 하게 되나, 이러한 의미로 이어지지 않을 때 being이 있는 분사구문을 사용하면 뜻이 어긋나는 표현이 된다.

(97) **Being** [→ ***As it is***] obvious from the above ⋯.

원안은 "전술한 바로부터 명백한 대로 ⋯"의 의도이지만, 이는 "⋯ 명백하므로"가 되어 버린다. 따라서 의도를 제대로 전달하기 위해서는 대안과 같이 종속절의 형식을 사용한다. 이 형식을 발전시켜 *As* ***evidenced by*** ⋯ ; *As* ***substantiated by*** ⋯ 등의 표현도 있다.

(**98A**) The period chosen was 50 sec – **being** [→ ***which is***] half that adopted previously.

마찬가지로 원안에서는 "절반이므로"가 되어 버리므로 접속구로 하는 것이 타당하다. 그렇다면 being 이외의 동사를 사용한 분사구문으로 하면 어떻게 될까? 예컨대 correspond를 대입해 본다.

(**98B**) The period chosen was 50 sec – ***corresponding*** to half that adopted previously.

즉, "이는 전회의 절반에 상당하는 것으로서"가 되어 "이므로"의 제한이 풀려 일반적인, 이 기회에 가볍게 부기해 두는 사항의 분사구문이 된다. 잊지 말아야 할 점은 분사구문이 어디까지나 부대적인 상황의 범위를 초과하거나 무리하게 주절에 상당하는 무게를 가져서는 안 된다.

(**99**) An experiment was performed on a K boiler, **indicating** [→ ***which indicated***] that K boiling was little affected by magnetic field.

이 경우 "자장이 칼륨 비등에 미치는 영향이 작다."라는 사실은 K 보일러 실험의 부대적인 우발현상이 아니라 이 실험의 주요 성과이므로 분사구문 등으로 처리되어서는 곤란하며, 괄호 안과 같이 정식의 종속문을 사용해서 기술해야 할 것이다.

(10) 동명사

"시료는 압연기를 통과한 후 650℃에서 재결정되었다."를 그대로 직역하면 다음과 같다.

(**100**) The specimen was recrystallized at 650℃ after *pass***ed** [→ **passing**] through a rolling mill.

여기서 어색한 것은 *after passed*이다. 그것은 "도착했을 때 이후"를 "*since arrived*", "포화된 후"를 "*beyond saturated*", "데이터를 이용하는 방법"을 "method *for utilize* data" 등과 같이 "… 하는", "… 한"에 상당하는 영어를 각각 과거분사나 부정사를 적용하는 것과 같은 잘못이다. 이것이 어색한 것은 after, since, beyond, for가 모두 전치사, 즉 원래 명사 앞에 두어야 할 품사라는 점 때문이다. 이상의 예와 같이 전치사를 동사와 함께 하기 위해서는 그 동사를 명사다운 형태로 변화시키지 않으면 전치사와의 결합이 잘 어울리지 않는다. 이와 같이 동사를 명사답게 사용할 때의 형태가 동명사이다.

동명사는 현재분사와 같은 형을 취하고 있다. 위의 예에서는 after *pass-**ing*** / since *arriv**ing*** / beyond *saturat**ing*** / for *utiliz**ing***이라고 해야 한다.

동명사는 이와 같이 외관상 현재분사와 같으나 사용할 때의 방식이 약간 다르므로 유의해야 한다. 분사에 대해서는 이미 기술한 바와 같이 「능동태=현재분사」, 「수동태=과거분사」와 같이 단순하게 대응시킬 수 있으나, 동명사의 경우에는 과거형이 존재하지 않는다. 동명사를 수동태로 하기 위해서는 -ing를 붙인 조동사를 사용하고 원하는 동사를 과거분사형으로 해야 한다.

> **(101)** The car was dirty after *being* ***driven***.
> **(102)** It will look new upon *being* ***cleaned***.

예문 (101)의 동명사 "운전되었다"는 과거, (102)의 "세차되면"은 미래인데 형은 같은 「being+과거분사」이다. 즉, 분사와 마찬가지로 동명사도 현상이 실제 존재한 시기와는 관계가 없는 셈이다. 그러나 아무래도 현상이 존재하였던 시기에 시제를 맞출 필요가 있을 때는 조동사를 변화시켜 과거형으로 할 수 있다. (101) … after ***having been*** *driven*이 된다. 그밖에 다른 사례를 열거하여 본다.

> **(103)** I remember ***having*** *seen* him. (능동태, 과거)
> **(104)** He recalls ***having been*** *seen*. (수동태, 과거)

그러나 일반적으로 전후관계로부터 현상의 존재시기가 명백하거나, 아무래도 상관없다면 이러한 조동사의 곡예와 같은 것은 불필요하며, 간단히 I remember ***seeing***… / He recalls ***being seen***…으로 하는 것이 통례이다.

이상을 정리하면 "동명사의 형태는 능동태라면 - *ing*, 수동태라면 *beinged* 이며, 일반적으로 현상의 존재시기에 따라 형태를 변화시키지 않는다.".

기능상으로는 동사이면서 사용형식은 명사라는 성격에서 동명사는 "명사 대신의 동사"로 활용된다. 한국어라면 명사를 사용하나, 영어에서는 동사로 하는 것이 좋은 경우가 있다는 것은 3.1.1항에서 언급했지만, 그때 인용된 예문에서도 동명사를 폭넓게 적용시키고 있다.

> **(105)** Power distribution data were obtained by ***measuring*** γ-rays ….

measuring은 동명사이며, 원안의 명사구문 … by **measurement of** … 라고 하는 것보다 간명하다. 또 동명사를 잘못 사용한 예로서, washing도 동명사이다.

> **(106)** **Washing** was carried out ….

이 경우는 절반쯤의 명사인 동명사보다 명실공히 동사인 기능적 동사의 형으로 … ***was washed***… 로 하는 것이 좋다고 하였다.

위의 예에서의 측정, 세정 그리고 나중에 나오는 조사, 개발 등 한국어에서는 「명사+하다」의 변성동사의 전형이라고 할 수 있는데 영어로 번역할 때는 이와 같이 - ion of, - ment of보다 - ing쪽이 좋은 경우가 많다.

> **(107)** Molybdenum-99 was prepared *by irradiation* **of** [→ *by irradiat**ing***] Mo metal.
>
> **(108)** Much effort is being directed to the *develop**ment*** **of** [→ *to develop**ing***] the LMFBR.

예문 (108)에서 … *to develop**ing***은 *to develop*으로 하지 않으면 안정되지 않는다고 우려할 필요는 없다. 동명사는 before, after, while 등의 전치사와는 잘 어울리지만 to에는 불합리하다고 생각해서는 안 된다. 즉, … *to developing*으로 해도 이상할 것이 없다.

그렇다면 어떠한 상황에서도 - ion of, - ment of보다 - ing쪽이 좋으냐고 하면 그렇지는 않으며, 동명사는 어디까지나 동사라는 점에서 주동사와의 관계로 제약될 수 있다.

예문 (100)에서 동명사가 표현하고 있는 "압연기를 통과하였다."와 주동사의 "재결정되었다."는 모두 시료를 주어로 받으며, 게다가 압연과 재결정은 계속된 일련의 처리로 상호 밀접하게 관련된 작업이다. 이러한 관계는 예문 (101), (102)에서도 마찬가지이며, (103), (104)의 주동사 "기억하고 있다."와 동명사의 "본 것, 보여진 것"은 더욱 밀접한 관계에 있다.

그런데 주동사와 이러한 관계가 없는 현상을 동명사로 기술하게 되면, 주동사와 동명사 사이에 문의 흐름이 중단되어 어색하게 된다.

(**109**) The discrepancy[(a)] can be ascribed[(b)] *to applying*[(c)] [→ *to the application of*] this method to finite systems.
(**110**) Figure 1[(d)] shows[(e)] examples *of measuring*[(f)] *UC oxidation* [→ *of oxidation measurements on UC*].

예문 (109)의 주동사(b) ascribed의 주어(a)는 discrepancy이며, 동명사 (c) applying의 잠재주어인 저자와는 별개사항이며, 두 동사간의 내용의 관련성이 희박하기 때문에 (b)와 (c) 사이에 단층이 생긴다. 이를 피하기 위해 괄호 안과 같이 명사구로 함으로써 동사로 인한 제약에서 벗어날 수 있다. 마찬가지로 예문 (110)의 주동사(e)의 주어(d)와 동명사(f)의 잠재주어인 저자는 별개사항이므로 명사구를 사용한다.

이상의 예문에서 (103)의 … remember having seen과 같이 동명사가 직접 목적어가 되는 경우 remember **to** see 등과 같이 부정사를 사용하는 경우와 사용구분이 문제가 된다.

복합동사 중의 후속 동사형에 대해 동명사와 부정사의 어느 것을 사용하는 것이 좋은지의 일반원칙은 없고, 그것이 동명사와 결합하는 성질이 있는지 아니면 부정사와 결합하는 성질이 있는지 또는 양쪽 모두 사용할 수 있는지는 주동사에 의해 달라진다. 따라서 사용하려고 하는 주동사에 대해 어떻게 되는지 알고 있든지, 그렇지 않으면 사전의 용례를 보고 확인할 수밖에 없다.

예컨대 avoid, mention, resist, stop 등은 동명사, care, expect, plan, wish 등은 부정사, cease, continue, omit, start 등은 모두 가능, need, remember 등은 동명사와 부정사 중 어느쪽이 되느냐에 따라 의미가 달라진다.

(11) 진행형

진행형은 "You'll be *coming*, won't you? I'll be *seeing* you then." 등으로 구어체에서는 무심코 나오는 어법이다. 남에게 말할 때는 "The temperature was *rising* ; it was *going* to explode!" 등으로 과거의 일이라도 진행형을 사용해서 듣는 사람을 현장으로 끌어들이는 효과가 있다. 그만큼 객관적인 사실을 냉정하게 전달해야 하는 논문에서 부주의하게 진행형을 적용하면 경박한 인상을 줄 수 있다. 같은 광경을 묘사할 때도, 논문은 The temperature ***rose*** ; the explosion ***became*** a possibility로 단순한 과거형을 사용해서 차분히 안정된 것을 보여 주어야 한다.

(111) An earthquake occurred while we were *visiting* Seoul.

위의 예와 같은 "… 하고 있었던 때에 … 가 일어났다."라는 복합현상 중의 "서울을 방문하고 있을 때"에 상당하는 지속현상을 진행형으로 표현하는 것이 교과서적인 정석이다. 그러나 논문에서는 … during our ***visit*** to Seoul로 그 동작을 명사(during ***irradiation***, in the course of the ***temperature rise*** 등) 또는 동명사(during ***heating***, while ***running*** 등)로 표현하는 것이 그럴 듯한 기술이 된다.

잘못된 진행형의 예를 들어본다.

(112) The reactor **is consisting** [→ ***consists***] of two regions. **(113)** The assumption **is** *closely* **approximating** [→ *closely* ***approximates***] the actual geometry.

진행형은 앞서 설명한 바와 같이 현실감, 절박감이 깃들여 있는 만큼 오히려 화려하게 꽃핀 다음은 떨어져 버리는 느낌이며, 동서고금을 통해 변함없는

진실을 전달하는 데는 보통의 현재형(The sun ***rises*** in the east 등)이 좋다.

이상과 정반대로 논문에서 진행형을 사용하면 현장감 만점의 훌륭한 묘사가 되는 경우도 있다.

(**114**) While the mixture was being stirred, there evolved an inordinate amount of gas.

3.4.2 동사 각론

■ affect / effect

affect는 Temperature ***affected*** the reaction과 같이 "… 에 영향을 주다."라는 의미일 경우에는 적절하나, Temperature **affected** [→ ***effected***] an increase in the reaction rate와 같이 "… 을 초래하다."라는 의미일 경우에는 effect를 사용하여야 한다. 또한 effect를 명사로 사용할 경우에는 The ***effect*** of temperature was to increase the reaction rate와 같이 된다.

■ agree

The probe *was approached* (타동사) close to the specimen surface ; The above results *are consistent* (형용사) with theory ; This theory *is in agreement* (형용사구) with our finding 등과 같은 올바른 유사 표현으로부터 The data **are** well **agreed** with values found in literature로 해서는 안 된다.

agree는 자동사이므로 be agreed라는 형태는 존재하지 않고 정확하게는 The data ***agreed*** well with … 이다. 또한 "… 에 찬성하다, 동의하다."인 경우는 We *agree* ***to*** his proposal과 같이 with가 아닌 *to*가 와야 된다.

■ appear

*agree*와 마찬가지로 It **is / was appeared** … 와 같은 수동태는 허용되지 않는다. 자주 발견되는 잘못된 문장으로, 이 동사의 과거분사를 수식어로 사용한 The peak *appear*ed [→ *appear*ing] on the spectrum was ascribed to that material과 같은 구문이 있다. *appear* 도 자동사이므로 수식어로는 현재분사만 사용할 수 있다 [3.4.1 (8)항 참조].

■ be

"기능적 동사"를 사용하면 문장이 힘차고 간결해진다는 것은 이미 3.4.1 (3)항에서 기술하였다. 인용하였던 예문에는 One cycle **is** [→ ***extends***] from A to B ; The curium fraction was found *to* **be more than** [→ *to* ***exceed***] 99.7 %로 **be** 대신에 ***extend***, ***exceed*** 등의 보다 기능적인 동사를 제시하였다. 각각의 경우에 어느 동사를 선택할 것인가에 대해서는 영어권의 논문을 통해 자신의 어휘력을 배양하든지, 사전에 제시된 인용문의 예에 의지해서 자신의 의도에 꼭 맞는 동사를 찾아내는 등의 지대한 노력이 필요하다. 또한 논문을 일단 다 쓴 다음 검토할 때 be, have가 조동사 이외의 형태로 사용되었다면 그것이 더욱 기능적인 동사로 치환될 수 있는지를 음미해 보아야 한다.

예를 더 들어보기로 하자.

(**115**) The angular distribution **is** [→ ***is presented***] in Fig. 1.
(**116**) The sample **is in** [→ ***takes***] the form of a pellet.
(**117**) **There are often encountered cases** *in which* [→ ***Cases are often encountered*** *in which* …].

예문 (117)에서는 같은 *be* 동사가 there **are** … 로 주동사의 기능을 담당하기 위해 나온 것을 … ***are*** *encountered* … 로 조동사로 격하시켜 분사 *encountered* 가 중후한 느낌을 더욱 살려주고 있다.

가장 단순하게는 **be** → ***become*** 으로 치환하는 것만으로 문장의 의미가 명확해질 수도 있다.

(**118**) After the energy **is** [→ ***becomes***] smaller, ….
(**119**) The result **is** [→ ***becomes***] as follows.
(**120**) The scheme is iterated until the difference **is** [→ ***becomes***] negligible.

예문 (118)은 "에너지가 작게 되다.", (119)는 "결과는 다음과 같이 된다.", (120)은 "차이가 무시할 수 있게 되기까지 …"와 같이 한국어의 "… 이다."가 아니고 "… 이(또는 으로) 되다."에 상당하는 경우에는 be 대신에 *become*을 사용하는 것이 좋다.

■ calculate

논문을 쓰는 데 지나치게 익숙해지면 이 동사를 우리말의 "계산하다"로 직결시켜 생각하게 되어, "시료의 순도는 23 %로 계산에 의해 나왔다."를 그대로 "the purity of the sample *was* **calculated** *to be* 23 %"로 해 버린다. 그러나 논문을 읽을 것으로 생각되는 영어권 사람은 논문만이 아니고 일상의 의사소통이나 사고에서도 영어를 매체로 하고 있는 사람들이어서 위와 같은 예문을 읽으면 … *calculated to be* … 를 다른 의미로 받아들이기 쉽다. 영어사전에는 ***be calculated to*** ="… 하도록 되어 있다."의 의미도 있다. 따라서 저자의 원래 의미가 매끄럽게 받아들여지도록 표현하려면 … was ***found from calculation*** *to be* … 가 된다.

■ can

부정인 경우에 ***cannot***으로 한 단어로 써야 하나 **can not**으로 두 단어로 분리해서 쓰는 사람이 의외로 많다. 또한 can't는 don't, shan't 등과 마찬가지로 구어체라면 괜찮지만 진지한 자세의 문장에 사용하는 것은 좋지 않다.

■ choose

The thickness of the blanket **was chosen as 40 cm**는 전형적인 직역의 형태이나, 영어적 발상으로는 선정의 직접적인 대상은 "두께" 그 자체가 아니고 "두께의 값"이기 때문에, A thickness of ***40 cm was chosen for*** the blanket으로 되어야 한다.

(121) The enrichment factor **was chosen as 1.2.** → A value of ***1.2 was chosen for*** the enrichment factor.
(122) In the present case, ${}_nP_x$ **was chosen to be 1.3.** → In the present case, ***1.3 was chosen for*** ${}_nP_x$.

■ confirm

(123) The uniformity of light intensity *was* **confirmed** [→ *was* ***verified***] with a special device.

"확인하다"를 기계적으로 *confirm*과 결부시켜 번역하면 좋지 않은 경우가 있다. *confirm*은 사실의 흑백을 결정하는 듯한 all or nothing의 양자택일 중의 하나에 속하는 것을 확인하는 데에 사용된다.

(124) The validity of the theory was ***confirmed*** by experiment.
(이론의 타당성이 있는지 없는지의 양자택일)

(125) The rumor was ***confirmed*** by official announcement.
(소문은 확인되든지 부정되든지 어느 하나로 결착된다)

(126) The attainment of 99.99 % purity was ***confirmed*** by spectrometry.
(순도 99.99 %의 달성은 되는지 되지 않는지의 양자택일)

그런데 예문 (123)에서 빛의 강도의 균일성은 허용편차의 기준이 있어서 그 이하는 균일, 그 이상은 불균일이라고 되어 있지 않는 한 양자택일적인 정황으로는 볼 수 없기 때문에 원문은 부적당하다.

■ coincide

우연의 일치라는 의미가 가미되어 있으므로, When the phases of two waves *coincide*, their amplitudes reinforce each other는 좋으나, These results **coincide** [→ ***agree***] with the theoretical expression이 되면 "실험결과가 이론식과 일치한다."라는 것은 타인이 한 실험을 평가절하하여 "그런 방법을 써서 이론식과 맞는 것은 우연"이라는 뜻을 내포하려 하지 않는 한 우연성의 전제가 없을 것이므로 coincide는 옳지 않다.

■ consist

appear와 마찬가지로 자동사이므로 주의해야 한다.

(127) Calculations were made on an assembly **consisted** [→ ***consisting***] of 46 fuel rods.
(128) The assembly **was consisted** *of* [→ ***consisted*** *of*] 46 fuel rods.

또한 consist는 The mixture consisted of A, B, C and D와 같이 전체 성분을 포함하는 경우에는 올바르나, 일부 성분만을 포함할 경우에는 The mixture ***contains*** B and D와 같이 contain을 사용한다.

■ construct

전산기용 코드, 프로그램 및 기타 공식 등을 만들어내는 작업을 표현하는데 "구축하다"의 의미를 가지고 있는 이 동사를 사용하는 것은 적절하지 않다. "프로그램과 같은 종류라면 *devise*", "공식이라면 *derive*"를 사용하는 것이 적절하다.

■ deal / treat

전자는 어떤 대상을 다룰지 다루지 않을지가 문제인 경우, 후자는 그 다루는 방법을 문제로 하는 경우에 어울리는 동사이다.

(129) This study ***deals with*** the theory of quanta.
(130) This study ***treats*** quanta theoretically.

■ decide

decision의 모체인 동사로 경영자가 "음, 좋아 !"라고 판단을 내리는 듯한 느낌이 드는 결정이다.

(131) The authors ***decided*** to explore the possibilities of this latter approach.

즉, 문제에 대한 몇 가지 대처방법 중에서 저자들은 최후에 기술한 방법을 선택하였다라는 듯한 의미를 나타내는 경우는 적절하다.

> (132) This upper limit was **decided** [→ ***chosen*** / ***adopted***] for the reason that ….

이는 "상한의 결정을 2로 할 것인가, 3으로 할 것인가. 에잇! 3으로 하자." 라는 듯한 용감한 결단을 배경으로 하고 있지 않고, "후술한 바와 같이 각종 요인을 감안하면 자연히 이 상한값이 떠오른다."라는 은은한 사고를 전제로 한다면, 개정안과 같이 ***choose*** 또는 ***adopt***가 보다 적절하다.

■ define

이 동사에 접속되는 전치사로는 ***as***보다 ***by***가 더 적절한 경우가 많다.

■ describe / discuss / mention

describe는 "언어로 표현하다", discuss는 "고찰하다", mention은 "간단히 기술하다"로 We examined the reaction in detail, as **mentioned** [→ ***described***] in the present paper와 같이 detail이 들어가면 mention은 부적당하다.

■ design

*construct*와 마찬가지로 ***devise***로 치환하는 편이 좋은 경우가 있다.

> (133) Various means have been **designed** [→ ***devised***] for reducing local faults.

■ determine

calculate와 마찬가지로 주의해서 사용해야 한다. 일상용법으로서 ***be determined to***라고 하면 "… 할 것을 결심하다."라는 의미로 받아들여지는 것이 보통이므로, The reactor *was determined* to be subcritical이라고 하면 독자는 논문의 전후 상황으로부터 유추해서 "계측값으로 보아서 원자로는 아임계였다."라고 해석할 것이다. 그러나 He *was determined to* be noncommittal는 "그는 절대로 언질을 주지 않을 것을 굳게 결의하였다." 등 일상의 말투와 너무 닮아 있어 "매정한 원자로가 저자의 강한 염원도 무시하고 고집스럽게 아임계상태를 계속하고 있다."와 같은 정경이 연상되어 어색하게 느껴질 것이다.

(**134**) The value of *x is determined* by solving Eq. (11)
(**135**) We *determine* the subcriticality of the reactor from observation of the period.

위에서 지적한 어색함을 잘 피한 예로, determine을 사용할 때에는 주관을 개입시키지 않고, "… *x*의 값을 결정하다.", "원자로가 아임계인 것으로 판정하다."와 같은 의미가 된다.

■ differ

의인법을 구사해서 영어다움을 증가시키는 데 편리한 기능적 동사의 하나이다.

(**136**) The energy groups **have different** decay constants. → The decay constant ***differs*** from one energy group to another.

원문의 비기능적 동사와 형용사를 사용한 표현보다 개정안의 기능적 동사를 사용한 문장이 간명하다.

■ do

be, *have*와 마찬가지로 대표적인 비기능적 동사이다. **Do** experiments ; **Do** Fourier transformation 등의 **do**는 ***carry out***, ***conduct***, ***execute***, ***perform***, ***undertake*** 중에서 선택하거나 다음 예문과 같이 직접 기능적 동사를 사용할 수도 있다.

(137) Edison ***experimented*** with filament made from bamboo.
(138) The above equation is ***Fourier transformed*** to obtain ….

한편 *do*는 대용동사로서는 가장 좋은 예이다.

> (**139**) Outpile experiments *were undertaken* on mockup equipment. This *was* ***done*** to prove the validity of the system.

■ enable

2.3.5 (3)항에서 이 동사의 목적어로서 반드시 *us*, *one*, *the author* 등 사람을 전제로 한 명사, 대명사를 수반한다고 하였다. This theorem ***enables us*** to solve the equation은 적절하나, This theorem **enables** [→ ***permits***, ***allows***] the equation to be solved는 잘못이다.

> (**140A**) The light conduit **enables** [→ ***permits***, ***allows***] scintillators to be reduced in size.

여기에 변화를 주어 종속절을 명사구로 바꿔 쓰는 것도 생각해 볼 수 있다.

> (**140B**) Use of the light conduit ***contributes to*** an appreciable reduction in scintillator size.

*enable*은 사람을 전제로 한 목적어를 수반한다고 하였으므로, 직접적인 사람뿐만 아니고 사람이 구성하는 단체, 기관 등도 가능하다.

> (**141**) This system ***enables*** *management* [*administration* / *government*] to make quick decisions.

또한 다음 예와 같이 사람에 준해서 동물도 같은 부류에 넣을 수 있다.

> (**142**) A natural sonar ***enables*** *bats* to avoid obstacles in their flight through the dark.
>
> (**143**) The radar ***enables*** *aircraft* to land under conditions of poor visibility.

위의 예에서는 비행기를 안에서 조종하고 있는 조종사를 의식하였다고 볼 수 있다. 사람을 제외시킨 순수한 무생물의 기능에 대해서 기술한다면, **enable / able**은 역시 ***permit/ capable*** 등으로 치환하는 편이 더 자연스럽다. This code **enables** [→ ***permits***] *the computer to* ··· / *The computer* is **able** *to deal* [→ ***capable*** *of dealing*] with ···.

■ enter

한국어에서는 "무엇이 어디로 들어가다."에서 들어가다는 자동사이나, 영어의 **enter**는 neutrons *enter* the cavity와 같이 분명한 타동사이다.

enter *into* 라는 자동사는 "참가하다"(예 : enter *into* conversation)라든가 "··· 의 일부로 되어 있다."(예 : enter *into* the composition of ···) 등, "들어가다"가 아닌 다른 의미로 사용된다.

■ equip

"갖추다"의 의미이나, 어디에 그것을 갖추는 것인지 설치장소를 의식한 표현에는 ***provided, installed***가 보다 적합하다.

(**144**) The flowmeter was ***equipped*** *with* nickel filaments.
(**145**) Safety rods are ***provided*** *in* the blanket.
(**146**) A thermocouple is ***installed*** *on* the outer wall.

즉, equip *with* 로 계속 이어지면 좋으나, equip *in / on / under* 등 장소와 관련되는 전치사와 연결될 때에는 다시 생각해 보아야 한다.

■ estimate

"정량적인 추정 · 예측"으로는 적절하나, 정성적인 판단일 경우는 *surmise, conjecture, consider, judge, assume, presume* 중에서 그 문장의 의미에 적당한 것을 선택한다.

(**147**) The velocity was ***estimated*** to be 3 m/s.
(**148**) The velocity was ***assumed*** to be a function of time alone.

위에서 제시한 각 동사들의 어감은 다음과 같다. *surmise*는 일단 어떨까 하고 생각하는 정도, *conjecture*는 거의 확신적이며, *consider*는 근거 있는 추정, *judge*는 저자의 결단이 가미되어 있고, *assume*은 이야기를 진행시키기 위한 가정이나 추정, *presume*은 주관적 단정을 각각 의미한다.

■ evaluate

계산식이나 계산코드를 사용하여 여기에 측정값 등의 데이터를 대입시켜 "기계적으로 양을 산출하는 경우의 표현"이다.

> (149) The velocity was ***evaluated*** from the distance traveled and the time required to cover that distance.

예문 (149)는 저자의 판단이나 추측이 이 계산작업에 전혀 개입되어 있지 않은 사실을 잘 반영하고 있다. 단, 과학·기술의 세계로부터 벗어나게 되면 The painting was *evaluated* at $100,000라고 미술품의 평가 등 전문가의 판단에 의해서 수치를 결정할 때에도 이 동사가 사용된다.

■ exist

"장소"와 관계없는 "존재"를 기술할 때에 사용하는 표현이다. 예를 들어, Life cannot ***exist*** without water라고 할 때 생물의 존재에 물이 필요한 것은 달에 가더라도 마찬가지이다. 그런데 예를 들어 "배출가스 중에 SO_x는 존재하지 않았다."라고 할 때에는 이 SO_x가 어디에 있는가가 문제이므로, 이 물질이 노심 내 등 소정의 장소에 남아 있는 한 괜찮으나 일단 배출가스로 외부에 나오면 해를 끼치기 때문에 이때 No SO_x **existed** in the effluent 로서는 표현이 초점에서 벗어나 부족한 느낌을 준다. … ***was present***… 가 적절하다. 존재하는 장소가 강조됨에 따라 ***exist*** → be + ***present*** → be + ***situated*** → be + ***located***로 된다.

> (150) One of the roots is ***located*** on the imaginary axis, while others are ***situated*** at symmetrical points on both sides thereof.

여기서 "근"은 그 "존재의 유무보다 좌표상의 위치가 관심의 대상"이다.

화성에 생물이 존재하는가의 화제에 들어가면 이것은 확실히 화성이라는 장소를 대상으로 한 논의임에는 틀림이 없으나 쓰는 사람이나 읽는 사람이 "솔직히 말해 있는가 없는가"가 흥미의 표적으로 생각되어, Does life ***exist*** on Mars ?가 된다.

exist / *be present*를 적절히 구분해서 사용하는 이치는 형용사 [*existent* / *present*], 명사 [*existence* / *presence*]와 같은 다른 품사에 대해서도 마찬가지이다.

(**151**) Dinosaurs are no longer ***existent***.
(공룡생식의 장소가 아니라 시대를 문제로 삼고 있다)

(**152**) No activity should be ***present*** outside the shielding.
(방사능이 차폐의 외부에는 없어야 된다)

(**153**) The ***existence*** of gravity is not considered here.
(여기에 중력이 존재하고 있지 않다고 생각한 것이 아니라, 이 경우 그 존재를 고려하지 않았다)

(**154**) I clearly felt the ***presence*** of a ghost.
(이 경우 유령이 자신의 앞에 있는 것이 큰 문제가 되며, 유령의 존재론 등을 따지고 있을 듯한 정황이 아니다)

존재하지 않는 상태로부터 존재하는 상태로 바뀌는 상황이라면 ***occur*** / *come into* + ***being*** / *come into* + ***existence***, 그 원인을 의식한 기술이라면 *be* + ***brought about*** / be + ***occasioned*** / be + ***induced*** / be + ***produced*** / be + ***generated*** / be + ***created*** 중에서 영한사전의 용례 등을 참고로 해서 자신의 의도에 가장 적합한 용어를 선택한다.

■ experiment

이 단어를 동사로 사용하는 것에 대해서는 앞의 *do* 항에서 Edison ***experimented*** with filament made from bamboo를 예로 들었으나, 이 용법은 단순히 "실험하다"보다는 실험적인 요소가 매우 강하며 "실험해 보다", "실험적으로 사용해 보다"라는 의미를 함축하고 있다.

> (155) They have ***experimented*** with a cylindrical spectrum source consisting of a single fuel rod.

이와 같이 표현한다면, 이들 저자가 행한 실험이 흔히 있는 진부한 것이 아니고 취향을 바꾸어 "단일 연료봉으로 구성된 원통형 스펙트럼 소스는 어떤 상태일까?"하고 사용해 보았다는 느낌이다.

■ explain

"설명하다"이나 기계적으로 이 동사로 "설명"을 전부 다루어 버리기에는 다소 재미가 없다.

> (156) The peak at 540℃ is **explained as** [→ ***ascribed to*** / ***to attributed to***] the oxidation of UO_{2+x} to U_3O_8.

이것은 "540℃ 피크는 $UO_{2+x} \rightarrow U_3O_8$의 산화로서 설명된다."의 번역이나, 영어에서는 이런 종류의 구문에 **explain**보다 더 정확한 ***ascribe to***(… 의 탓으로 하다), ***attribute to***(… 에 의한 것으로 하다)가 있기 때문에 이것들을 좀더 활용해야 한다.

이 중 *attribute*는 어간의 tribute가 원래 공물, 칭찬 등의 의미가 있으므로 the *delay*/*failure*/*accident* was **attributed to** … 등 별로 칭찬받을 수 없는 사상에 사용하면 읽으면서 저항감을 느끼는 사람들이 있을 수도 있다. 좋지 않은 일에는 ***ascribe***쪽이 무난하다.

"이것은 교환수지탑 시스템에서 다단평형이 성립하고 있는 것으로 설명된다."를 굳이 **explain**이란 단어로 고집하게 되면 예문 (156A)와 같이 되지만, ***attribute***를 사용하면 (156B)와 같이 보다 간결한 표현이 된다.

> (156A) This may be **explained as** *that* multistage equilibrium *is established* in the column system.
>
> (156B) This may be ***attributed to*** *the establishment of* multistage equilibrium in the column system.

■ express

동반하는 전치사는 **as**보다 ***by***가 좋다. "x의 항으로 다음 식과 같이 표현된다."는 It is *expressed* *in terms of* x ***by*** the equation ….

■ fill

"Na을 캡슐에 충전하다."를 직역하면 *Fill* Na **into** a capsule로 되나, 영어적 발상에서는 반대가 된다. *fill*의 직접 목적은 매체쪽이 아니라 용기가 대상이기 때문에 "캡슐을 Na으로 가득하게 하다."이다. *Fill* a capsule ***with*** Na.

■ flow

자동사로서 "흐르다"이며 "흐르게 하다"가 아니다.

> (157) Hydrogen was **flowed** [→ ***made to flow*** / ***passed***] through the furnace at 1 l/min.

■ get, happen

"답을 찾아내다.", "갑자기 시작되다." 등 친구 사이의 회화라면 저항 없이 사용할 수 있는 표현이라도 똑같은 것을 논문에서 사용하게 되면 새롭게 "해를 얻다.", "발생하다" 등으로 바꾸어 표현하듯이 Williams has **got** [→ ***obtained*** / ***derived***] the m-th time moment ; This may well **happen** [→ ***occur*** / ***take place***] in a BWR로 고쳐 쓴다. *get, happen*은 논문용어로서 일반적으로 사용하기에는 경박한 감이 있다.

원래 ***It happens that*** … 은 "… 와 같은 것이 사실로서 이따금 일어나고 있다."로 독자의 예상에 반하는 우발적인 사실을 개진할 때에 사용한다.

> (158) ***It happens that*** the resulting solution take an unexpectedly simple form.

그러나 "… 와 같은 것도 가끔 있다."의 의미에 it happens that을 사용하면 잘못이다.

(**159A**) At large values of U, ***it happens that*** the generator function passes from mode A to mode B.

위의 예는 "발전기의 작동모드가 A에서 B로 천이하는 일이 가끔 있다."의 의미로는 되지 않고, "작동모드는 실은 A에서 B로 천이하는 것이다."라는 의미로 된다. 전자와 같은 의미를 가진 문장으로 표현하려면 다음과 같이 한다.

(**159B**) At large values of U, the generator function ***may at times*** *pass* from mode A to mode B.

■ incorporate

그 주체가 원래 갖추지 않은 자질을 특별한 목적이 있어 갖추게 한 상태를 기술하는 데 사용한다.

(**160**) Feedback control is *incorporated* in the operation of this system.

전부 귀환제어를 사용하여 "조작"을 행하는 것은 아니나 "본 시스템에서는 이 방식을 구비하고 있다."라는 느낌을 준다. 그런데 이 동사는 그 자질을 구비한 후의 모습을 보여주는 것으로, 구비하는 작업에 대해서 기술하고 있는 것은 아니다. 따라서 능동태로 쓰는 경우 다음과 같이 표현한다.

(**161**) This code ***incorporates*** the Chebyshev convergence.

그 주체가 원래 본질적으로 구비하고 있는 자질을 특기하는 경우에는 incorporate보다 **embody**가 적절하다.

(**162**) Lee has analyzed the reflux in a cascade ***embodying*** solely the enriching section.

이 예문에 incorporate를 사용해서는 "동물이 모피를 입고 있다."와 같이 원래 본체의 일부인 것이 다른 곳으로부터 가져온 것처럼 표현되고 만다.

■ increase

(**163**) The value of y *increases* with x.
(**164**) This ratio *increases* with decreasing z.

이와 같은 함수적 상관관계, 이를테면 "… 함에 따라 … 로 되다."의 양상을 기술하는 경우에 종종 등장하나, "x가 증가함에 따라 y도 증가한다." 등의 한국어에서는 그다지 문제가 되지 않는 반복표현이 영어에서는 동일어 반복 문제가 생긴다. The value x **increases** as y increases 또는 … **increases** with **increasing** y와 같이 반복어의 나쁜 예의 표본이 되므로 주의할 필요가 있다.

■ measure

(**165**) The temperature was **measured** [→ ***found by measurement/observed***] to be 193℃.

원안은 측정하는 작업과 그 작업의 결과인 193℃를 기술하는 데 1개의 동사로 겸용시킨 것이 무리이다. 개정안과 같이 "측정해서 … 로 판명되었다."로 줄이지 않고 그대로 쓰든지, observe로 치환한다.

"왜 관측하다는 괜찮고, 측정하다는 안 되는가?"라는 것이 의문시될 수 있으나, observe에는 see, find에 가까운 "지각"의 의미를 내포하는 반면, measure에는 정보가 지각의 대상이 되기 이전 단계인 장치 중에서의 "검출, 처리"의 의미를 보다 강하게 느끼기 때문에, … was *measured* to be …로는 "… 와 같이 측정기가 작동하였다."라고 표현하는 듯한 부자연성이 따른다.

부정사의 용법에는 He will live *to be* ninety ; The value diminished *to approach* zero와 같이 주동사의 결과를 나타내는 구문도 있으나, 이런 종류의 구문에서는 주동사가 능동태로 되어 있다. 예문 (165)와 같이 수동태 … was *-ed* to be …의 형태로는 부정사가 본래의 기능인 주동사가 나타내는 행위의 목적으로 받아들여져도 어쩔 수가 없다. 즉, "193℃가 되도록 측정되었다."의 의미가 될 수 있다는 점이다.

■ multiply

"x에 a를 곱하다."라는 표현은 영어에서 "x를 a배 시키다."로 써야 한다.

> (**166**) We multiply a **to** x [→ We multiply x ***by*** a].

■ need

require와 어떻게 구분해서 사용하는가에 대해 알아본다.

> (**167**) Engineered safety features are **needed** [→ ***required***] by regulations.

need는 주어(또는 필요로 하는 실질적 주체)가 "자신을 위해 요구하는 경우에 적합"하며, 본 예와 같이 외부요인으로부터 필요하게 되는 경우는 require가 좋다. 이를 의인법적 발상으로 바꿔보더라도 법규는 법규 자체를 위해서 안전설계를 요구하고 있는 것은 아니다. 그러나 The car *needs* greasing ; This law *needs* revision 등과 같이 주체 자신이 필요로 하는 경우는 사정이 달라지게 된다.

> (**168**) Further study is ***needed*** [= ***required***] to determine the cause.

이와 같이 외부요인이기보다도 이유를 병기시켜 필요한 것을 기술하는 경우에는 require쪽이 다소 좋으나 need도 나쁘지 않다.

> (**169**) Further study is ***needed*** [= ***required***] on this point.

예문 (167), (168)과 같은 전후 사정을 나타내지 않고 필요성만 기술하는 경우에는 위 예문과 반대로 need쪽이 다소 낫다.

이것이 명사구문으로 되면, 다음과 같이 require를 어간으로 하는 명사로는 잘 어울리지 않는다.

(170) There is ***need***[← **requirement**] for further study.

■ note, notice

note는 착안, 특기, 주목하는 것이고, notice는 그 이전의 지각에 의해 인지되는 단계이다. 사람의 바지 지퍼가 열려 있다면 그것을 notice하는 것은 관찰의 문제이나, note할 것인가 말 것인가는 관심의 문제이다.

(171) We *notice* from this table that x can be expressed in terms of $f(y, z)$.

"눈을 똑바로 뜨고 이 표를 관찰하면 x가 $f(y, z)$로 나타나는 것을 알 수 있다."라는 의미이다.

(172) *Noting* that $\beta \equiv 1$, we can derive the equation for x.

이 경우 x에 관한 방정식을 얻기 위해서는 $\beta \equiv 1$인 것을 아는 것만으로는 되지 않고, 이것에 착안해서 이것을 적극적으로 식의 유도에 활용하여 비로소 구하고자 하는 방정식이 얻어지는 것이다.

■ obtain

활용에 대해서 measure와 비슷한 주의가 요구되는 동사이다.

(173) The value of x was **obtained** [→ ***found***] to be 8.0.

즉, "A" was obtained to be "B"로는 "A는 B라는 결과로 얻어졌다."의 번역으로 성립할 수 없다. obtain에는 "노력한 끝에 획득하다."라는 의미가 내포되어 있기 때문에 원안으로는 "x를 8로 하는 것이 가능하였다."와 같은 인상을 주게 된다.

(**174**) Such codes may fail to **obtain** [→ ***yield***] the eigenvalues.

"선배로부터 한방 먹었다."라고 할 경우는 주먹이 선배로부터 당사자에게, "경찰로부터 벌금을 먹었다."라고 할 경우에는 반대로 벌금이 당사자로부터 경찰에게 양도되나, 일반적으로 영어에서는 이와 같이 편리하게 물건의 주고 받음의 방향이 같은 동사로 끝날 수는 없다.

위의 예에서는 의인법적으로 생각해서 고유값은 계산코드로부터 잠재적 주체인 저자에게 가는 것이므로 obtain은 방향이 반대이다.

■ permit

의인법 구문에 사용하기 편리한 동사로서 enable에서 제시하였던 예는 다음과 같다.

(**175**) This theorem *permits* the equation to be solved.

또다른 예를 들어본다.

(**176A**) The mass flow rate is small enough **so that** the assumption of negligible inertia effect **is possible**.
(**176B**) The mass flow rate is small enough *to* ***permit*** *application of* the assumption of negligible inertia effect.

예문 (176A)도 문법적으로는 문제가 없으나, (176B)의 의인법적 구문이 훨씬 영어다운 느낌이 든다.

■ put

식을 유도하는 과정에서 "$x=a$로 놓다."의 번역으로 put 대신에 **let**을 가져와, Let $x=a$로 쓰면, 독자는 Let x equal a와 같이 = 기호를 동사로 판단해서 읽기 때문에 수식이 문장 중에 용해되고 또한 의문법 구문으로 되어 일석이조의 이점이 있다.

■ reach

한국어에서 "도달하다" 또는 "이르다"라는 단어는 "바닥에 도달하다." 등 위로부터 아래로 향해 내려가서 목표값에 도달하는 경우에도 사용되나, reach는 아래로부터 위로 향할 때에 한해서 통용된다.

(**177**) The liquid level **reached** [→ ***lowered down*** *to*] a level of −10 cm.

또한 reach는 대상목표를 직접 목적으로 한다.

(**178**) The temperature *reached* **at** 200℃ [→ ***reached*** 200℃].

즉, 한국어의 "… 에 도달하다."의 "에"에 상당하는 전치사를 사용하는 것은 잘못이다.

■ refer

(**179**) In what follows, the subscript I **is referred** [→ ***refers***] to the core.

"하첨자 I는 노심을 나타내는 것"에 상당하는 기술이나, 괄호 안의 용법이 올바르며, "나타내는 수단"이 주어이고 "나타내어지는 사상"이 직접 목적이 된다.

(**180**) We *refer* the reader to our preceding report.

타동사로서 refer는 "참조시키다"라는 의미를 가지므로, 본 예에서와 같이 저자를 주어로 하고 독자를 직접 목적으로 하는 것이 정확한 용법이다. "…를 참조하기 바란다."는 다음과 같이 되며, 직역하여 … is requested to refer *to* … ; Please refer *to* … 등 참조의 주체인 독자를 주어로 가져와서는 안 된다.

(**181**) The reader ***is referred*** *to* the author's preceding report.

■ seem

주관적 판단이 작용해서 "… 와 같이 여겨졌다."일 때가 이 동사의 본질이다.

(**182**) His face *seemed* unfamiliar to me.

논문은 그다지 주관을 섞지 않고 쓰는 것이 올바른 서식이므로, 대개의 경우 **appear**로 치환하는 편이 좋다.

(**183**) A mechanism such as expressed by Eq. (3) would ***appear*** [←**seem**] to be more applicable.

일반적으로는 저자의 판단이 작용하고 있는 경우에도 appear를 사용하는 편이 논문다워진다.

(**184**) *It* **seemed** to the present authors that this method was too complicated → *This method* ***appeared*** to the present authors to be too complicated.

seem을 appear 이외의 동사로 치환한 예를 들어본다.

(**185**) From Fig. 4, it **seems** that … → Figure 4 *would* ***indicate***/***suggest*** that ….

indicate는 "… 의 조짐을 나타내다."로 가령 확정적이지 않더라도 그렇다는 것이 객관적으로 간파될 수 있는 경우에 제격이다.

suggest는 "… 로 여겨지는 것이 있다."로 조짐을 관찰한 후 저자가 내린 판정을 기술하는 것이 되며, 저자의 주관 및 판단이 개재된다. 이것에 would

를 첨가시켜 보다 조심스러움을 나타낼 수 있다. 참고로 용어법으로서는 indicate, suggest가 타동사, appear가 자동사인 것에 유의해야 한다.

■ shall, will, may, must

should, would, might 등도 포함해서 동사 총론에서 상세하게 기술하였으므로 참고하기 바란다.

요점을 다시 기술하면, will이 객관적인 예측을 단순히 기술하고 있는 데 비해서 shall은 저자의 의도, 결의, 속셈이 깃든 의미이다.

(**186**) These considerations *shall* be the subject of a separable report.
(**187**) The above solution *shall* be utilized in the next chapter.

should가 되면 "당연한 결론 · 해석으로서 이렇게 되지 않으면 이상하다." 라는 식으로 제반의 사정을 감안할 경우 독자도 포함해서 모두 저자의 견해에 동의할 것을 기대한 형태가 된다.

(**188**) The temperatures are such that the carbon *should* oxidize rapidly.
(**189**) If these conditions are satisfied, the distortion *should* diminish appreciably.

■ show

단순히 "나타내다, 보이다"의 경우에 사용한다.

(**190A**) Figure 8 *shows* the pressure-temperature relation expressed by Eq. (14).
(**190B**) The apparatus used in the experiment is *shown* in Photo 1.

그런데 한국어의 "나타내다, 보이다"를 천편일률적으로 show로 영역하는 것은 좋지 않다.

(191) It is ***indicated***[← **seen**] from Fig. 4 that the two methods result in little difference.
(192) Fig. 7 ***reveals***[← **shows**] a marked tendency of hysteresis.

■ suppose

"상정하다, 가정하다"의 의미이나, "귀신이 나오면 어떻게 하나?", "집이 화재로 타버렸다고 한다면"과 같이 현실과 동떨어진 설정을 기술하는 데 적합하다.

(193) *Supposing* gravity to be absent, ….
(194) We *suppose* here that the source is at an infinite distance.

따라서 충분히 현실성 있는 조건이나 전제 등을 기술하는 데 꼭 들어맞는 동사는 아니다.

(195) It is **supposed** [→ ***assumed*** / ***presumed*** / ***postulated***] that $v=0$ at $t=0$, $x=0$.

더욱이 현상의 원인 등을 추론할 때 suppose를 사용해서는 저자 스스로 자신의 학설을 공상의 영역으로 밀어 올려버리는 격이 된다.

(196) This phenomenon *is* **supposed** *to be due*[→ *is* ***considered*** *to be due* / *is* ***attributable***] to oxidation of UO_2 to UO_{2+x}.

이하 suppose가 적합하지 않은 경우 대안으로 사용할 수 있는 대표적인 가정과 관련된 단어를 열거하도록 한다.

(a) assume

특별하지 않은 듯한 가정을 신경 쓰지 않고 제시하는 경우에 사용한다.

(197) The system is ***assumed*** to be at equilibrium.

(b) presume

다소 단정짓듯이 명제를 제시하는 느낌으로 논리적으로 확인해 갈 수 없을 경우 단정한 결과를 기술하는 데 사용한다.

> (198) We ***presume*** that, in his analysis, he failed to take account of the above circumstances.

(c) postulate

예기한 결과를 얻기 위해서는 사전에 만족되어야만 하는 전제를 규정한다.

> (199) This method ***postulates*** the availability of adequately precise instrumentation.

(d) consider

저자 또는 보통의 식자가 제반 사정을 음미해서 판단한 결과를 기술할 경우의 일반적인 표현이다.

> (200) Occurrences of probability below 10^{-6} per year are ***considered*** negligible in safety analyses.

(e) attributable

예문 (196)에서는 어미의 －able에 의존해서 불확정의 의미를 나타내고 있다. 일반론으로서 모든 동사가 어미에 －able 또는 －ible을 붙여서 그 행위의 가능성을 나타내는 형용사를 형성할 수 있으나, 이와 같이 해서 만들어진 형용사의 특별한 의미로서는 통상적으로 주관 및 개인의 판단을 배제하고 객관적인 가능성을 지극히 당연한 것으로 하는 느낌이다. attributable to … 는 "… 에 기인하는 것으로 생각된다."의 의미이다.

한국어적 발상으로 "그것은 이해된다."를 That's *understandable*! 이라고 하면, 본인은 자신의 사물 이해능력을 나타낼 요량이었겠지만, 영어적 감각으로는 대화 상대자를 포함해서 세간의 일반인들이 당연히 이해할 것을 기대하고 있는 것같이 받아들여진다.

■ take

I was *taken* for a spy는 “나는 스파이로 오인받았다.”이고, He is *taken* to be a hundred years old라고 말하면 “그는 100세로 여겨지고 있다.”로서, 저자는 그 학설을 반드시 믿고 있지 않고 있음을 표명하고 있다. 따라서 저자가 어떤 저의도 없이 가상적으로 취해 보거나 시도해 볼 때에 take를 사용하는 경우, 신경을 쓰지 않으면 본의가 아닌 인상을 독자에게 주게 된다.

> (**201A**) The characteristic velocity **is taken to be** the mass flow rate divided by the product of density and cross section.
> (**201B**) The velocity ***is represented by*** the mass flow rate divided by the product of density and cross section.
> (**201C**) The mass flow rate divided by the product of density and cross section ***is taken as*** the characteristic velocity.

원문 (201A)의 수동태를 그대로 유지하려면 (201B)와 같이 동사를 치환하고, 동사를 그대로 사용하려면 (201C)와 같이 taken as로 한다.

(201C)에서 take를 사용한 구문이 뒤집혀짐으로써 동사의 주어, 보어가 바뀌어 있다. 이것은 take를 사용할 때 주의해야 할 사항인데, 한국어와 반대의 느낌을 주는 구문으로 해야 한다.

> (**202**) *Taking* the parameter n as 7, ⋯ → *Taking* 7 as the parameter n, ⋯.

즉, 저자가 취하려는 수치나 상정하려는 모습을 직접목적어, 그 주체를 목적격 보어로 잡아야 하며, 예문과 같이 영어에서는 “파라미터를 7로 취하다.”가 아니고 “7을 파라미터로서 취하다.”이다. 위의 예는 분사구문이나, 이것이 통상의 주절로서 수동태로 할 경우에는 한 가지 더 생각해야 될 사항이 있다.

> (**203**) 7 *is taken* as the parameter n, → A value of 7 *is taken as* ⋯.

이것은 기호 · 숫자(3.9절)에서 설명할 사항이나, 문두에 아라비아 숫자나 기호 등을 두는 것은 보기에 좋지 않다.

이러한 이유로 위의 예문에서는 a value of를 덧붙여 7이라는 숫자가 문두에 오지 않도록 한 것이다.

같은 조건의 다음 예문에서는 적합한 단어(diameter)가 문장 중에 있으므로 이것을 서두로 이용하고 있다.

(204) The cylinder diameter *is taken* **to be** 2 m. → A diameter of 2 m *is taken* ***for*** the cylinder.

이 동사 take에 대해서도 seem과 마찬가지로 다른 동사를 사용하는 것이 더 정확한 경우가 종종 있다. 예문 (201)이 그 경우에 해당되며, 다른 예를 들어본다.

(205) The reactor output is **taken as** [→ ***assumed to be***] 10 MW. **(206)** The velocity scale is **taken to be** $\omega(\Delta T/T)$ → A function $\omega(\Delta T/T)$ is ***adopted as*** velocity scale.

예문 (206)에서 선정한 adopt는 의미가 take에 가깝기 때문에 구문이 예문 (203), (204)와 마찬가지로 한국어와는 반대로 " $\omega(\Delta T/T)$를 속도 스케일로서 채용한다."라는 표현을 취한다.

이것이 예문 (205)의 assume이라면 "10 MW를 원자로 출력으로 간주한다."가 되어, 예를 들어 "계기반에 10 MW로 나와 있으나, 이것이 원자로 출력인지 전기출력인지 분명하지 않으므로 일단 원자로 출력이라고 간주해 놓자."와 같은 느낌이 되어 문의가 왜곡되기 쉽다.

때문에 영어에서도 assume은 한국어와 마찬가지로 "원자로 출력을 10 MW로 간주한다."의 구문이 된다.

3.5 형용사

3.5.1 형용사 총론

(1) 형용사의 사용법

3.4.1 (3)항의 기능적 동사에서는 *washing* **was carried out**(명사+동사) ***washed*** ; the fraction **was** *more than*(동사+전치사구) → ***exceeded*** 등의 예문을 들어서 명사 등을 조합하여 만들어진 변성동사보다 기능적 동사를 사용하는 편이 간단명료하다고 설명하였다.

이는 형용사에 대해서도 기능적 동사를 사용함으로써 보다 명쾌한 문장이 될 수 있다는 것을 의미한다.

(1) The conditions *are* **satisfactory** *for*[→ ***satisfy***] the above assumptions.
(2) The temperature was found *to be* **higher** than[→ *to* ***exceed***] the design condition.

즉, 평범하게 형용사를 사용하기보다는 적절한 기능적 동사를 찾을 수 있다면 그것을 사용하는 쪽이 간결하고 돋보이는 문장이 된다.

안이한 직역은 형용사의 경우에도 부자연스러운 어법으로 이어진다.

(3) Contamination with **adhesive** *liquid* *on* the tube wall ….
[→ Contamination with *liquid* ***adhering*** *to* the wall ….]

원안은 "관 벽의 부착액에 의한 오염"의 부착액을 그대로 단순하게 직역한 것이나 이는 한국어의 나열된 복합명사의 영역이 습관화된 것으로, 학급이 *class*라면 학급폐쇄는 *class* closure, 최선이 *optimum*이라면 최선안은 *optimistic* plan으로 하면 잘 표현되지 않는 것과 같이 어간・어원이 같아도 어미가 달라져서 품사가 전환되면 의미가 달라질 수도 있음에 주의해야 한다.

위의 예에서도 adhere=부착하다 / adhesive=접착성 · 접착용과 같이 동사와 형용사에서는 비슷한 단어라도 의미가 달라지므로 무신경하게 품사 간의 전용을 하게 되면 이상한 문장이 되어 버린다.

재삼 설명하고 있는 것처럼 어법에 자신이 없을 때에는 귀찮게 여기지 말고 영한 또는 한영사전의 용례를 조사해서 용어법을 확인해야 한다.

(2) 수반 전치사

형용사 뒤에 수반되는 전치사는 형용사마다 정해져 있어 마음대로 전치사를 골라쓸 수 없다. similar to, identical *with*, reminiscent *of*와 같이 비슷한 의미라도 형용사가 달라지면 수반되는 전치사도 바뀌어야 한다. 조사는 한국어에서도 이치에 맞는 것만 있는 것이 아니기 때문에, 조사와 전치사를 대응시켜 그대로 직역하면 아주 우스꽝스러운 것이 되고 만다. “사람으로 가득”=full **with** [→ ***of***] people, “차가 두려워”=tea is **fearful** [→ ***I am afraid of*** tea]. 특히 두 번째의 예에서는 원안의 영문에서 어느쪽이 어느쪽을 두려워하고 있는 것인지 혼동되기 쉽다.

특별한 전치사를 수반하는 형용사에 대해서는 이어지는 형용사 각론 및 전치사에서 다루게 되나, 요지는 이론이 아니라 개개의 형용사에 대해서 실제 통용되고 있는 수반 전치사를 외우고 있는 수밖에 없으므로 용어법 사전이나 용례를 풍부하게 기재한 사전 또는 전자사전을 귀찮아하지 말고 참고하여 확인해야 한다. 영어에 아주 익숙해져도 사전 없이 좋은 문장이 쓰여지는 것은 아니다.

또한 형용사는 다음 예와 같이 그 수반전치사와 너무 멀리 떨어지면 이해하기 어렵게 되고 만다.

(4) These vacancies form a *similar* composite defect consisting of two kinds of oxygen vacancies and oxygen interstitials *to* that of the UO_{2+x} phase. [→ These vacancies form a composite defect ··· and oxygen interstitials, *similar to* that of ···.]

(3) 명사에 의한 형용사의 대용

영어에서 수식어로서 형용사 대신에 명사를 사용하여 *pressure* vessel, *frequency* modulation 등으로 편리하게 사용하는 것은 한국어에서 "압력용기", "주파수변조" 등과 같이 명사에 명사를 겹친 복합명사가 사용되는 것과 마찬가지이다. 그러나 이것이 지나쳐서 결합연료를 *defect* [→ ***defective***] fuel, 연결관을 *connection* [→ ***connecting***] tube로 해서는 안 된다는 것은 이미 기술한 적이 있다. 영어에서 적절하고 제대로 된 형용사나 분사가 있음에도 불구하고 무분별하게 명사로 대용하면 조잡한 문장이 되고 만다.

또 수식어를 계속 중복하는 것도 한국어나 일본어, 독일어에서는 문제가 없으나 영어에서는 *once-scattering forward-direction* density / *annual plant expenditure minimized* cascade / the *adopted multi-group cross-section production* codes와 같이 지루한 나열식 명칭이나 명사는 모양이 나쁘다.

이러한 경우에는 각각 density of neutrons scattered once in the forward direction / cascade of minimized annual plant expenditure / the code adopted for generating multi-group cross sections로 조금만 생각하면 깔끔하고 명확한 문장이 된다.

형용사 대신에 명사를 사용할 경우 표현이 간결하고 경쾌한 느낌을 줄 수 있다.

(5) The conditions vary with source power and with the input power **of electron beam**. [→ … with source power and with ***electron-beam*** input power.]

원안에서는 … of electron beam이 꼬리를 무겁게 해서 문장의 균형을 깨뜨리고 있으나, 개정안에서는 이것이 문장 중간에 용입되어 and의 전후가 대구(對句)의 형을 갖추어 균형을 이룬 감이 있다.

한편 수식되는 명사쪽은 수식어가 선행되는 것보다는 후속되는 구나 절로 한정하는 편이 무게가 갖추어지며, 중량감이 필요한 주어 등의 경우에는 이러한 점도 고려해 보아야 한다.

(6) The **penetration** ***range***[→ The *range* ***of penetration***] of 200 keV ions is short.
(7) The **experimental** *conditions* are as follows. → The *conditions* ***adopted in the experiment*** are ….

이와 같이 중요한 어구에 수식어가 단 하나일 때는 이것이 명사 앞에 있는 것보다는 of, in, for 등의 적당한 전치사를 곁들여서 뒤쪽에 종속시키는 편이 균형잡힌 문장이 될 수도 있다.

위와는 반대로 부사구 등 오히려 가볍게 곁들인 표현으로 하고 싶은 경우에는 수식어를 명사 앞에 가져와서 영향을 가볍게 한다.

(8) The conditions vary with ***source*** *pressure*[← *the pressure* **of the source**] and ***electron-beam*** *input power*[← *the input power* **of the electron beam**].

위 예에서 electron-beam input power / input power of the electron beam으로 수식어가 선행할 때에는 하이픈을 사용하고, 명사 뒤에 이어질 때에는 사용하지 않는다. 하이픈 용법에 대해서는 Fowler[(2)]의 용어집에 6페이지에 걸쳐 기술되어 있으며, 이에 대해서 "If you take hyphens seriously, you will surely go mad."로 반론하는 경향도 있어 영미인에게조차 힘든 문제이다. 이 하이픈 문제는 앞으로 3.9.5항에서 취급하기로 하고 우선 여기에서는 일반적인 소양으로 "선행되는 중복의 수식어는 의미상 조합되어 있는 단어끼리 하이픈으로 연결"하는 것으로 한다. 이것은 의미의 불명확함을 방지하기 위한 조치이며, Fowler[(2)]가 제시한 예로 "쓸모없는 털을 제거하는 약"으로 superfluous hair remover로는 "쓸모없는 털제거약"이 될 수도 있기 때문에 superfluous-hair remover로 해야 한다는 것과 같다. 또한 중복수식어에 대해서 Gowers[(1)]가 들고 있는 기준은 … a hyphen should be used in a compound adjective, *e.g.* well-written, first-class, six-inch 등이 있다. 이러한 이유로 위에 제시한 예의 *electron-beam* input power 및 다른 예의 *once-scattering, forward-direction, multi-group*과 같이 된다.

수식어가 명사보다 뒤에 올 경우에는 구문상 일반적으로 위와 같은 불명확함이 없어지므로 remove *for superfluous hair*, neutrons *scattered once in the forward direction*, input power *of the electron beam*과 같이 하이픈을 붙이지 않는다.

(4) 비 교

두 가지 주체의 양상을 서로 비교할 경우의 형용사 사용방법에 대해서는 2.2.5항(주체 간의 양적비교)에서 상세히 기술하였는데, 그때 사용된 예문을 이용해서 요점을 다시 기술하여 본다.

> **(9)** The I_0-value of *Cu-doped* cells are larger than those of *non-doped* cells. [→ The I_0-values are larger for the *Cu-doped* than for *non-doped* cells.]
>
> **(10)** *Hexagonal* lattices show better convergence than *square* lattices. [→ Convergence is better with *hexagonal* than with *square* lattices.]

위의 예에서도 원안보다 괄호 안 개정안쪽이 대비되고 있는 2개의 양상(이탤릭체의 형용사)을 서로 근접시킨 구문으로서 대비가 보다 선명하게 나타난다. 또한 대비되는 주체(밑줄 친 명사)는 원안에서는 형용사에 수반되어 그때마다 반복되고 있으나, 개정안에서는 반복을 생략해서 문장이 간명하다. 대비하려고 하는 양상을 대구적(對句的)으로 나란히 배치함으로써 대조가 강하게 느껴진다.

3.5.2 형용사 각론

■ able

동사 enable의 근원이 되는 형용사로, enable과 마찬가지로 사용상 주의가 필요하다. 즉, 그 주체가 we, the author, the management 등 사람, 사람이 구성하는 조직 및 동물 등 생물이 주체가 되는 경우에 사용되며, 사물의 기능 등을 기술할 경우에는 capable쪽이 더 자연스럽다.

(11) The *author* was not ***able to*** obtain a convergent solution.
(12) The *army* was ***able to*** win the battle.
(13) A larger diameter *wheel* will be ***capable of producing***[← **able** *to produce*] higher peripheral speeds.

또한 able *to*와 capable *of*로 각각의 수반되는 전치사에 주의하기 바란다.

■ - able / - ible

동사 및 명사의 어미에 붙여서 "… 할 수 있다."라는 의미의 형용사로 성질이 변한다. - able과 - ible 중 어느쪽을 써야 할 것인가는 이미 존재하는 단어라면 사전을 찾아보면 해결되는 문제이나 사전에 없더라도 임의의 동사에 사용하는 것이 허용되어 있으며, 현재 *burnable* poison / *expandable* into series / in *operable* condition 등 논문에 자주 사용되고 있는 형용사라도 보통의 사전에는 나와 있지 않다. 사전에 없는 형용사를 새로 만드는 경우의 주된 통칙은 다음과 같다.

① - able로 하고, - ible는 사용하지 않는다.
② 동사의 어미가 - e인 경우는 이를 삭제한다. 예를 들어, *usable, likable.* 단, - ce, - ge는 *pronounceable, manageable*과 같이 - e를 남긴다.
③ - ate 어미인 경우는 *appreciable, calculable*과 같이 - ate를 제거한다. 그러나 짧은 단어 등은 *creatable, locatable,* 또한 - ate를 삭제하면 이상하게 되는 경우에는 *generatable*과 같이 - at -를 남긴다.
④ 이 어미가 붙은 형용사에는 원래 "… 할 수 있다."라는 의미가 포함되어 있기 때문에, 중복하여 **can be - able**로 쓰면 "말에서 떨어져 낙마하여"처럼 같은 부류의 이중기술을 범하게 된다. … may be - able이라고 할 경우는 "… 할 수 있을지도 모른다."이다.

■ above

형용사로는 "상기(上記)의"라는 의미로 사용된다.

(14) The characteristics of the **above**[→ ***these***/ ***the foregoing***] materials are shown in ….

이 예문에서 괄호 안이 더 자연스럽다. 원문과 같은 above의 사용법은 상업문이나 기술시방서 등에 자주 사용되나 논문에는 어울리지 않는다. above-mentioned도 왠지 상업문적인 느낌이 든다.

또한 전치사로서의 above는 higher than, larger than 등의 표현 대신에 at pressures ***above*** 10^{-2} torr와 같이 사용하면 간결하게 표현할 수 있다.

■ adequate

사물의 소질이 정량적으로 충분한 것을 표현하는 데 사용하는 형용사이다.

(**15**) An accuracy of ±1% is quite *adequate* for the present purpose.

이것이 정성적인 상태의 기술이라면 모양이 달라진다.

(**16**) We sum up the terms with **adequate** [→ ***suitable***] weighting.
(**17**) The DWBA theory is **adequate** [→ ***valid***/ ***applicable***] only when β is small.
(**18**) This method fails to yield an **adequate** [→ ***valid***/ ***adequately precise***] solution.

이와 같이 suitable(적당한) / valid(타당한) / applicable(적격한) 등의 표현이 좋다. 예문 (18)의 [ ] 안의 *adequately precise*는 "충분히 정확한"으로 충족성을 정량적으로 취한 형태임에 주목해야 한다.

■ all / all of

일반적으로 of가 붙지 않으면 정량적, of가 붙으면 정성적이며 한정적인 표현이 된다.

(**19**) *All* the rare gas was released upon heating.
(**20**) *All of* rare gases were released upon heating.

예문 (19)에서는 "희박원소 가스가 시료 내에는 조금도 남아 있지 않고 전량 방출되었다."로 되며, (20)의 경우는 "시료 중에 있던 희박원소 가스의 전 종류(全種類)가 방출되었다."로 되어, 전량 남김없이 방출되었는지의 여부는 말하고 있지 않다.

또 all of는 독자가 알고 있는 특정 범위의 몇 개의 주체에 한정시켜 다룬 형태이다.

> (**21**) The results obtained from *all of* [(a)] these tests proved correct in *all* [(b)] respects.

문장 중 (a)의 *all of*는 독자가 알고 있는 일련의 시험을 한정적으로 지정하여 "이들 시험에 관한 한 얻어진 결과는 모두 정확하다."이다. 이에 반해 (b)의 *all*은 "모든 의미로 맞았다."로서 저자는 그 정당성에 대해 새삼스럽게 한정적인 조건을 붙일 의지가 없음을 나타내고 있다.

> (**22A**) *All* of these methods did not converge.
> (**22B**) *None* of these methods converged.

여기에서 예문 (22A)의 경우는 "모든 방법이 수렴되지는 않았다."의 의미로서, 바꿔 말하면 "어떤 것은 수렴했다."라는 것이 되나, (22B)에서는 "수렴한 것은 하나도 없었다."이다. 따라서 예문 (22B)의 의미로 (22A)를 사용하는 것은 오류이다.

■ another

> (**23**) One half of the worlds population is male, **another** [→ ***the other***] half is female.
> (**24**) Of the 8 peaks, 7 have been identified ; **another** [→ ***the remaining***] peak is very low.

2종류 중 1종, x개 중의 나머지가 1개라면 많이 있는 나머지 중 어느 것을 의미하는지의 불명확성은 없다. 따라서 이와 같은 경우에 불확정적인 의미를 포함한 another는 어울리지 않고, 괄호 안과 같이 정관사를 사용한 표현으로 해야 한다.

나머지 중 어느 것인지 확실하지 않은 것은 다음과 같은 경우로 another가 정확히 들어맞는다.

(25) *Another* reactor concept that is now attracting attention is the HTGR.

각종 노에 관한 화제 중에서 신형 노의 단계에서의 첫머리이나, 그때까지 상당히 노에 대해서 언급되어 있다고 하더라도 많은 종류가 있는 노 중에서 이 HTGR가 남은 단지 1개의 노라는 것은 아니기 때문에, 남겨진 많은 종류 중에서 한 예로서 another가 어울린다.

■ any

(26) The gas and liquid velocities did not differ at *any* position.

(26)′ The gas and liquid phases have the same velocity *at* **any** *point* [→ *at* ***all*** *points*].

(27) *Any* matter adhering to the wall will affect the experimental results.

(27)′ Ultrasonic waves were applied to remove **any** [→ ***all***] adhering matter.

예문 (26)에서는 "기체속도와 액체속도는 어떤 점에서도 상이하지 않았다." 이고, (27)에서는 "부착물은 어떤 것이라도 실험결과에 영향을 준다."라는 경우로 **any**는 "사상을 구성하는 많은 요소 중 어느 하나를 취해도"로 분석적인 취급을 할 때 사용한다.

이에 반해 예문 (26)′의 "모든 위치에서 …"나, (27)′의 "부착물은 남김없이…"와 같이 사상을 종합적으로 다룰 경우에는 **all**을 사용해야만 한다.

또 any 뒤에는 not이 올 수 없다.

(28) **Any** gaseous products were **not** *found.* [→(a) ***No*** gaseous products were *found*/(b) ***No*** gaseous product was *found*]

괄호 안의 개정안 (a)는 ***no***+복수명사로 되어 있다. 논리적으로는 1보다 훨씬 작은 0이 복수라는 것은 불합리하나, *none of the*+복수의 다른 표현으로 볼 수 있다. *all of the*…의 반대로서 "기체생성물이 어떤 종류도 나오지 않았다."라는 의미로 사상을 정성적, 종합적으로 다룬 것이다. 이에 비해 (b)의 ***no***+단수명사는 정량적, 분석적인 취급방법으로 기체생성물은 조금도 나오지 않았다의 의미이다.

(29) **Any** unsafe condition was **not** detected throughout the experiment. [→(a) ***No*** unsafe condition was *ever* detected …/(b) The experiment was completed with ***no*** detection of *any* unsafe condition]

개정안 (a)는 앞의 예문 (28)과 궤를 같이 한 수정이나, any가 갖는 강조적 색채를 수식부사 *ever*로 표현했다. 개정안 (b)는 거의 의인법적인 수법을 가미시킨 구문이다. 이 문장에서는 no와 any가 같이 있으나, 앞의 예문 (26)과 마찬가지로 any보다 앞에 no/not이 옴으로써 금지된 any+not의 구문은 아니다.

(30) Boiling reactors do **not** *have* **any** secondary coolant system. [→Boiling reactors *have* ***no*** secondary coolant system.]

"… not have any …"라는 표현은 I *don't have any* money 등과 같이 회화체에서는 자주 쓰이며, I *have no* money라는 정규 구문보다 무난한 형태이나 논문에 사용하면 지나치게 스스럼없이 받아들여져 곤란하다.

■ apart

apart는 사전에 "떨어져서"라는 번역도 나와 있으나, "… 부터 50 mm 떨어진 점"은 다음과 같이 정성적으로 "구별하다"와 같은 경우에 사용한다.

(31) … a point 50 mm ***distant*** [← **apart**] from ….

예를 들면, "방사능이 수반된다는 점에서 원자력은 다른 에너지 발생법과 다른 종류의 것"이라고 할 경우 다음과 같이 표현한다.

(32) The involvement of radioactivity sets nuclear power ***apart*** from other forms of energy generation.

이외에 apart의 효용으로서는 from과 조합시켜 "… 는 별도로 …"의 의미를 나타내는 데 편리한 수식어이다.

(33) Increasing the heat flux produced no significant effect ***apart from*** a slight rise in temperature.

■ both

(a) both는 "양쪽"이 아니라 "양쪽 모두"이다

한국어 번역시 both를 "양쪽 모두"로 해석했을 때 맥락이 어색해지면 그곳에는 both를 사용하지 않는다. 예를 들어, "양자가 일치"라든가 "양자간의 차이"라고 하는 경우에 "양자 모두"는 앞뒤가 맞지 않는다.

(34) **Both** [→ ***The two***] results agreed with each other.
(35) The pressure difference between **both** [→ ***the two***] sides of the membrane ….

양쪽 모두라는 것은 한 쌍의 주체가 한쪽만이라도 어느 상태를 나타내는 것이 가능한데도 가끔 그들 양 주체가 모두 그 상태로 된 경우에 적합하다.

(36) ***Both*** calculation and experiment indicate rising efficiency with increasing pressure.

그런데 "경계면의 양측 모두 같은 상태"라고 하는 경우 반대측과 비교하여 같은지를 확인할 수 없으므로, 논리적으로 both는 사용할 수 없으나, 양측 모두 같다라는 표현이 한국어에서 거의 저항감 없이 통용되는 것과 같이 영어에서도 이와 같은 경우에는 both를 사용할 수 있다.

(**37A**) The density is the same on ***both*** sides of the boundary.

그러나 이와 같이 논리와 구문 간의 사리에 어긋남이 한국어와 영어에서 공통적으로 허용되는 것은 극히 예외적인 경우라고 생각하는 것이 좋으며, 내용의 정확한 전달을 사명으로 하는 논문에서는 구문과 논리를 조화시키기 위해 세심한 신경을 쓸 필요가 있다. 예문 (37A)을 보다 정확하게 표현해 본다.

(**37B**) The density *does not differ between the two sides* of the boundary.

경계면을 경계로 양측이 공통의 양상을 나타낼 경우 그것이 전부 동등한가, 단순히 공통점을 갖는 것에 지나지 않는가에 따라 표현이 당연히 달라져야만 한다.

(**38A**) The density is identical **between the two** sides of the boundary.
(**38B**) The density is uniform **on either side** of the boundary.

예문 (38A)는 밀도가 경계면의 양쪽에서 서로 동등하다는 의미이고, (38B)는 양측에서 모두 균일하다는 의미로 된다.

(b) both 앞에 the는 붙이지 않는다

(39) **The both** *ends of* the tube … → ***Both*** *ends of* ….

튜브에 끝은 둘밖에 없으므로, 그 양단이라고 하면 불확정 요인이 전혀 없기 때문에 당연히 정관사를 붙여야 하나, both에는 관사를 붙이지 않는다.

(c) both … and …

> **(40A)** … *sensitive to* ***both*** neutrons ***and*** γ-rays.
> **(40B)** … *sensitive* ***both*** to neutrons ***and*** to γ-rays.
> **(40C)** … ***both*** sensitive to neutrons ***and*** responsive to γ-rays.

"both … and …"로 계속되는 구문에서는 both 앞에 쓰여진 형용사나 전치사[예문 (40A)의 *sensitive to*]는 *and* 뒤에 다시 쓰지 않더라도 그 효과가 파급되나, *both*와 *and* 사이에 써 넣은 어구는 *and*에 가로막혀서 그 후에는 힘을 발휘하지 못한다. 따라서 예문 (40B)와 같이 *both* to neutrons의 순으로 쓰여졌을 때에는 *and* to γ-rays로 to를 반복해야 한다. 예문 (40C)에서는 형용사까지 포함한 전치사구 sensitive to를 전부 ***both*** 뒤로 가져 왔기 때문에 ***and*** 뒤에 이것을 또 전부 반복하는 상황이나, 이 경우 중복을 피하여 동의어인 다른 단어 responsive를 도입하였다.

예문 (40B)에서 ***and*** 뒤의 to를 생략한 예를 들어본다.

> **(41)** The detectors are ***both*** sensible *to* neutrons and γ-ray.

이는 "쌍방의 검출기 모두 중성자와 선을 감지한다."라는 의미가 되며, "검출기는 γ선 모두 감지한다."라는 의미는 아니다.

요약하면 이 both 형용사는 문 중에서 될 수 있는 대로 뒤쪽에 가져가는 것이 좋다.

> **(42)** ***Both*** regions of core and reflector …. → The regions of ***both*** core and reflector ….
> **(43)** ***Both*** aerosol concentrations of Na and I …. → The concentrations in the aerosol of ***both*** Na and I ….

또 both of는 앞에서 기술한 all of보다도 더 한정적인 의미가 되어, "그 양쪽 모두"라고 꼭 말하고 싶을 경우에 *both of* ***them***(***these***, ***those***) 등의

형태로 사용되나 이와 같이 한정적인 의미가 포함되지 않는 한 아래 예문과 같이 of는 첨가하지 않는다.

(44) **Both of** [→ ***Both***] BWR's and PWR's are used for power generation.

■ different

be+different라는 조합은 비기능적 동사+형용사 → 기능적 동사로 바꾸는 쪽이 힘차고 간결한 문장이 된다.

(45) The gas release behavior **is different** [→ ***differs***] from that of U-Al foil.

(46) The experimental error **showed a different** value depending on the measuring point and chamber. [→ The experimental error ***differed*** *from* measuring point *to* measuring point and *from* chamber *to* chamber.]

예문 (45)는 측정장소나 기구를 각각 바꾸어가면 그것에 따라 측정오차가 변해 가는 양상을 기술한 것이다. 이와 같은 경우에는 괄호 안과 같이 ***differ*** *from X to Y*로 바뀌어가는 요인의 명칭을 반복하는 구문이, 그 요인의 변천에 따라 고찰 대상의 양상이 변화해 가는 상황을 잘 전할 수 있다.

기능적 동사로서는 differ 외에 deviate(떨어지다, 빗나가다), diverge(점점 떨어지다), contrast(대조적으로 달라지다) 등도 아래 예문들과 같이 적절히 기용하면 좋다.

(47) The measured value of *f* **is different** [→ ***deviates***] from the calculated result.

(48) The plots ***diverge*** increasingly from the theoretical curve toward higher values.

(49) The rising trend of curve *A* ***contrasts*** with curve *B*, of lowering tendency.

■ difficult

한국어로 상대방에게 거절할 때 "그것은 어렵겠는데"라고 할 때의 "어려움"은 시험문제 등의 "어려움"과는 달리 불가능이라는 것을 돌려서 말하는 것으로, 이것을 직역하여 difficult를 사용하는 것은 마치 "아무 것도 없습니다만"을 there is nothing으로 번역하는 것과 같다. 한국어에서 사용되고 있는 단어가 돌려서 표현된 것을 깨닫지 못하면 어색한 영어가 되고 만다.

> (50) A quantitative analysis was **difficult**. [→ ***could not be obtained***]

먼저 언급한 시험문제에서도 실제 어려운 것은 그 문제를 푸는 것으로, 이를 고려하여 적당한 표현을 사용하든지 보다 적절한 표현을 찾아볼 필요가 있다.

> (51) This introduces a **difficult** *problem*. [→ *problem* ***difficult to solve*** / ***complex*** *problem*]

■ each

(a) 사용방법에 따라 (가) 형용사 (나) 대명사 (다) 부사 등이 되나, (가)(나)의 경우는 each가 지배하는 단어가 단수인 점에 주의한다

> (52A) *Each* curve ***was*** examined for correctness.
> (52B) *Each* of the curves ***was*** [← **were**] examined ….
> (52C) The curves ***were*** *each* examined ….

예문 (52A)에서 each는 형용사이므로 이것이 수식하는 curve는 따라서 단수이고 동사 ***was***도 단수이다. 다음의 예문 (52B)에서는 each가 대명사로 이것이 주어 역할을 하기 때문에 동사 ***was***도 단수이다. 이 동사 옆의 curves 때문에 **were**라고 복수로 하면 틀린다. each가 부사인 (52C)에서 each는 주동사 ***were***에 직결되어 이것을 수식하고 있으며, 부사이기 때문에 동사의 활용에는 어떠한 영향력도 없다. 따라서 이 문장에서 주어가 curves로 복수이므로 동사도 단수로 해서는 안 된다.

(b) "각각, … 마다"의 each는 every와 어떻게 구분해서 사용해야 되는가가 문제이다

> (**53**) The power distribution was obtained (a) *for* ***each*** *assembly* / (b) *for* ***every*** *assembly.*

(a)의 ***each*** *assembly*에서는 "집합체 각각에 대해서"(개별만의 개념)이고, (b)의 ***every*** *assembly*는 "집합체 개별에 하나도 남김없이"(개별과 전부)로 every에서는 개념이 한 가지 더 추가된 느낌이다. 그런데 이 형용사가 수식하는 주체가 위의 예와 같이 사물이 아닌 수량인 경우에는 느낌이 오히려 반대가 된다.

> (**54**) Samples were collected (a) *from* ***each*** *10 ml* / (b) *from* ***every*** *10 ml* of eluate.

(a) *from* ***each*** *10 ml*에서는 "10 m*l* 마다 구분된 추출액의 각각으로부터"이고, (b)의 *from* ***every*** *10 ml*는 "10 m*l* 마다" 시료를 채취한 느낌으로, 즉 예문 (53)과 반대로 ***each*** *10 ml*가 개별과 전부의 개념을, ***every*** *10 ml*가 개별만의 개념을 띠고 있다. 주체가 사물일 경우는 「individual+복수명사」가 each보다 전부의 개념을 약화시킨 표현이 된다.

> (**55**) The overall variation is small but the ***individual*** variables fluctuate widely.

즉, "변화는 총체적으로 작으나 그 구성변수는 개별적으로 심하게 변동한다."로 현상을 "전체적"으로서가 아니라 "개별적"으로 다룬 형태가 이 「individual+복수명사」의 표현이다.

■ few

(a) 긍정적 개념

"적지만 존재한다."로 그 주체가 존재하는 것이 주지의 사실이라면 few 이외의 어구를 사용하는 것이 좋다.

(56) The spectrum possesses ***a few*** peaks. → … possesses (a) ***several***/(b) ***a small number of***/(c) ***only a very limited number of*** peaks.

(a)의 "어느 정도의 수"와 같이 꽤 적극적인 표현으로부터 (c)의 "극히 적은 수"까지 적은 정도가 강해져 가나, 이런 종류의 기술에서 few는 너무 진부한 표현이다. 수식되는 주체가 위의 예와 같이 목적어가 아니라 주어 또는 주격보어인 경우는 "소수의"를 *not many*로 역의어(逆義語)의 부정으로 표현하는 것이 영어적인 표현이다.

(57) ***Not many*** experiments have followed this pioneering work.
(58) There were ***not many*** people in the room.

또 한국어의 소수를 그대로 **few number**로 직역하면 안 된다. *few* 자체가 소수로서 수의 개념을 내포하고 있기 때문에 **number**를 붙이면 중복이 된다. 따라서 소량은 ***small amount***/***small quantity***/***not much***이다.

(b) 부정적 개념

"있기는 하나 거의 없다."의 경우가 *few*의 본질로 hardly any와 동의어이다.

(59) ***Few*** reactors today incorporate really up-to-date control systems.
(60) Their application is today limited to ***a few*** experimental reactors.

예문 (60)은 부정관사가 붙어서 다소 긍정적으로 "아주 약간이지만 있기는 있다."가 되나, (56)과 달리 이 경우는 동사 limited가 "… 에 한정되다."로 *few*의 부정적 표현에 가깝기 때문에 나름대로 이 형용사가 어울리는 인상을 준다.

■ less

많은 경우에 다음과 같이 smaller *number*(*amount*/*quantity*) of 등 다른 표현으로 바꾸는 편이 문체가 정리된다.

(61) Equally accurate results were obtained with **less** [→ ***smaller number of***] mesh points.
(62) Samples containing **less** [→ ***smaller quantities of***] plutonium were counted during a longer interval.

"가능한 한 적게"는 as **less** as possible이 아니라 as ***small*** as possible이고, 또한 "가능한 한 적게 하다."는 ***minimize***의 기능적 동사 하나로 완전하게 처리될 수 있다.

(63) The temperature deviations should be **made as small as possible** [→ ***minimized***].

■ little

few가 "수"를 대상으로 하는 데 비해 little은 "양"을 나타내는 표현으로, 이 역시 부정적인 표현인 "거의 없다"에 사용하는 것은 좋으나, "적다"라는 의미에 사용하면 few 이상으로 진부한 표현이 된다.

(64) The effect is large for molecular flow but **little** [→ ***small***] for viscous flow.
(65) The nuclides were very ***little*** contaminated.

■ more or less

이 단어는 "다소"라는 의미로는 사용되지 않고, 정확하게는 "높고 낮음은 있으나 일반적으로", 즉 "대체적으로", "어느쪽인가 하면" 등이다.

(66) These values deviate **more or less** to the higher side. → … deviate ***to some extent*** to ….

한국어에서 "다소 높은 쪽으로 치우쳐져 있다."라고 하면 오차의 방향과 양 모두를 문제 삼고 있다고 볼 수 있으나, 그 번역으로 위의 예문 (66)의 **more**

or less를 사용한 문장에서는 이것을 읽는 사람은 양에 관해서는 문제의식을 갖지 않고 오직 오차의 방향, 즉 "굳이 말하자면 위쪽이다."라고 지적되어 있는 것으로 이해한다.

한국어의 다소에 해당되는 영어 단어로는 some, some amount of, to some extent 등이 적합하다.

> (67) Commercially sold materials inevitably contain **more or less** [→ ***some amount of***] impurity.

■ most

all, both와 마찬가지로 일반적으로 **of**를 붙일 수 없다.

> (68) **Most of** [→ ***Most***] modern centrifuges are arranged as shown in Fig. 2.
>
> (69) In **most of** [→ In ***most***] reactor types ⋯.

of를 붙이는 것은 all, both와 마찬가지로 그 주체에 관한 일반론이 아니고, 독자가 이미 알고 있는 특정범위에 한정된 내용인 경우이다.

> (70) In *most* ***of*** the reactor types discussed at this meeting ⋯.

예문 (69)가 "노형 일반"에 관한 기술인 데 비해, 예문 (70)에서는 "이 회의에서 논의된 노형 중의 대부분"으로 고찰범위가 한정되어 있으며 그 때문에 of를 붙인다.

■ necessary

It is necessary ⋯ 는 「*to*+부정사」로 이어지는 것이 정석이며 이 구문에 명사가 직접 연결되어서는 안 된다.

> (71) *It is necessary* **a new parameter** to be introduced. → *It is necessary* ***to introduce*** a new parameter.

*it*으로 시작하는 구문(*It* is certain ; *It* does not matter … 등)에 관한 통칙으로서 바로 뒤에 명사가 이어지면 그 명사와 주어 *it*의 관계가 불안정하게 되어 문맥이 매끄럽지 못하다. 반대로 it으로 시작하지 않는 구문이라면, 「… *necessary* + **to** + 부정사」로 해서는 안 된다.

(**72**) Boundary conditions **are necessary to be considered** → Boundary conditions ***must be considered*** / ***require consideration.***

"돈이 필요", "고려가 필요"와 같이 그 사상 자체에 필요성이 관련되어 있을 때에는 money / consideration is *necessary*로 그 주체를 주어로 하면 좋다. 그러나 "돈을 손에 넣을 필요", "고려할 필요" 등과 같이 필요성이 그 주체를 어떻게 하는 경우는 앞의 it으로 시작하는 구문으로 하든지, *necessary*를 빼고 예문 (72)의 대안과 같이 must, require 등에 의한 다른 표현을 선택해야만 한다.

■ no / not

(a) 부정의 의지는 빠르게

" *α* 방사능은 검출되지 않았다."를 직역해 보자.

(**73A**) Alpha activity was **not** detected.

이것으로 문제는 없으나 영어적인 발상에 따르면 다음과 같이 쓰여진다.

(**73B**) ***No*** alpha activity was detected.

한국어에서는 부정의 표현 "않다", "없다" 등은 모두 문장 끝에 오나, 영어에서는 이와 정반대로 부정의 표시는 가능한 한 빠른 시기에 처리해 두는 편이 좋다. 다른 예를 들어본다.

(**74**) Marked difference was **not** observed [→ ***No*** marked difference was observed] between the two cases.

부정의 표시를 빠르게 하고 주동사가 늦게 나타나는 것을 피해 문장을 구성해 보자.

> (75) Comparison between the observed and estimated values was **not** made. → ***No*** Comparison ***was made*** between ⋯.

(b) 부정의 강조

no sign of, no trace of 등과 같이 주어 · 주격보어를 수식하는 부정 형용사(구)를 강조하기 위해서 사용된다.

> (76) ***No sign of*** wear was observed even after two years of use.
> (77) After reaction, there remained ***no trace of*** the starting material.
> (78) ***No evidence of*** space dependence could be discerned in the slowing-down time.

부정의 강조에 **any** / **all**을 사용하면 틀린다.

> (79) **Any** gaseous product were not detected. → ***No*** gaseous product ***at all*** were detected.
> (80) **All** of these series did not converge. → ***None*** of these series converged.

(c) 부분부정 : not all ⋯ / all ⋯ not

일부분에 대해서는 긍정하고 나머지 대부분에 대해서는 부정적인 경우에 사용된다.

> (81) ***Not all*** of the I was removed by the trap.
> (82) ***All*** isotopes are ***not*** radioactive.

(d) no + ever = never

(83) **No** application of the method to this problem has **ever** been made. → The method has ***never*** been applied to this problem.

위의 예문에서는 **no** → ***never*** 의 보정 외에 「보조적 동사(make) + 명사」(application) → 기능적 동사(apply)의 수정도 함께 되어 있다.

■ none

none of는 all of의 반대로 선행문의 내용으로부터 독자가 이미 알고 있는 각종 주체가 정성적으로 전혀 없을 때 사용된다.

(84) ***None of*** the transplutonium elements can be produced by this means.

즉, "이 수단으로는 어떤 초Pu 원소도 만들 수 없다."로 정량적으로 몇 밀리그램을 만들 수 있을 것인지는 문제 삼고 있지 않다. 참고로 정량적인 고찰로 "조금도 없다."의 경우는 *no* 를 사용하여 표현한다.

(85) ***No*** fission product must be released.

이때의 방출금지는 종류에 관계없이 "방출량은 0이어야만 한다."라는 의미이다.

■ only

(a) only의 올바른 용법

이 단어는 형용사와 부사로 사용되며, my *only* hope, *only* seldom 등으로 "단 하나의", "아주 … 밖에"와 같이 근소함, 미소함의 정도를 작위적으로 나타내는 데 사용된다.

(86) These are the *only* instances known of this phenomenon.

(87) The same procedure is applicable with *only* very slight modification.
(88) *Only* seldomly are triggers accompanied by correlated counts.

위의 각 예문은 "단지 하나의 예", "아주 작은 변경으로", "좀처럼 드물게"로 모두 숫자나 정도가 아주 작은 것을 강조하려 하는 것을 알 수 있다.

(b) only → alone

앞에서 예시한 것과 달리, 작위 없이 순전히 객관적인 한정을 나타내고자 할 때, 즉 "… 만에 한하여"라는 표현에는 alone을 사용한다.

(89) We experimented *with a new medicine* ***alone***. ← … **only** *with a new medicine.*
(90) These errors are due *to statistical fluctuations* ***alone***. ← …due **only** *to statistical fluctuations.*

예문 (89)에서 only를 사용한 구문이라면, "겨우 신약만으로 실험하지 않았다."로 상당히 비하시킨 느낌의 기술이 되며, 예문 (90)에서는 "오차는 단순히 통계적 변동에 의한 것에 지나지 않는다."로, 이번에는 대수롭지 않게 보는 것처럼 된다. 저자에게 이와 같은 작위가 없었다고 한다면, only를 사용한 것만으로 엉뚱하게 독자로부터 오해를 받기 쉽다.

(91) The mean free path associated *with thermal scattering* ***alone*** [← **only** *with thermal scattering*] is dependent on temperature, whereas that associated *with impurity scattering* ***alone*** [← **only** *with impurity scattering*] is temperature independent.

이 예에서는 평균자유행정을 순수하게 객관적, 정성적으로 "열적 산란에만 의한 것과 불순물 산란에만 의한 것"으로 나누어 그것들이 상호간에 다른 거동을 한다는 내용으로 "겨우", "아주 적은"과 같은 주관적인 평가와는 전혀 관계없기 때문에 여기에 only를 가져와서는 안 된다.

(c) only → solely

only가 "아주 작은"의 정량적이고 또 주관적인 평가에 기초한 표현인 데 비해, alone 은 "··· 만에 한하여"의 정성적이고 객관적인 한정의 표현이라고 하였다. 정량적이면서도 객관적인 한정을 표시하는 데는 sole, solely를 사용한다.

(**92**) This spectrum ***solely*** *comprises neutrons* [← *comprises neutrons* **alone**] above 4 MeV.
(**93**) The total albedo can be determined from *knowledge* ***solely*** *of the fraction* [= *knowledge of the fraction* ***alone*** / ← *knowledge* **only** *of the fraction*] of the reflected photons.

예문 (92)에서 중성자가 4 MeV 이상의 범위에 한정되어 있는 것을 보이는 데 only로는 앞에서도 열거하였던 이유로 적합하지 않다. 괄호 안의 alone으로는 중성자라는 것에 한정되어버려 정성적으로 모든 중성자를 범위 내에 일단 집어넣은 형태가 되어, 후속되는 4 MeV 이상이라는 정량적인 한정과 양립하지 않는다. (93)에서는 "반사된 광자"에 관한 각종 데이터 중 그 "전체에서 차지하는 비율"만을 알면 총 albedo가 산출될 수 있다는 내용으로, 따라서 괄호 안의 ***alone***을 사용한 구문도 좋다.

(d) 구문상의 문제

only는 *only* one, *only* seldom 등과 같이 선행 수식어나 for men *only* 등과 같이 후속사로서 어느 경우에도 사용할 수 있으며, he *only* spoke for *ten minutes*와 같이 only와 수식되는 단어 사이에 다른 단어가 개입할 수도 있다. 한편 alone은 예문에서 보인 것과 같이 오직 수식되는 단어의 직후에 놓인다.

(**94**) This *only* cost $ 1,000,000. / This *alone* cost $ 1,000,000.

위의 두 예문 중 전자의 *only*는 후속 동사에 대해 "100만 달러 들었을 뿐"으로 적게 들었음을 지적하고 있는 것과 대조적으로, 후자의 *alone*은 선행하는 this에 관하여 이것만으로도 소비한 돈의 총액이 컸음을 암시하고 있다.

only는 이와 같이 피수식어에 대한 위치가 정해지지 않는 성질이 있기 때문에, 이 단어를 사용할 경우에는 그것이 어느 어구를 한정하고 있는지 독자가 쉽게 알 수 있도록 구문을 음미할 필요가 있다.

(**95A**) Carbide formed was *ThC* **only** *upon heating* to any temperature.

"어떤 온도로 가열해도 생성된 화합물은 *ThC* 뿐이었다."라는 내용의 기술을 위의 예문과 같이 하면, 이것을 읽는 사람이 **only**를 후속의 *upon heating*에 붙여서 "… 로 가열하여 비로소"로 자연스럽게 받아들일 것이며, 어딘가 이상하다고 생각되어 다시 읽어 비로소 이것이 *ThC* **only**로 선행어에 대한 한정이라는 것을 알아차릴 것이다. 이런 문장은 독자의 판독력에만 의존하는 무책임한 구문이라고 할 수밖에 없다.

(**95B**) At all temperatures, *ThC* was the *only* carbide that was formed.

(**95C**) *No* carbide *other than ThC* was formed *at any temperature.* [=*formed upon heating to any temperature*]

개정안인 예문 (95B)는 only를 "많은 탄화물 중 단 한 종류"로 정량적으로 다룬 표현이다. 또 원안의 "어떤 온도로 가열해도"는 "모든 온도에서"로 간소화된 표현을 사용하고 있다. 한국어를 영역할 때는 긍정형의 표현을 부정구문으로 치환하는 편이 보다 영어답게 된다고 하였는데, (95C)가 그 한 예이다.

■ other

구문상의 문제로서 *than*과의 조합에서는 than과 떨어지면 문장의 의미가 선명하지 못하게 된다.

(**96**) Neutrons belonging to **other** families *than* the trigger pulse
→ … to families ***other*** *than* ….

(**97**) The effect of **other** chains *than* the one that was registered → … of chains ***other*** *than* the one ….

■ possible

(a) possible은 무엇을 수식하는가

한국어는 편리한 언어로서 "이 계기는 직독이 가능"이라고 할 때, 가능한 대상으로 계기 또는 직독 모두를 취할 수 있다. 이 융통성을 *possible*을 사용한 영어문장으로 바꾸어 본다.

(98A) **This instrument** *is possible* for direct reading.

그러나 *possible*이 수식하는 어구는 다음과 같이 가능성을 보유하는 주체 그 자체가 아니라 가능한 사상이어야만 한다.

(98B) ***Direct reading*** *is possible* for this instrument.

만일 주체 자체를 주어로 놓을 경우는 아래와 같이 하면 좋다.

(98C) *This instrument* ***permits*** direct reading.

이 ***permit***이라는 동사는 제3자(본 예에서는 실험자, 사용자 등)에 대해 가능성을 부여하는 경우에 사용되나, 만일 주어 자체가 가능성을 가진다면 can 등을 사용한다.

(99) ***This instrument*** *can* give direct indication of power level.
[← **This instrument** *is possible* to give direct indication of power level.]

이 경우 괄호 안과 같이 *possible*이 가능성을 보유하는 주체쪽을 수식해서는 안 된다.

(b) it을 사용한 구문

전 단락의 예문 (99)와 같이 가능성 있는 사상이 명사가 아니고 동사로 표현되는 경우에는 *it is*를 사용한 구문이 자주 쓰인다.

> (100) ***It is*** *possible* for this instrument *to give* direct indication of power level.

이 경우의 ***it***은 후속의 "출력 레벨을 직접 지시하다."라는 사상을 선취한 기술이기 때문에, 앞에서 기술한 possible의 규칙에 위배되지 않는다.

또한 it is possible *that*… 은 "… 라는 것이 있을지도 모른다.", "… 의 가능성이 있다."로서, "… 라는 것이 가능하다."의 의미는 아니다.

> (101A) *It is possible that* the instrument error is minimized.

이는 "계측기의 오차가 최소일지도 모른다."이다. "… 를 최소로 하는 것이 가능하다."라는 의미는 다음과 같이 표현한다.

> (101B) *It is possible to* minimize the ….

(c) 실험자, 저자를 문장 중에 등장시키기 위해서

예문 (98C)에서는 실질적으로 가능성을 부여받은 주체는 직접 문장 중에 나타나지 않았으나, 이것을 등장시키는 경우에도 사용자나 저자가 스스로 possible의 수식대상이 되어서는 안 된다.

> (102) **We are** *possible* to directly read the power level. → ***It is*** *possible* ***for us*** to directly read the power level.

(d) make possible

> (103A) This makes **direct reading** possible.
> (103B) This *makes **it** possible* (***for us***) ***to*** directly read the power level.

"… 에 의해 가능하게 되었다."의 표현을 위의 예문과 같이 해도 좋으나,

(103C) This *makes* **us** *possible* to …. 또는 This *makes possible* **the power level** to be ….

이 경우에 다음과 같은 표현은 앞에 기술한 규칙에 비추어 볼 때 불가능하다.

■ preferable

*A*와 *B*를 서로 비교하여 "*B*보다 *A*쪽이 바람직하다."와 같이 상대적으로 좋은 것을 표현하는 데 사용한다.

(104) Since Al-U alloy is liable to melt during irradiation, it is ***preferable*** to use U-oxides.

여기서는 Al-U 합금과 U 산화물의 두 물질이 고찰 대상이 되고, 그 중 후자가 보다 좋다는 것이다.

(105) A method equally applicable to the (IV) and (VI) states is ***preferable*** to one usable only on the (IV) state.

이에 비해 하나의 주체만을 다루어 다른 것과 비교하지 않고 그것 자체의 본질로서 "썩 알맞다"라고 보증할 경우는 *suitable*, *desirable* 등이 적합하다.

(106) For neutron flux measurements in a subcritical assembly, it is **preferable** [→ ***desirable***] to have a small detector.

*preferable*을 *necessary*의 소극적인 표현 정도로 생각하여, 가볍게 사용하는 것은 오류이다.

(107) For the above reasons, *it is* **preferable** [→ ***the necessity would be felt***] to analyze the exact behavior of neutron waves.

■ present

동사 exist(3.4.2항 참조)와 관련해서도 기술하였으나, exist가 어디에 있는지에 관계없이 "존재하다"인 경우에 쓰여지는 데 비해, be present는 예를 들어 "차폐 밖에는 방사능이 전혀 없었다."와 같이 사물의 "소재"를 의식한 경우에 적합하다.

(**108**) No activity at all was ***present*** outside the shielding.

■ remarkable

"현저하다"의 번역으로는 대부분의 경우 어울리지 않는 인상을 주게 된다.

(**109**) The two higher modes are seen to have shifted **remarkably** [→ ***markedly***] to the lower energy side.

(**110**) It is **remarkable** [→ ***notable***] that there exists another influential parameter.

(**111**) The distribution ratio rises **remarkably** [→ ***sharply***] with the concentration.

(**112**) The pressure depends **remarkably** [→ ***sensitively***] on the temperature.

*remarkable*은 본래 사람의 의표를 찌르는 듯한 경이적인 현상을 표현하는 데 어울리며, 예를 들어 주위의 노가 전부 50 % 대의 가동률로 허덕이고 있을 때, 1기만이 98 %를 유지하였다고 할 때 표현한다.

(**113**) This reactor maintained a ***remarkable*** 98 % power factor, when the remaining units were operating at only 50 %.

■ right

"오른쪽"이라고 할 경우에 - hand를 붙여쓰면, "정당하다"라는 의미로 쓰일 때와 확실하게 구별된다.

(114) The radial power peaking is indicated by the **right** [→ ***right-hand***] scale.
(115) The presence of y on the **right** [→ ***right-hand***] term indicates that y is dependent on x.

■ similar

"A는 B와 마찬가지로 해서 구해진다."는 의미이다.

(116) A is **similarly** *obtained* **as** B [→ A is *obtained* ***similarly to*** B].

이 형용사(또는 그 부사형)에 대해서 유의할 것은, 수반전치사가 **as**가 아니고 ***to***이며, ***similar***와 ***to*** 사이에 다른 단어를 끼워넣지 않는 편이 문장의 의미가 명확하게 된다. 이전에 들었던 나쁜 예 [3.5.1 (2)항 참조]를 다시 소개한다.

(117) These vacancies form a **similar** composite defect consisting of two kinds of oxygen vacancies and oxygen interstitials **to** that of UO_{2+x}. → These vacancies form a composite defect ***similar to*** that of two kinds of UO_{2+x}, consisting of two kinds of oxygen vacancies and oxygen interstitials.

■ so-called

이 형용사에는 한국어의 "이른바" 이상으로 그 명칭이 실태와는 동떨어져 있다는 지적을 포함하고 있다.

(118) We have thus proved the impossibility of realizing the ***so-called*** "perpetual motion".

"이른바 영구운동의 실현이 불가능함을 증명했다."로부터는 그 명칭, 즉 영구운동을 그대로 인정할 수 없다는 저자의 마음이 이 *so-called* 중에 내재되어 있다.

마찬가지로 *so-called* fool-proof devices라고 말하면 "일반적으로 바보가 사용하여도 실수가 발생할 수 없는 구조의 장치", *so-called* harmless drugs라면 "무해하다고 일컬어지고 있는 약"이라는 느낌으로 이들 모두 저자는 그 명칭이 실태와 동떨어졌다고 생각하는 경우이다.

위와는 달리 저자가 그 명칭에 대해 이래저래 비판할 기분이 아닐 때 부주의하게 이 표현을 사용하면 본의 아니게 그 명칭의 위신에 손상을 입히게 된다.

따라서 이 경우에는 so-called 대신에 *what is known as, what is called* 등을 사용한다.

(119) Myong has developed *the* **so-called** *j_n method* [→ ⋯ ***what is known as*** *the j_n method*].

(120) Thorium monocarbide of face-centered cubic structure belongs to *the group of* **so-called** [→ *the group* ***called***] "hard refractories".

(121) Rapid progress on the theoretical side has *produced the* **so-called** [→ *produced* ***what is known as*** *the*] "gap between theory and practice".

■ such

(a) such로 쓰고 싶은 곳을 유보

한국어의 "⋯ 와 같은"을 영역할 때 무시해야 하는 경우가 있다.

(122) The fission gas escape mechanism *comprises* **such** *the three successive processes* **as** [→ *comprises* ***the*** *three successive processes* ***of***] (a) release from trapping sites, (b) diffusion of released nuclides, and (c) desorption from fuel.

이 예문의 내용은 "핵분열 생성가스의 탈출기구"가 (a) 포획위치로부터의 방출, (b) 방출핵종의 확산, (c) 연료 표면으로부터 이탈의 3단계로 이루어진 것으로 명확한 사실이다. 따라서, 예를 들어 한국어의 원문에서는 "… 등과 같은"이란 여운을 주는 수식어가 첨가되어 있더라도, 이를 영역할 때 빼버리지 않으면 논리적으로 성립되지 않는다.

(b) such와 etc.는 양립하지 않음

한국어의 "… 등과 같은"을 꼭 영어로 표현해야 할 경우 "… 와 같이"로 하여 *such as*로 번역하면 나머지의 "등"도 이 형용사구 중에 내장되어 있기 때문에, 또다시 말미에 *etc.* 또는 *and others* 등을 첨가하면 중복이 되어버리므로 주의할 필요가 있다.

> (**123**) Auxiliary components *such as* switches, relays **etc.** → … such as switches and relays (—).

(c) such … as와 … such as

> (**124**) When one considers *such* problems *as* effluent gas, ….

이것을 선행문이 없는 독립된 문장으로 간주하여, 문장을 *such* problems로 끝낸다면 "이와 같은 문제"가 어떤 문제인지 상대방은 알 수 없다. 이어지는 "배출가스"라는 예시가 있어야만 비로서 의미가 전해진다.

> (**125**) When one considers environmental problems *such as* effluent gas, ….

그러나 이 구문이라면, *such*가 나타나기 전단계에서 "문제"가 "환경문제"인 것이 개진되어 있으므로 다음에 오는 예시는 보충설명에 지나지 않아 없어도 치명적이지 않다. 즉, 예문 (124)의 *such X as Y*형의 구문에서 *X*는 *Y*에 의해 제약받아, *Y*가 없으면 *X*는 끈이 끊어진 연과 같이 된다. 그것이 예문 (125)의 *X such as Y*형이라면 *Y*의 역할은 *X*에 대해 제약을 주는 것이 아니라 단순히 *X*의 양태를 예시에 의해 부각시켜서 설명하는 데 지나지 않는다.

■ well-known

이것은 통속적인 의미로 지명도를 나타내는 "저명한", "유명한"이란 뜻의 형용사로, the *well-known* TV talent, the *well-known* Carter policy on non-proliferation과 같은 경우가 적당한 용례이다. 한 단계 더 나아가 독자층이 한정된 논문인 경우에도 the *well-known* Plank theory of quanta, the *well-known* analysis of reactor safety by Rasmussen 등은 통용되어도, 저자의 목적이 통속적인 지명도라는 의미를 포함하지 않는 경우에 이 형용사를 사용하게 되면 어색하게 된다.

"… 는 주지하는 바와 같다."라고 할 경우에는, It is ***known*** that … 으로 well을 제거하는 것만으로 통속적인 의미가 없어진다. 다른 표현으로서 It is *widely known* that / *generally acknowledged* that … 등이 있다.

> (**126**) … the **well-known** [→ ***widely known***] property of helium atoms of acting as nucleation agent in void formation.

이 예에서 He 원자가 void 형성의 핵으로 작용하는 것이, 예를 들어 식자 사이에 널리 알려져 있다고 해도 이 저자가 지적하고 싶었던 것은 이 사실이 "공지의 사실"이라는 것이기 때문에, 통속적인 의미인 지명도와는 차원이 다른 발상이었을 것임에 틀림없다.

> (**127**) The results are compared with the **well-known** [→ ***currently used***] P_1 approximation.

이 경우도 저자가 계산결과를 P_1 근사해와 비교하는 것은 그 해가 유명하기 때문이 아니고 그것이 현재 널리 행해지고 있기 때문이다.

> (**128**) Another **well-known**[→***often adopted***] representation of mass transfer efficiency is the height equivalent to a transfer unit.

여기서도 저자가 소개하고 있는 것은 "질량전달효과를 보이기 위해서 일반적으로 종종 사용되고 있는 표시법"이다.

3.6 부 사

3.6.1 부사의 위치

부사는 그것이 수식 또는 한정하는 어구 앞에 또는 뒤에 위치하며, 경우에 따라서는 사이를 두고 떨어진 곳에 놓일 수도 있다. 위치가 자유로운 만큼 무신경하게 아무 장소에나 가져다 놓으면 의미가 애매하게 되든지 어색한 문장이 된다.

"녹이는 데 실패하다."라는 구는 (a) *completely* fail to melt, (b) fail *completely* to melt, (c) fail to *completely* melt, (d) fail to melt *completely*로 부사가 놓일 위치가 네 가지 생각될 수 있으나, 이 중 (a)는 "전혀 녹지 않다."이고, 마지막의 (d)는 "완전히 녹지는 않다."로 각각 다른 의미이므로 혼동의 여지가 없다. 그러나 (b)는 이 두 가지의 의미가 모두 받아들여져 불명확하므로 문법적으로 오류가 없더라도 부적절하며, (c)는 반대로 문의에 불명확함은 없으나 어법상 부정사에 붙는 *to*와 동사 본체 사이에 부사가 들어가 있는 이른바 "분리 부정사"(split infinitive)로서 기피하는 경향이다.

원래 이 규칙은 이 분야의 전문가 사이에서도 무조건적으로 인정되고 있지는 않으며, 읽어서 부자연스럽지 않은 경우나 어구를 바꿔서 배열할 경우 도리어 부자연스럽게 되는 경우에는 분리 부정사도 허용되는 것이 대체적인 추세이다.

(1) [(a)]To [(b)]<u>overcome</u> [(c)]these serious difficulties [(d)]encountered in the experiment [(e)], ….

이 문구에서 overcome을 effectively로 수식하려는 경우, 부사 effectively를 배치하는 장소로서 (a)~(e)를 생각할 수 있다. 이 중 (a)와 (c)를 사용하면 구문이 부자연스러워지고, (d)를 사용하면 이 부사에 후속되는 분사 encountered를 수식하는 형태가 되며, (e)를 사용하면 수식대상인 동사 overcome으로부터 너무 떨어져 버린다. 결국 남는 것은 분리 부정사의 형태인 (b)밖에 없다.

그렇다고 문제가 없다고 하여 지나치게 무신경하게 적용하면 곤란하다. Gowers[(1)]는 나쁜 예문으로서 다음과 같은 가옥임대 계약문을 인용하고 있다.

(2) The tenant hereby agrees :
  i) **to pay** the said rent ;
  ii) **to** *properly* **clean** all the windows ;
  iii) **to** *at all times properly* **empty** all closets.

3.6.2 부사 각론

■ about

한국어에서는 근사값을 나타내는 "약"이 "등"과 함께 제멋대로 사용되고 있으나, 이렇게 남발된 "약"을 하나하나 번역한 about을 장소를 가리지 않고 아무데나 쓰면 문장, 더 나아가서는 논문의 내용마저도 조잡하다는 평가를 받기 쉽다.

또한 "수미터", "수백년"에서의 "수"는 "약"의 의미를 갖고 있다고 생각하여 **about** *several* meters, **about** *several* hundred years로 하면 **about**이 눈에 거슬린다. 이 경우 부사는 빼야 한다.

마찬가지로 "약 10^{22} nvt 이상의 조사가 필요", "약 1년 이하의 저장으로는 감쇠 불충분" 등의 "약"도 음미해 보면 사족이라는 것을 알 수 있다. 수치의 불확실성이 표시된 숫자의 유효자릿수나 내용으로 보아 독자가 이해할 수 있는 경우에는 *about*이나 *approximately*는 빼는 편이 더 매끄럽다.

■ almost

이 부사는 "어느 구체적인 목표에 대해서 조금만 더 더하거나 빼면 도달하는 정도"에 사용하는 수식어이다. 즉, "거의 만점" = *almost* full mark, "거의 0" = *almost* nil, "거의 완전하게" = *almost* completely 등이 맞는 용례이며, **almost** comparable, **almost** satisfactorily 등은 도달목표의 구체성이 부족하여 어울리지 않는다.

■ at first

"당초는… 였으나 그 후는…"로 나중에 개선된 것을 강조하는 표현이 at이 붙은 형태인 이 부사의 정확한 용례이다.

(3) *At first* the theory was not widely accepted.
(4) The deformation was quite small *at first*, but accelerated with time.

그러나 나중에 나아진 것을 독자에게 의식적으로 강조할 필요가 없는 경우에는 at을 생략한다.

(5) The sample was *first* heated to a temperature lower than specified.

또한 나중에 나아진 것이 없는 경우는 *at first*도 *first*도 부적절하다. "시험부분은 처음부터 일정한 온도로 가열되었다."라면 다음과 같이 된다.

(6) The test section was heated to the specified temperature *at first* [→ ***from the outset***].

■ considerably

이 부사는 "꽤", "상당히"의 뜻이나 양과 정도의 크기를 나타내는 경우에 사용하는 표현이다.

(a) "작다"나 "적다"에는 사용하지 않는다

(7) The difference is **considerably** [→ ***quite*** / ***fairly***] small.

(b) 양이나 정도가 어느 범위를 연상시키는 어구가 아니면 수식할 수 없다

(8) The composition *varies* ***considerably*** from specimen to specimen.
(9) The results are **considerably** [→ ***almost*** / ***in large part***] correct.

예문 (8) 중의 수식 대상인 varies는 무에서 전면적까지의 변화폭을 갖고 있는 것을 느끼게 하기 때문에 맞게 쓰인 것이나, 예문 (9)에서 수식 대상인 correct는 "약간 맞다", "상당히 맞다"로 그 정도 변화가 심하지 않다. 즉, all or nothing의 성격을 가진 사상에는 이 부사를 사용할 수 없다.

(10) The measured data *agree* **considerably** [→ ***fairly well***] with calculations.

이 문장에서는 동사 agree가 "일치의 정도"에 폭이 없는 all or nothing 성격이기 때문에 *considerably*는 부사로서 부적당하다.

■ enough

이 부사는 "충분히 … 하다."라는 의미를 가지나, 충분한 것이 무엇인지 명시되어 있지 않은 형태의 구문에 사용하면 안 된다. 즉, "충분히 명확"= *clear enough*, "충분히 상세"=*detailed enough* 등은 올바르나, 이와 같이 양태를 나타내지 않고 목적만 기술한 "이해하기에 충분" 또는 "계산하기에 충분"이라는 다음과 같은 예에서는 *enough*를 사용하는 것이 불가능하다.

(11) The following description should **be enough** [→ ***suffice*** / ***be sufficient***] to understand the principle of the concept.

(12) A small number of data **are enough** [***are sufficient*** / ***are adequate***] for the calculation.

양태가 명시되는 구문을 예를 들어본다.

(13) The effect of this charge was *small* ***enough*** to be ignored.

(14) The gap can be made *wide* ***enough*** to provide the required heat insulation.

■ just

(a) 구어체의 색채가 짙은 단어이다

I *just* made it="겨우 시간에 맞추었어.", She *just* can't stand him=

"그녀는 그를 도저히 참을 수 없대."와 같이 젊은이들의 회화에 자주 등장한다. 논문에서 의도적으로 경쾌한 감정을 나타내고 싶은 경우라면 무난하다.

> (**15**) It was *just* by chance that the author came by this useful information.

(b) 공간적인 관계의 수식에 사용하면 안 된다

> (**16**) The magnetic field was located **just** *near*[→ **very** *close to*/ *in the* **immediate** *vicinity of*] the heated zone.

위의 예문은 "바로 가까이"의 경우로, 바로 위(밑)라면 *directly above* (*below*)가 된다.

> (**17**) The fuel-handling device is installed **just**[→ **directly**] above the core.

또 이 부사로 시간적인 근접을 나타내는 것도 틀리지는 않으나 *immediately*를 사용하는 편이 보다 적절하다.

> (**18**) The measurements were made **just** *after*[→ **immediately** *after*] removal from core.

■ more or less

형용사편에서도 다루었으나 부사로서 사용되는 편이 많으며, 오용 예문을 자주 접하게 되기 때문에 새로운 예문을 들어 여기서 재론한다.

(a) 다소의 의미는 없다

이는 "시판의 희토화합물은 아무리 해도 다소의 다른 희토원소를 함유한다."는 의미이다.

(**19**) Commercially available rare earth compounds unavoidably contain **more or less** [→ ***some amount of***] other rare earth elements.

이는 "[133]Xe는 분열반동에 의해 다소는 산화우라늄으로부터 방출되는 것이 알려져 있다."는 의미이다.

(**20**) Xenon-133 is known to be liberated **more or less** [→ ***to some extent***] from uranium oxide by fission recoil.

(b) more or less의 의미는 "다소, 고저의 차이는 있더라도 대체로", 즉 "대체로", "어느쪽인가 하면"이다

(**21**) The cracks were distributed *more or less* evenly over the whole surface.

(**22**) These values deviate *more or less* to the higher side.

위의 두 예문 중 (21)의 *more or less*는 "대체로", (22)는 "어느쪽인가 하면"으로 번역하면 정확하다.

(**23**) The deposits were found *more or less* on all the specimens.

이 문장의 의미는 "석출물에 다소의 차이는 있으나, 모든 시편상에서 확인되었다."가 아니고, "대체로 말하면 시편 전체에서 확인되었다.", 즉 "거의 모든 시편상에서"라는 뜻이 된다.

■ nearly

(a) 표준적 용례

"어떤 구체적인 목표에 대해서 조금 더 더하면 도달하는 정도"라는 것이 이 부사의 표준적 용법으로, 그 목표가 상한값 또는 극한값인 경우에 한정된

다. 즉, ***nearly*** *perfect*(*ideal, equal, same, stationary, constant*) 등이 올바른 용례이다.

(b) 거의 0 / 거의 중심

조금 더 빼면 목표상태에 도달하는 때에는 **nearly** 대신 ***almost***를 사용한다.

즉, ***almost*** *zero*(*negligible, minimum*). 또한 목표상태로부터의 편차가 상·하의 개념에 들어맞지 않는 "조금 더 고치면…"인 경우도 **nearly**는 안 되며, "거의 중심"=***almost*** *mid-value*, "거의 정규분포"=***almost*** *Gaussian distribution*으로 해야 한다.

그리고 *almost*는 (a)의 표준적 용례에서 사용된 *nearly* 대신에 *almost* perfect, *almost* constant 등으로 예외 없이 통용된다.

(c) 거의 필적

*comparable*과 *satisfactory*는 각각 *equal*과 *perfect*에 대응하는 의미를 가진 형용사이나, 목표상태로서는 이들 대응양태에 비해서 초점이 흐려진 느낌이기 때문에 이것에 적합한 부사도 **nearly**로는 부족하고, 더 거친 표현을 선택해서 ***roughly*** *comparable*, ***more or less*** *satisfactory* 등으로 하여야 된다.

(d) 기 타

*nearly*는 거의 완전, 거의 전멸 등 목표상태를 강하게 의식한 경우에 사용되며, "거의 찌꺼기만", "Pu는 거의 전부 6가까지 산화" 등과 같이 목표상태를 일단 제시하기는 하였으나 그것에 도달하는 것에 그다지 의미가 없는 경우에는 **nearly**를 사용하는 것은 불합리하며 역시 ***almost***가 적합하다.

(24) The residue consisted ***almost*** *all* of dregs.
(25) The plutonium had oxidized ***almost*** *entirely* into Pu (VI).

■ no / not

동사편 3.4.1 (5)항 부정형 참조.

■ only

형용사편 3.5.2항 형용사 각론의 *only* 참조.

■ recently

이 부사를 아무런 한정도 없이 단독으로 사용하면, 수일에서 수주 이내에 생긴 일을 연상하게 된다. 따라서 저자 자신 또는 다른 연구자의 기존의 업적을 언급할 때에는 *fairly* recently 또는 in recent *years*/*months*로 표현을 완화 또는 한정시킨다. 만약 새로운 것이 자신에 관한 것이라면 *quite* recently로 한다. 만일 "다른 것과 비교해서 보다 새로운 것"이라면 *more* recently로 하면 된다.

■ respectively

이 단어는 "각각", "각기"의 영역으로서 빈번하게 만나는 부사로, 특히 식, 기호, 명칭의 설명문에는 정석과 같이 사용된다. 바른 사용 예를 제시하여 본다.

> (**26A**) The space and time displacements are expressed by $X=Ax$ and $T=A/t$, ***respectively***.

이 경우 "A and B는 각각 a and b"형으로 하지 않고, "A는 a, B는 b"의 분할된 형태로 하게 되면 다음과 같이 되어, *displacement*가 반복되든지 괄호 안의 다소 어색한 표현이 되고 만다.

> (**26B**) The space *displacement* is expressed by $X=Ax$, and the time *displacement* by $T=A/t$. [= … and that of time by $T=A/t$]

그런데 이 *respectively*의 사용방법이 좋지 않으면 이것이 또한 어색한 구문이 되기 때문에, 이하 (a) 단어 배열상의 문제, (b) 분할 쓰기 형태로 하는 편이 좋은 경우, (c) 특수용법으로 나누어 생각해 보기로 한다.

(a) 단어 배열상의 문제

> (**27**) Photographs 2 and 3 [(a)] show the microstructures in the region [(b)] of the large and small particles, [(c)] located near the cladding of the irradiated specimen, *respectively*.

사진 2와 3에 대응되는 것이 각각 큰 입자와 작은 입자인데 이 원안의 구문에서는 "각각 조사 시편의 피복 부근에 존재하는 대소 입자"라는 형태로, 각각과 입자 사이에 긴 구가 들어가 있다. 이 *respectively*의 배치로서 (a)~(c) 3곳 어디라도 무방한데 무엇 때문에 일부러 가장 먼 맨끝에 놓을 수밖에 없었는가?

"*A*, *B*는 각각 *a*, *b*"라고 할 때, 약간 고려하여 각각을 *A*, *B* 또는 *a*, *b*에 인접해서 배치할 수 있는 경우에서도 예문 (27)과 같이 *respectively*를 일부러 멀리 떨어지게 한 예를 종종 발견할 수 있다.

(28) … where σ_a and σ_b (a) are (b) the calculated and measured cross sections (c) at a scattering angle θ, *respectively.*
(29) … where P_a and P_b (a) represent (b) the partial pressure of F_2 and Br_2 (c) in the reaction tube, *respectively.*

예문 (28)에서는 (27)에서와 같이 *respectively*를 (a)~(c) 중의 한 곳으로 이동해야만 한다. 또한 (29)에서는 동사 *represent*가 *respectively*와 음률이 유사하기 때문에(2.3.2항 단어의 중복 참조), (a), (b)는 피하고 (c)에 *respectively*를 배치한다.

(b) 분할된 형태가 좋은 경우

위의 각 예는 *a*→*A*, *b*→*B*라는 대응상의 기술 외에 주어 *a*와 *b*, 또는 *A*와 *B*에 공통인 조건 등이 병기되어 있기 때문에, 분할 쓰기의 형태에서는 조건을 두 번 써야 할 필요가 생겨 각각 쓰기의 형태를 선택할 나름대로의 이유가 있었다. 그러나 더욱 단순한 "*p*는 압력, *t*는 온도"의 설명인 경우, 각각 쓰기의 형태인 예문 (30)과 분할 쓰기의 형태인 (31)을 배열시켜 보면 분할 쓰기의 형태가 명쾌함을 알 수 있다.

(30) In this equation, *p* and *t* are the pressure and the temperature, *respectively.*
(31) In this equation, *p* is the pressure and *t* the temperature.

두 예문에서 보는 바와 같이 (31)의 경우가 길이도 짧고, 구성도 솔직하다. 더구나 설명하는 기호가 4, 5개 있는 경우 "*x*, *y*, *p*, *q*, *α*는 각각 …"로 하는 것은 독자를 몇 번이고 뒤로 돌아가게 해서 시간을 낭비하게 하는 방법이다.

또다른 예문을 들어본다.

> **(32)** The gel contained 3.3×10^{-2}% and 2.5×10^{-3}% of aluminum and iron impurities, respectively. → … contained 3.3×10^{-2}% of aluminum and 2.5×10^{-3}% of iron *as impurities*.

이 예문에는 "불순물로서"라는 공통조건이 나타나나, 이 부사구 중의 명사가 복수인 것도 곁들여서, 그것이 알루미늄과 철로 양쪽을 공통으로 수식하고 있는 것이 명확하게 전달되므로, 이 공통조건 때문에 각각 쓰기의 형태로 하는 것에 해당되지 않는다.

다음 예문 (33)과 같이 *a*, *b* // *A*, *B*의 각 사항에 관한 기술이 어느 정도 긴 구를 구성하는 경우에도 각각 쓰기보다 분할 쓰기가 확실히 읽기 쉽다.

> **(33)** There were installed a sodium fluoride bed and a soda-lime bed, to remove the PuF_6 produced and the residual F gas, respectively. → … a sodium fluoride bed to remove the PuF_6 produced and a soda-lime bed to collect the residual F gas.

(c) 특수 용법

각각 쓰기의 통상적인 형태가 "*a*, *b*에 대응해서 *A*, *B*"라는 것이라면, 특수한 형식으로서 *a*, *b*의 주체가 하나의 총칭명사로 대표되어 있는 경우, 문의 술어에 해당하는 *A*, *B*에 respectively를 첨가시킴으로써, *ab*로 총칭되는 각 주체가 개별적으로는 각각 *A*, *B*의 양태를 갖추고 있음을 강조할 수 있다.

> **(34)** The timing signals from the two analyzers provide the start and stop triggers, *respectively*.

이 예문에서는 *ab*에 상당하는 주체의 총칭이 "2대의 분석기"로 한 대당 각각 "(i) 시동 제동신호, (ii) 정지 제동신호를 낸다."는 것으로, 이들 두 분석기에 *a*, *b*로 별도의 명칭이 붙어 있지 않더라도 술어에 respectively를 첨가시킴으로써 하나가 시동, 다른 하나가 정지신호를 받아들여 기능이 분담되어 있는 느낌이 잘 표현된다.

■ slightly / lightly

slightly는 수동적·무작위적으로 "조금"을 나타내고, lightly는 능동적·작위적으로 "가볍게"를 의미한다.

"비 때문에 조금 젖어버렸다."인 경우에는

(35) It was ***slightly*** wetted by rain.

반면 "물을 뿌려서 가볍게 젖게 하였다."는

(36) It was ***lightly*** wetted by water spraying.

"외기에 노출되어 표면이 조금 산화되어 있다."라는 표현은

(37) The surfaces were found ***slightly*** oxidized by exposure.

"매끄러운 표면을 얻기 위해 시험편을 가볍게 연마하였다."는 다음과 같다.

(38) The specimens were ***lightly*** electropolished to obtain smooth surfaces.

■ so

이 부사는 "그 정도"의 의미로 자주 사용되나, 막연히 "그 정도도 아니다."라고 하는 경우에 not so much로는 논문에서는 너무 구어체적인 표현이 되고 만다. 이와 같은 표현에는 not ***very*** much나 ***very***로 치환하는 쪽이 무게

가 실린다.

위의 예문과 같은 막연한 내용과는 달리, 확고한 기준이 있어 그 기준과 조합해서 정도를 문제로 할 경우가 이 부사 so의 본질로 그러한 경우는 다음 예문과 같이 so도 논문용어로서 훌륭하게 통용된다.

> (**39**) A distinct rise in the yield strength is seen between 100 and 150℃ in the case of annealed specimen, but when unannealed, the corresponding rise is not ***so*** evident.

이 예문은 인장시험과 실시온도 및 항복점의 관계를 나타내는 그래프의 기복이 시험편의 열처리에 따라 어떻게 변할까에 관해서 평가하고 있는 중이나, 여기서는 우선 "담금질된 시험편에 대해서 100℃와 150℃ 사이에서 분명한 상승이 보인다."로, 그래프의 형상에 대해서 규범(規範)을 보인 후에, "담금질되지 않는 경우에는 그다지 명료하지 않다."로 그 기준에 비해서 기복이 다소 낮은 것을 기술하고 있다.

> (**40**) Upon irradiation, the constraint becomes ***so*** strong that the movement of interstitial atoms is almost completely suppressed.

이것은 조사 결함과 조직간 원자의 상호작용에 대한 기술이나, 조사 후는 조직간 원자의 이동이 완전히 억제될 정도로 상기의 상호작용에 따른 구속이 강화된다는 것으로, 이 경우 ***so*** strong의 규범이 되는 것은 그 후에 이어지는 that 이하의 기술이다.

■ solely

형용사 only의 (c)항에서 sole(solely)의 용법으로서 "정량적이고 객관적인 한정"이라고 규정하였으나, 그때 제시하였던 예문의 하나를 다시 소개한다.

> (**41**) The spectrum ***solely*** comprises neutrons above 4 MeV.

이 경우 … only comprises … 로 해서는 "스펙트럼은 4 MeV 이상의 중성자밖에 함유하지 않는다."로 스펙트럼 범위의 근소함, 빈약함을 부각시키려는 듯한 느낌인 데 반해서, solely를 사용하면 이와 같은 의도가 없이 솔직하게 "4 MeV 이상"으로 한정된다. 다른 예를 들어본다.

(42) The observed spontaneous fission rate was considered to be due ***solely*** to ^{250}Cf.

이 경우도 "관측된 자연 핵분열률"을 결정하는 요인으로서, ^{250}Cf 이외의 핵종은 관여하지 않는 것을 아무런 작의 없이 전하고 있다.

■ specially / particularly

이 부사의 근원인 special은 "스페셜 서비스"로 상징되듯이, 의도적으로 보통 이상의 무엇인가를 행한 경우를 가리키는 것으로, 그러한 일이 아니고 객관적으로 평가해서 특수한 경우나 단순히 저자가 특별히 관심을 가지고 지적하고 싶은 기분으로 사용하는 "특별히"는 particularly로 하는 것이 보다 적절하다. specially의 올바른 사용 예를 소개하여 본다.

(43) The measurements were made using methods ***specially*** developed for the purpose.

"측정은 그 목적을 위해 **특별히 새롭게** 개발된 방법으로 행하여졌다.". 반면에 specially로는 어울리지 않는 예를 들어본다.

(44) Changes in power demand are ***particularly*** wide and frequent with marine reactors.

"수요출력의 변화는 선박용로의 경우 **특히** 대폭적이며 빈번하다."라고 할 때 이와 같은 출력변화는 아무리 노력해도 그 폭을 넓히든지 빈도를 증가시키든지 하는 것이 아니고 배를 조정하는 데 따른 사정으로 자연스럽게 그렇게 되는 것이므로, specially는 불가능하다.

■ therefore

이 단어를 문두에 가지고 오면 문체가 무겁게 느껴진다는 사실은 앞에서 기술하였다. 이 기회에 다시 한번 한국어의 "따라서"와 이 therefore에 관해서 생각해 보기로 한다.

(a) 문두를 피해서 therefore를 사용한다

> (45) Calculations by Monte Carlo method are time-consuming. **Therefore** a simplified approximate method is proposed. [→ A simplified approximate method is ***therefore*** proposed.]

"몬테카를로법에 의한 계산은 시간이 걸리기 때문에 간소화시킨 약식법을 제안한다."라는 단순한 이유를 기술한 문장을 후속문의 머리에 위치한 therefore가 깨뜨리고 있다.

이 단어는 접속사가 아니고 부사이므로 부사답게 그것이 수식하는 동사에 붙여서 배치시킴으로써 구문이 안정된다.

(b) therefore를 제거한다

"따라서"를 영문 중에 가져오지 않고서도 전후의 의미로부터 인과관계가 자연스럽게 판단될 수 있는 경우도 종종 있다. 위의 예문 (46)에 대해서 보자.

> (46A) Calculations by Monte Carlo method are time-consuming. A simplified approximate method is proposed.

이것으로 충분히 독자는 그 주변의 인과관계를 읽어낼 수 있고 구문으로서도 군살이 빠진 매끄러운 문장이 된다. 또한 다음 예문과 같이 콜론을 사용하면 한층 더 명확하게 된다.

> (46B) … are time-consuming : A simplified approximate method is proposed.

(c) 다른 부사를 사용한다

"따라서"를 번역하는 데 therefore 이외의 어구로 문두에 배치하더라도 지장이 없는 것을 기용한다.

■ hence

(**47**) No evidence of pressure fluctuations were observed. **Therefore** [→ ***Hence***] the flow was judged not to be turbulent.

이것도 "압력변동이 없다. 따라서 난류가 없는 것으로 판정하다."라는 직접적이고 명확한 이유의 기술이다. 예문 중의 괄호 안과 같은 hence 이외에, was와 judged 사이에 therefore를 가져와도 좋다 [예문 (45) 괄호 안의 개정안과 동일하다].

■ consequently

consequence는 어떤 사상에 유래되는 필연적인 결과를 의미하며, 그 부사형인 이 단어는 필연성이 높은 이유를 기술할 경우에 적합하고, 한국어의 "결과적으로"라는 느낌이다.

(**48**) This surface is never exposed to corrosive matter, and ***consequently*** its walls do not require to be of special material.

"표면이 부식성 물질에 접촉되지 않는다."라는 요인과 "벽재로서는 특별한 것을 사용할 필요가 없다".라는 결과 사이에는 직접적인 필연성이 있다.

■ for this reason

위의 예문 (48)과 똑같은 주체에 대해서 사상이 반대로 "부식성 물질에 접촉되는" 결과, 대책으로서 "벽은 스테인리스 강판으로 하였다."에서는 요인과 결과는 직결되지 않고, 그 사이에 인위적인 선택이 개재된다. 그래서 consequently를 사용하면 어색한 느낌을 준다.

(**49**) This surface is exposed to corrosive matter, and ***for this reason*** its walls were made of stainless steel.

■ thereupon

요인과 결과 사이에 시간적인 전후관계가 가미되어 "그래서"라는 느낌이다.

(50) This assumption permits the equation to be linearized, and ***thereupon*** the problem becomes quite simple to solve.

"가정을 채용하여 방정식이 선형화되고, **그래서** 문제는 간단하게 풀린다."로 ***thereupon***을 사용함으로써 방정식의 선형화라는 처리가 행해진 때를 경계로 해서 그 전과 후가 양상이 바뀌는 면을 강조하고 있다.

■ so [that] ; and

인과관계를 매우 가볍게 의식할 때에 사용하는 접속사(구)로, "비가 와서 갈 수 없었다."=It rained, ***so*** [***that***] I couldn't go ; "술을 마셔서, 자제력을 잃었다."=He drank ***and*** lost control of himself 등 한국어의 접속조사를 사용할 때의 느낌이다. 몇 가지의 예를 들어본다.

(51) The resulting plots scattered considerably, ***so that*** quantitative estimation was impossible.

(52) This phenomenon has become the subject of extensive studies, ***and*** its mechanism is now thoroughly understood.

(d) 의인법을 사용한다

인과관계를 표현하는 데 의인법을 사용하면 영어다운 문장이 되는 것은 이미 몇 차례 기술하였으나, 여기에서 지금까지 든 예문을 응용하여 본다.

(47)′ No evidence of pressure fluctuations were observed, ***which indicated the absence of*** turbulence in the flow.

(48)′ This surface is never exposed to corrosive matter, ***which dispenses with*** special considerations containing wall material.

(49)′ This surface is exposed to corrosive matter, ***which induced us*** to adopt stainless steel for the walls.

(51)′ The resulting plots scattered considerably, ***rendering*** quantitative estimation ***impossible***.

3.7
전 치 사

3.7.1 전치사의 선정

전치사는 명사 앞에 놓이므로 이와 같은 명칭이 붙었으나, 이 품사의 어려움은 "무슨 단어 앞에 놓을까?"의 문제가 아니라 "어떤 단어의 뒤에는 무슨 전치사를 사용해야만 되는가?"로 선행되는 동사, 형용사, 부사 등의 각각의 단어에 알맞은 전치사를 알고 있어야 한다.

한국어에서도 "고난에 견디다. ; 고난을 견뎌 내다."와 같은 표현이 있는 것처럼 많은 조사 중 어느 것을 사용할 것인지 망설일 정도로 까다로운 품사이며, 또한 그 선정이 반드시 이치에 합당한 것도 아니다. 이치에 합당하지 못한 것은 영어쪽에서도 마찬가지로 쌍방 모두 불합리한 선택으로 결정된 것이 직역으로 정확히 들어 맞으면 도리어 이상할 정도이다.

"*A*는 *B*와 다르다."는 *A* differs ***from***[← **with**] *B* ; "*X*에 관한 실험"은 An experiment *concerning*[← *concerning* **to**] *X* ; "*P*는 *Q*와 같다고 가정한다."는 Assume *P* ***to be*** *equal* ***to***[**as** *equal* **as**] *Q*로, 이치는 일체 생각하지 않고 어조로서 *differ*에는 ***from***, *concerning*에는 아무 것도 붙이지 않고, *assume*에는 ***to be***, *equal*에는 ***to***, 그밖에 *same* ***as***, *according* ***to***, *in accordance* ***with***, *inside*와 *outside*는 **of** 없이 등, 이들 단어를 전치사와 같이 기억하는 수밖에 없다. 자신이 없을 때에는 반드시 사전의 용례를 조사하여 전치사를 정해야 한다.

3.7.2 전치사의 치환

한국어의 조사는 전술한 것처럼 일반적으로 정확히 들어맞는 영어를 찾기 어려운 품사이나, 더 나아가 보면 한국어에서는 단일 조사로 간결하게 표현하고 있는 관계를 분사나 분사 등을 끼워 넣은 전치사구로 바꿔주면 현격하게 명확한 영어문장이 되는 수가 있다.

예를 들어, 해수 중의 우라늄은 uranium in seawater로 틀린 표현은 아니나, 이 구를 "해수 중의 우라늄 채집에 대해 실험했다."와 같은 문장에 넣으면 위에 기술한 전치사만으로 정리할 경우 표현 및 설명이 충분하지 못한 문장이 된다.

(1) A study was undertaken on the collection of uranium **in** [→ ***contained in*** / ***dissolved in***] seawater.

원안의 전치사에 의존한 구문에서는 "해수 중에서의 우라늄 수집"으로 우라늄을 역으로 해수 중에 용해시켜 다시 모으는 듯한 해석이 될 수도 있다. 이와 같은 경우 독자의 양식에 호소하여 바른 해석을 하도록 하는 것은 저자의 안일한 생각이며, 그와 같은 자세로 쓰여진 문장은 설사 독자가 올바르게 해석하였다고 하여도 논문으로서는 좋지 않다. 저자가 조금만 문장을 세심하게 고치면 괄호 안에 기술한 것과 같은 문장이 될 수 있으므로 사려깊은 노력이 필요하다.

전치사의 치환에 대해서는 동사총론에서도 기술하였으나 [3.4.1 (9)항의 분사구문 참조], 그때의 예문과 함께 다시 여기에 몇 가지 소개한다.

(2) A solution **of** [→ ***containing***] 1,000 ppm of metal ion ….
(3) The liquid flow **into** [→ ***entering***] the channel ….
(4) An electric charge **with** [→ ***possessing***] the same potential as in the previous case ….
(5) The results **with** [→ ***obtained with***] this formula ….
(6) The temperature rise **around** [→ ***produced immediately beneath***] the specimen surface.

3.7.3 다른 구문으로 전치사 치환

3.7.2항에서는 구문을 바꾸지 않고 한국어의 조사를 적절한 전치사, 전치사구, 분사 등으로 표현하는 것을 생각하였으나, 발상을 전환하여 구문을 바꾸는 방법도 있다.

"통상의 분석법으로는 시료가 너무 많이 필요하다."라는 한국어의 조사 "으로는"을 "으로"로 치환하면 완전히 요점에서 벗어난 외국인이 말하는 한국어처럼 되고 만다. 한국어의 조사는 이외에도 "(이)라도", "만", "조차도" 등 미묘한 어감의 차이를 가지며, 이를 영어의 전치사로 표현하려는 것은 근본적으로 무리한 주문이 된다. 그렇다고 해서 처음부터 포기해 버리고 문장은 한국어에 가까운 형태로 남겨둔 채로 전치사를 평범한 것으로 그럭저럭 맞추는 것은 한국인의 영어, 즉 콩글리시가 되고 만다. 위 예문의 영역을 보자.

> (7) An excessive amount of sample should be required **with** ordinary method of analysis. [→ … ***if*** an ordinary method ***were used*** for analysis]

즉, "통상의 분석법으로는 …"는 "분석으로 통상의 방법을 사용했다고 하면 …"으로 알기 쉽게 설명하는 표현으로 바꾸었음을 알 수 있다.

한편 영어에서는 이와 같은 종속절이나 설명구 등을 사용하여 문장 끝에 부연하여 설명할 수 있는 한국어에는 없는 편리함도 있다.

> (8) This assumption can be considered to provide a compromise **between** design **and** computation. [→ ***to reconcile*** the design ***with*** the requirement to simplify computation]

"이 가정은 설계와 계산 사이의 타협을 제공하는 것으로 여겨질 수 있다."를 영역한 것이나 괄호 안의 대안은 "설계를 계산에 접근시키기 위한 타협안"으로 형용사구의 형태로 고친 뒤, 계산이란 단어가 문 말미에 오는 것을 이용해서 "계산은 간소화할 필요가 있는 것"이란 보충 설명을 부가시킨 것이다.

한국어라면 구문상 이와 같은 설명구는 문 도중에 들어가게 되어 너무 딱딱한 느낌의 문장이 된다.

> (9) The sample was dissolved [(a)] ***in*** 50 m*l* of distilled water [(b)]**in** [→ ***using***] a 100 m*l* beaker [(c)]**by** *heating indirectly.* [→ ***which was*** *heated indirectly* in a water bath]

"시료는 간접가열(c)에 의해 100 m*l* 비커(b) 속에서 50 m*l*의 증류수(a)로 녹였다."로 조사(전치사)가 세 곳에 나타나는 문장이다. (a)는 그대로 ***in*** 으로 하고, (b)는 **in**이 중복되면 동일 단어의 중복으로 의미가 선명하지 않게 되므로 분사로 치환한다. (c)는 "전치사를 사용한 부사구"를 "관계대명사로 연결된 종속절"로 전환하고, "간접가열의 구체적인 방법"에 대해서도 언급한 것이다.

3.7.4 전치사의 올바른 사용

전치사를 사용한 통상의 구문으로 하면 간결한 문장이 되는 것을, 일부러 장황한 표현을 사용한 예도 종종 보인다.

(**10A**) Counters **of which** the paraffin mantle **is** 45 mm thick ….
(**10B**) Counters ***with*** [= ***provided with***] paraffin mantle 45 mm thick ….

"파라핀 피복 45 mm 두께의 counters …"를 예로 든 위 예문은 주어(counters)에 보충설명을 첨가하려는 것으로, 원안은 관계대명사 which를 주어로 하는 종속절 구문, 개정안은 주절의 주어를 직접 수식하는 형용사구의 형식을 취함으로써 of which를 사용한 딱딱한 표현을 피하고 있다.

또다른 예로 "우변이 적분 가능한 이 식에서는 …"을 영역하면 다음과 같다.

(**11A**) In this equation, **where** the right-hand side **can be integrated**, ….
(**11B**) In this equation ***with*** [= ***possessing***] an ***integrable*** right-hand side ….

위 예문은 예문 (7)과 같이 함축된 내용도 아니며, 복잡한 내용도 아니므로 일부러 종속절로 하여 딱딱한 문장으로 할 필요는 없다.

3.7.5 전치사와 어순

between 등 대비를 나타내는 전치사를 사용할 때, 그 전치사와 대비되는 양쪽 주체를 서로 근접시켜 배치하면 문맥이 명확하게 된다.

(**12A**) No difference was observed *between* the diffusion behavior of hydrogen in the specimens *A and B*.

(**12B**) No difference was observed in the diffusion behavior of hydrogen between the specimens *A* and *B*.

위 예의 경우 대비의 요인은 "수소의 확산거동"이나, 대비되는 주체는 "시편 *A*와 *B*"이다. 따라서 전치사 *between*을 그 주체인 *specimens A and B*에 근접시켜 배치시킨 개정안이 대비 이미지를 구체적으로 부각시키고 있다.

한국어에서는 "시편 *A*, *B*의 수소 확산거동은 서로 차이가 없었다."로 쓰더라도, 영어에서는 "수소 확산거동에 대해서는 시편 *A*와 *B* 사이에 차이가 없었다"로 전치사와 대비 주체를 접근시키기 위해 구문을 재편성하고 있다.

(**13A**) There should exist no proportionality *between* the power spectral density of fluctuations in the ditection rate and the state quantity.

(**13B**) There should exist no proportionality in the power spectral density of fluctuations *between that of* thedetection rate and *that of* the state quantity.

앞의 예문 (12)와 거의 비슷한 예문이나, 각 구성요소의 단어수가 많은 만큼 문맥을 잃지 않는 구문으로 하는 것이 중요하다.

이 예문에서는 대비의 요인은 "변동출력 스펙트럴 밀도"로 상당히 긴 숙어이기 때문에 개정안에서는 이것을 *between* 뒤에 한 번 *that of*로 받은 후 대비 주체 *A*인 검출률을 내놓고, 그 뒤 다시 한번 더 *that of*를 반복하고 나서 대비 주체 *B*인 "상태량"을 기술하는 등, 요소요소에 문맥을 지시하는 길안내를 하고 있음을 알 수 있다.

3.7.6 전치사 각론

■ above / beyond / over

(**14**) *Above* this line the water level will not rise.
(**15**) *Above* 95℃ the water temperature begins to saturate.
(**16**) *Beyond* the river the line is not yet electrified.
(**17**) *Beyond* 4 sec the fuel will melt under this condition.
(**18**) *Over* 7,500 km of railroad have so far been electrified.
(**19**) *Over* 150 nuclear power reactors are in operation today.

이상의 예문에 보인 것은 각각 다음을 나타내고 있다.

① *above*는 상하·고저의 관계에서 정확하게 규정된 1개의 선을 초과
② *beyond*는 수평으로 그어진 선상(시간은 그래프의 횡축이란 개념으로 받아들인다)에 정확하게 규정된 한 점을 초과
③ *over*는 다소 부정확한 한계를 초과

또한 more than도 오류는 아니나 위의 3개의 전치사 중에서 선정하는 편이 명쾌한 표현을 얻을 수 있다. 앞에서 전치사를 치환해 보는 것을 고찰해 보았으나, 이것을 위 예의 전치사에 적용시키면 다음과 같이 된다.

(**20**) A water temperature ***above***[=***exceeding***] 100℃ will never be attained.
(**21**) Burnup ***beyond***[=***surpassing***] all records has been successfully obtained.

이와 같이 분사를 사용한 구문에서 주의할 것은 분사에는 선행사가 필요하다는 점이다. 선행사란 동사의 주어에 상당하는 것[예문 (20)의 수온, (21)의 연료율]이다. 예문 (20)의 경우 "수온"과 ">100℃"의 사이에 동사를 끼워넣어 The water temperature was exceeding 100℃로 하면 선행사의 역할이었던 수온이 동사의 주어로 사용되며, 선행사가 없어진 분사는 진행형의 의미를 띠게 되어 "수온은 100℃를 넘어서고 있었다."로 내용이 변해 버린다.

■ according to

다른 출전으로부터 인용하는 데 사용되는 이 전치사는 인용하는 저자가 그 출전을 반드시 신용하고 있지 않아도 사용될 수 있다. "그 친구 말에 따르면 이 방법은 절대 실패하지 않는 것으로 되어 있다.", "시간표상으로 그 비행기편은 모스크바에서 알제리행에 연결되는 것으로 되어 있다."는 다음과 같이 된다.

(22) ***According to*** him, the method would never fail.
(23) At Moscow the flight was supposed to connect with one to Algiers, ***according to*** the time table.

저자가 원전에 대해 어떤 의심도 품지 않고, 비꼬고자 하는 의사도 없을 경우에 이 표현을 사용하면 본의 아니게 인용된 사람이나 자료의 위신을 손상시키고 인용한 내용의 가치를 깎아내려 독자에게 전달할 수도 있다. 따라서 "Planck에 의하면 방사선은 연속적인 스펙트럼을 구성하지 않는다."라는 문장은 아래의 괄호 안과 같이 영역하는 것이 적절하다.

(24) **According to** Planck, radiations do not constitute a continuous spectrum. [→ ***From Planck's theory***, radiations do not constitute … / ***Planck has established that*** radiations do not constitute …]

하물며 저자가 같은 논문 중에 자신의 기술을 일례로 들고 있는 경우에 according to로 표현해서는 마치 다른 사람의 일을 이야기하는 것처럼 되고 만다.

(25) **According to** Table 6, this nuclide increases its cross section quite markedly. [→ Table 6 ***reveals that*** this nuclide …]

"… 에 준거하여", "… 를 적용하여"의 의미로는 ***in accordance with / in conformity with***가 적절하다. 예를 들어, "여과시험은 IAEA법에 따라 행하였다."를 표현해 본다.

(26) Leaching tests were carried out **according to** [→ ***in accordance with***] the IAEA method.

"X를 $X_a \rightarrow X_b$로 바꿈에 따라 Y는 $Y_a \rightarrow Y_b$"와 같은 표현에도 **according to**는 부적절하다.

(27) The activity changed as shown in Fig. 1 **according to** the variation of the applied voltage from 0 to 100 V.
→ The activity changed as shown in Fig. 1 ***as*** the applied voltage ***was varied*** from 0 to 100 V.

■ among / between

(a) among의 올바른 사용

(28) Interaction between molten fuel and coolant is the most important ***among*** possible sources of anomalous pressure.

(29) Samples of organic substances found ***among*** the patients personal effects ….

예문 (28)의 "이상 압력원 중에서도 가장 중요한 것은 용융 연료와 냉각재 간의 상호작용"과 (29)의 "환자의 휴대품 중에서 채취된 유기물 시료 …"는 모두 다수 또는 무수한 모집단 중에서 몇 개의 주체가 추출되는 상황을 기술하고 있는데, 이것이 ***among***의 본질이다.

(b) between 사용의 조건

(30) No appreciable difference was observed ***between*** the two samples.

이 예문에서와 같이 "두 시료 사이에 큰 차이는 인정되지 않았다."라고 할 때 위에 기술한 (a)의 예들과 같이 모집단으로부터의 추출은 없고, 주어진 두

개체 사이의 관계에 대해 논하는 것이 ***between***의 용도이다.

그런데 이때 2개체가 3개체로 되면 *between*은 안 되고 *among*을 써야 한다고 생각하는 것은 오류로서, 3개체이든 5개체이든 "추출"이 아니고 "모집단 각 요소간의 상관관계"를 기술하는 경우에는 *between*을 사용할 수밖에 없다.

(31) Mutual separation **among** [→ ***between***] U, Pu and fission products is difficult.

(c) between 사용시의 어순

몇 개의 사상간의 관계에 대해 기술할 때, 항상 생각해야 할 것은 어순에 대한 배려이다. 이에 대해서는 3.7.5항 "전치사와 어순"에서 *between*을 인용하여 설명하였으므로 여기서는 다른 예문을 들기로 한다.

(32) No difference was observed **between** the diffusion behavior of hydrogen in the **stress-relieved** and the **recrystallized** specimens.
→ No difference was observed in the diffusion behavior of hydrogen ***between*** the ***stress-relieved*** and the ***recrystallized*** specimens.

(33) A large difference was observed **between** the thermalization properties of **graphite** and **hydrogenous** materials.
→ A large difference was observed in the thermalization properties ***between graphite*** and ***hydrogenous*** materials.

■ as

(a) 문두에 사용되는 as

(34) ***As*** means of preventing fuel melt, the ECCS is a standard safety feature.

"연료의 용융 방지책으로서 ECCS는 표준적인 안전시책의 하나이다."와 같이 as는 "(으)로서"의 의미에 사용하는 전치사이다. 그러나 이 (으)로서가 한국어에서는 "나로서는 반대", "대책으로서 아무 것도 없다." 등과 같이 "… 대해서 기술하면"의 넓은 의미로 사용되는 조사이며, 이것을 그대로 영어에 가져다 놓으면 *As for*/*As regards*/*As concerns*와 같이 남발되는 현상으로 나타난다.

(35) **As for** *x*, [→ ***For*** *x*,] we shall use the value adopted in the previous study.
(36) **As for** [→ ***In the domain of***] heavy water reactors, continuous refueling has been extensively studied by ….
(37) **As regards** [→ ***Among***] the simple aliphatic alcohols, the *G*-value was highest with ….
(38) **As for** an infinite solid cylinder, using Kim's solution, the maximum temperature rise was estimated. [→ The maximum temperature rise was estimated ***for*** an infinite solid cylinder, using Kim's solution]

위의 예문 중 (35)~(37)은 모두 as for 등의 틀에 박힌 형태 대신에 각각 문의에 맞는 전치사나 구를 세심하게 찾아서 기용한 것이며, (38)은 구문을 직역하지 않고 주어 - 동사 - 수식구의 어순을 취하여 영어형으로 바꾸었을 뿐이다.

(39) ***As for*** ^{103}Mo, no data are found in published literature.

이 경우는 선행되는 문에서 ^{104}Mo, ^{105}Mo, ^{106}Mo 등에 대해서 상세한 기술이 이루어진 후에 마지막으로 이 ^{103}Mo을 받아들이려는 것으로, 이와 같이 함축적으로 사용될 때 비로서 *as for*가 본령을 발휘하게 된다.

(b) expressed as / given as

"… 식으로 표현되다, … 로 주어지다." 등과 같이 어떤 형태를 나타내는 조사 "(으)로"는 *as*가 자주 사용되나, 이 경우에는 다음와 같이 ***by***를 사용한다.

(**40**) Newton's law is expressed **as** [→ ***by***] $F=Ma$.
(**41**) The coefficient of friction is given **as** [→ ***by***] $\tan\theta$.

이것은 기술내용이 엄밀하므로 전치사 ***as***로는 부족하기 때문이다. 그러나 "시간의 함수로서 …", "가정으로서 …" 등 다소 막연한 내용의 기술에는 다음 예문과 같이 ***as***가 적절하다.

(**42**) Here velocity is expressed ***as*** a function of time.
(**43**) This value is given ***as*** an assumption.

as는 전치사 외에 부사(such *as*), 접속사(*as* temperature rose …), 관계대명사(***as*** shown in Fig. 1) 등으로도 사용되며, 이들의 사용방법에 대해서는 뒤에서 다시 고찰하기로 한다.

■ by

(a) 올바른 사용 예

사물과 현상의 정의 및 수식을 소개할 때, 한국어의 조사 "(으)로", "(으)로서"에 해당하는 전치사로, 앞에서도 기술한 바와 같이 다음과 같다.

(**44**) Newton's law is expressed ***by*** $F=Ma$.
(**45**) The friction coefficient is given ***by*** $\tan\theta$.
(**46**) The separation factor is defined ***by*** $\beta=\alpha^k$.

전치사로서 by가 적격인 것은 후속되는 기술이 구체적이고 엄밀한 경우($F=Ma$라는 식으로 나타낸다 ; $\tan\theta$로 주어진다 ; $\beta=\alpha^k$로 정의된다)이다. 이에 반해 기술하는 매체가 엄밀하게 표현되지 않고, 그 종류나 범위를 지적하는 데 그칠 때에는 다음 예와 같이 as가 좋다.

(**47**) Velocity is expressed ***as*** a function of time.
(**48**) We give this value only ***as*** an example.

(b) by / with

"… 에 의해"의 요인 및 수단을 기술하는 경우에는 위에 기술한 (a)의 매체인 경우와는 반대로, 개진하려는 수단이 방법론적으로 개략적인 내용이라면 ***by***, 구체적인 도구와 같은 것이라면 ***with*** 를 사용한다.

(49) … hit ***by*** the recession / hit ***by*** lightning / hit ***with*** a stick.

불황에 의해 타격을 받았다. / 번개에 당했다. / 몽둥이로 두들겨 맞았다.

(50) … measurements ***by*** spectroscopy / ***with*** a spectroscope.

분광학적 방법에 의해 / 분광기로.

(51) … calculated ***by*** [→ ***with***] Eq. (1).

(c) by / through

"… 을(를) 사이에 두고", "… 을(를) 통해서"라는 의미가 내포되어 있을 경우에는 *by* 를 *through* 로 대체시키는 것이 더 적합하다.

(52) … **by** [→ ***through***] an interpreter / mass media / an interface adapter(통역을 사이에 두고/ 매스컴을 통해서/ 계면전환기를 통해서).

(d) by means of

by means of는 (b)의 *with* 와 동의어로 간주해도 좋으나 후속되는 기술이 수단임을 강조하고 싶은 경우나, 그 기술이 긴 문장으로 되기 때문에 *with* 한 단어로는 역부족인 느낌이 들 경우에 이 전치사구가 능력을 발휘한다.

(53) Measurements were made ***with*** [= ***by means of***] a biaxial strain gage fixed to the outside surface of the tube(관의 외면에 고정시킨 2축 스트레인 게이지를 이용해서 …).

by means of의 means는 수단을 의미하므로, 이 부사구가 사용될 수 있는 것은 "인의적인 수단"인 경우에 한정되며, 예문 (49) 중의 불황 및 번개와 같이 사람의 의도와 상관없는 자연적인 요인의 기술에는 적절하지 않다.

(e) 용어상의 문제

용어상의 문제로 "… 법에 따르다(의하다)."인 경우 다음과 같이 "법"이라는 단어에 연연할 필요가 없다.

(**54**) The background counts were determined *by* ***extrapolation*** [← *by* **extrapolation method**].

즉, "외삽법에 의해 …"의 "법"이라는 문자에 끌려 아무래도 method를 첨가시키고 싶을 것이나, 이 경우 한국어에서는 "법"이란 글자 하나를 덧붙이면 끝나는 것이 영어에서는 한 단어를 추가시켜야 하기 때문에 아무래도 과장되어 보인다. 거기에는 "현미경으로", "전화로"와 같이 간단한 것을 말하는 데 by microscopic method, by telephonic communication으로 과장된 표현을 사용하는 것과 같다.

■ multiply by

동사 각론에서도 기술한 바와 같이, 한국어에서 "x에 a를 곱하다."가 영어에서는 "x를 a로 증배하다."라는 표현으로 바뀐다.

(55) We multiply x ***by*** a.

■ due to

이 전치사는 "… 에 기인하다."이나, 그 원인이 되는 사상은 전부 자연적인 현상으로, 약간이라도 인위적 요소가 포함되어서는 안 된다.

(**56**) Ambiguity ***due to*** the superposition of the unknown factors ….

"미지의 요소가 중첩되다."라는 현상에는 전혀 사람의 의지가 개입되지 않으므로, 이 현상에 기인하는 부정확함이라고 할 경우에는 상기의 *due to*가

꼭 들어맞는다.

인위적 요소의 개입이란, 예를 들어 "대류의 효과를 고려한 보정"이라고 할 경우 대류의 효과를 고려할 것인가 말 것인가는 사람이 정하는 것으로, 그 인위적 선택의 결과로 "보정"이 필요하게 된다. 이러한 경우 아래 예문과 같이 *due to*는 적절하지 않다.

> (**57**) The correction **due to** [→ ***to take account of***] convection ….

그러나 이것이 "대류에 따른 균일온도"라면 인위적 개입이 없으므로 다음과 같이 표현할 수 있다.

> (**57**)′ Temperature homogenization ***due to*** convection ….
> (**58**) The change in weight **due to** [→ ***brought by***] fluoridation ….

"불소화하면 중량변화가 일어난다."는 인과관계에는 인위적 요소가 관여하지 않으나, 불소화할 것인가 말 것인가는 실험자 자유재량에 맡겨진 행위라고 보면, 예문 (58)도 **due to**로는 매끄럽지 못하다.

■ of

"의"라는 격조사는 "대화의 요지", "세월의 흐름" 등 어느 정도 소유의 의미를 가지고 있는 경우에는 *of*로 번역해도 좋으나, "7인의 무법자" 등 소유의 개념이 어디론가 가버린 듯하면 *of*로 번역할 수 없음은 확실하다.

이하 아무런 의식 없이 of를 사용해서 함정에 빠져버린 몇 가지 예를 보자.

(a) "의"로서 of를 사용하면 단어배치가 역으로 된다

예를 들어, "40~100 mesh의 입자를 사용한다."는 다음과 같다.

> (**59**) Use Particles *of* 40~100 mesh [← Use 40~100 mesh *of* particles]

단, 40~100 mesh particles는 약기법으로서 통용된다. 또 "같은 농도의 산성 용액"은 다음과 같이 표현할 수 있다.

(**60**) Acid solution *of* the same concentration [← Same concentration *of* acid solution]

그런데 "10 g의 시료"라 할 경우에 다음과 같이 한국어와 영어의 어순이 같다.

(**61**) Ten grams *of* sample ….

본 예의 경우는 "다량으로 있는 시료 중 10 g만 취한 것"이라는 발상으로부터 온 것으로 생각되며, 한국어에서도 이와 같은 때에는 "시료 10 g"으로 역어순으로 취할 수 있다는 것과 같다. 그러나 시료가 괴상(塊狀) 상태이고, 그 중에서 10 g을 취하는 경우라면 아래 예문과 같이 된다.

(**62A**) A sample *of* [= *weighing*] 10 g ….

만일 시료가 하나밖에 없고 그것이 마침 10 g이었다고 한다면, 다음과 같이 콤마로 효과를 나타내는 것이 적절하다.

(**62B**) A sample, *of* [= *weighing* / *which weighed*] 10 g, ….

(b) of it(them)은 피한다

Some *of it* (*them*), ***most*** *of it* (*them*) 등 몇 개의 관용구에 포함된 경우를 제외하고는 단독으로 이와 같은 어법으로 사용하면 가벼운 느낌을 준다.

(**63**) The probability of *occurrence* **of them**[(a)] [→ ***their*** *occurrence*] is small, … thanks to the measures devised to remove the causes **of them**.[(b)] [→ ***thereof***]

이것은 고속로에서 1차 시스템의 고장을 기술한 문장의 일부로, (a)의 "그것이 일어날 확률"에 대해서는 소유격 대명사인 ***their***로, (b)의 "그 원인의 제거"에 대해서는 동사를 수식하는 부사인 ***thereof***로 치환한 것이다.

> **(64)** We start with 1,671 kg of ^{235}U *with yearly addition* **of it** [→ with yearly addition / with yearly addition ***of the fissile material***] to maintain criticality.

이 예문은 연료 사이클 해석에 관한 일부분으로, "초기 부하로서 235U 1,671 kg로 시작하여 임계를 유지하기 위해 그것을 매년 보급한다."라는 문장이나, **of it**의 해소법으로 아주 이 두 단어를 지워버리거나, 이것으로는 문장에 다소 불명확함이 남는다고 생각하여 원문의 **it**이 지칭하는 ^{235}U를 동의어로 표현하였다.

> **(65)** The order **of it** was estimated to be 3×10^{-3}. [→ ***This value*** was estimated to be of order of 3×10^{-3}]

인용을 생략한 선행문에는 어떤 양을 "정확히는 모른다."라고 기술되어 있으며, 예문 (65)의 it은 "그 어떤" 양을 지시하고 그것의 차수는 3×10^{-3}으로 추정된다고 한 것으로, 개정안에서는 선행문의 "양"을 "이 값"으로 바꿔 본문의 주어로 내세우고, "차수"는 수식어로 격하시켜 구문을 정리하였다.

(c) … 의 값

"(1)<u>의</u> 항목"은 "항목 (1)"과 같은 의미로, 항목과 (1)을 서로 불가분의 1개의 주체로서 취하고 있으며, 이것을 영어로 하면 다음과 같이 *of*를 끼워넣을 여지가 없다.

> **(66)** Item (1) ….

그런데 예를 들어, "계수 2를 곱하다."와 같이 "의"가 없을 경우에 영어로는 반대로 다음과 같이 *of*를 넣어야만 된다.

> **(67)** Multiply by a factor ***of*** 2 ….

이것은 앞의 예와 달리 계수와 2 사이에 사람에 의한 선택 또는 자연적인 결과 등의 개재요인이 하나 추가된 결과로 설명될 수 있다.

위의 두 예문의 차이를 좀더 단적으로 나타내본다.

> (**68A**) Hence, x depends on the value A.
> (**68B**) Hence, x depends on the value ***of*** y.

A는 일정 불변의 상수, y는 시간과 장소에 따라 다른 값을 취하는 변수라고 하면, A는 "값"과 불가분의 동일 주체이나, y인 경우의 값은 "때마침 그 때에 취한 값"이기 때문에 그 사이에 자연적인 결과란 요인이 개재되어 *of*를 끼워넣어야 할 필요성이 생긴다.

■ to / for, of, at …

「to+부정사」, 「전치사+동명사」 중 어느쪽이 적절한지 정하기가 어렵다는 내용에 대해서는 동사 총론 [3.4.1 (10)항의 동명사 참조]에서 기술하고 있다(예 : *try* ***to*** do인데 *aim* ***at*** do*ing*, *able* ***to*** operat***e***인데 *capable* of operat***ing*** 등). 이 문제는 동사와의 관계에서만 생기는 것이 아니고, 명사를 선행사로 하는 경우에도 생긴다(예 : *tendency* ***to*** overestimat***e***인데 *method* ***for*** calculat***ing***). 이와 같이 어떤 명사가 부정사를 취할 것인지 동명사를 취할 것인지는 미리 알고 있지 않을 경우 사전에 나와 있는 용례 등을 참고로 하여 정하는 수밖에 없으나, 임시방편으로 다음과 같이 고찰할 수 있다.

(a) 방법, 수단 등의 의미를 갖는 명사에는 전치사+동명사

> (**69**) *Method* ***for*** calculat***ing***… (○○계산법) ; *technique* ***for*** approximat***ing***… (○○근사기법) ; *formula* ***for*** estimat***ing***… (○○추정공식) ; *algorithm* ***for*** optimiz***ing***… (최적화 알고리즘).

(b) 경향, 성향 등의 의미를 갖는 명사에는 to+부정사

> (**70**) *Tendency* ***to*** overestimat***e***(과대평가하는 경향) ; *propensity* ***to*** volatiliz***e***(휘발하는 성향) ; *inclination* ***to*** drink(술 좋아하는 버릇).

■ using

이것은 현재분사로 전치사는 아니나, *by/ with/ by means of/ with use made of* 등 일련의 전치사(구)와 궤를 같이 하여 "… 을 사용하여"라는 의미로 분사구문의 형태로 사용된다.

(a) using / by using

> **(71)** This phenomenon has been the subject of study by many experimenters ***using*** various methods.

이것은 *using*의 표준적인 용례로, 이 분사의 주어는 주동사와 공통으로 실험자이다. 그들에 의해 "이 현상은 각종 방법을 사용하여 연구되었다."이다.

> **(72)** One cannot effectively determine the distribution of neutron flux ***by using*** the conventional one-point reactor equation.

이 예문도 주동사, 수식어가 모두 그 주체(주어)가 똑같이 one이며, 단순하게 using으로서는 "수단 의존성"이 부족하게 느껴지므로 이 의미를 강하게 포함한 *by using*이라는 구문으로 표현하고 있다.

> **(73)** Measurements were made *using*[= *with* / *by means of*] γ-ray detector.
>
> **(74)** This difficulty was obviated ***by using*** ethanol as solvent.

앞의 두 가지 예와 마찬가지로 예문 (73)은 "측정은 γ선 검출기를 사용하여 행하였다."로 평범한 기술인 데 반하여, (74)는 "이 어려움은 용제로 에탄올을 사용함으로써 해결하였다."로 (73)의 *using*만으로는 만족되지 않는 "수단 의존성"이 강한 문장이다.

앞의 두 예와 다른 것은 문법상 주어가 예문 (73)의 경우는 "측정", (74)에서는 "어려움"으로, 모두 수식어의 잠재적인 주체인 저자 또는 실험자와는 외관상 별개이지만 실질적으로는 측정한 것도 곤란을 해결한 것도 수식어와 마찬가지로 저자 또는 실험자이기 때문에, 문장 도중에 주어가 바뀌었다고 볼 수는 없다.

그러나 "수단 의존성"을 강조한 형태의 *by using*을 예문 (73)과 같은 평범한 기술에 사용하여 다음과 같이 하면, "측정은 γ선 검출기를 사용함으로써 수행되었다."로 지나치게 애를 쓴 느낌이 들어 어색한 표현이 된다.

> (**73**)′ Measurements were made **by using** a γ-ray detector.

(b) using / with (= by means of)

by/ with (= *by means of*)에 대해서는 ***by***에서 이미 기술하였으나 이들 어구는 *by using*과는 반대로 *using* 단독의 경우보다도 "수단 의존성"이 오히려 약할 때 사용한다.

> (**75**) The neutron flux was measured *with* a thermal neutron detector of known sensitivity.
>
> (**76**) The fission neutron flux was estimated *by means of* the above formula, *using* the following values of cross section.

예문 (75)는 단순하게 "중성자 유속은 이미 알고 있는 감도의 중성자 검출기로 측정하였다."라는 기술이고, (73)은 "핵분열 중성자 유속을 추정"하는 일반적인 방법으로서 "위에 기술한 공식"을, 그리고 그 공식을 활용하는 데 사용한 구체적인 수단으로서 "아래의 단면적"을 사용한다는 것으로, 구체성이 약한 쪽의 수단에 *by means of*, 강한 쪽에 *using*을 기용한 것이다.

(c) using / use

*make use of*를 기초로 하여 만든 *with use made of*라는 전치사구는 *using/ with* 등의 대용으로서 앞에 제시한 예문 (71), (75), (76) 등에 그대로 사용할 수 있다.

> (**75**)′ The neutron flux was measured *with use made of* a thermal neutron detector of known sensitivity.

(76)′ The fission neutron flux was estimated *by means of* the above formula, *with use made of* the following values of cross section.

이 구문은 예문 (72), (74)의 *by using*의 대용으로도 통용되나, 이때는 *by the use of*쪽이 보다 "수단 의존성"을 강하게 호소한다. 예를 들어본다.

(74)′ This difficulty was obviated *by the use of* ethanol as solvent.

예문 (73)은 주동사에 *make*가 포함되어 있으므로 *with use made of*로 하면 다음과 같이 되어 똑같은 make 동사가 근접 반복되어 적절하지 않다.

(73)″ Measurements were **made** *with use* **made** *of* a γ-ray detector.

또 이와 같은 짧은 문장에 4개 단어가 배열된 긴 전치사구는 다소 장중한 느낌이 든다.

반대로 이 전치사구는 단어수가 많으므로 후속 어구가 예문 (75)′처럼, 또는 이것 이상으로 긴 경우 구문의 균형이 이루어져서 좋다.

마찬가지로 *make use of*를 기조로 한 구문에서도 다음 예에서는 *make*가 가정법으로 활용되고 있다.

(77) A large amount of sample would have been required if *use were made of* a detector of sensitivity appreciably lower than that adopted in the present experiment.

"본 실험에서 사용한 것보다 감도가 상당히 낮은 검출기를 사용한다면 다량의 시료가 필요했을 것이다.". 후속어구가 이와 같이 길어지고 *use*를 통상적인 동사로 사용해서는 아래 예문과 같이 "동사 출연의 지연"이라는 안정성 없는 나쁜 구문이 되어 버린다[3.4.1 (1)항 주동사의 위치 참조].

> (77)′ … if a detector of sensitivity appreciably lower than that adopted in the present experiment **were used**.

(d) using / use가 사용될 수 없는 경우

> **(78A)** The author proposes a method for calculating reactor power excursion **using** [= **with use made of**] modal expansion.
>
> **(78B)** The author proposes a method for calculating reactor excursions ***by*** [= ***that is based on***] modal expansion.

이 예문에서 원안인 (78A)의 *using*과 *with use made of*가 모두 사용할 수 없는 이유는 주어가 바뀌기 때문이다. 이 경우에 수식어의 주체는 주동사의 주어와 똑같이 저자로 보는 것이 구문상 가장 자연스러우나, 그와 같이 하면 본래의 문장 의미인 "저자는 모드 전개법을 사용한 reactor excursions의 분석법을 제안한다."로부터 벗어나 "모드 전개법을 사용하여 … 제안한다."로 되어 버린다. 따라서 개정안 (78B)에서는 주어를 의식시키는 동사적 품사 using을 ***by***로 주동사 proposes보다 가깝게 있는 분사 calculating을 받아 이 분사를 수식하는 형태로 취하거나, 관계대명사 ***that***으로 목적어 method를 받아 이것을 종속절의 주어로 하고 있다. 수식되는 주체가 주동사의 주어 이외인 것이 문제로, 이와 같은 예를 따로 들어본다.

> **(79)** It is of vital importance to ascertain the limits of safe storage **using** appropriate means of cooling.
> → It is of vital importance to ascertain the limits of safe storage ***attainable with*** appropriate means of cooling.

"적당한 냉각법으로 얻어진 안전한 저장한계를 확인하는 것은 긴요하다."로, 원안에서는 주동사 is의 주어는 it, 즉 to ascertain 이하의 기술 전체이고, 분사 **using**의 잠재주어는 확실하지는 않으나 굳이 지정하면 "냉각하는 사람"으로 어찌되었든 주동사의 주어와는 관계없다.

■ with

한국어에서 "… 의 경우는"은 대개 *in the case of*로 번역되나, 이것은 "우천인 때에는 중지" 또는 case I, case II 등으로 정말로 몇 개의 "경우"가 상정되는 상황에서 최적의 영역이라고 할 수 있지만, 예를 들어 "고속로의 경우는 실제 경험이 축적될 때까지 신중을 기해야 한다."와 같은 기술에는 *with*를 사용하는 쪽이 보다 경쾌한 문장이 된다.

(80) ***With*** [← **In the case of**] fast breeder reactor, we need to proceed cautiously while further practical experience is accumulated.

3.8 접속사

3.8.1 접속사 총론

접속사는 전치사와 같이 선행하는 동사나 형용사에 의해 제약받지 않으므로 사용법이 까다롭지 않다. 그러나 한영사전에 나와 있는 단어를 무조건 사용할 수는 없다. "벚꽃도 좋으나 매화도 좋다."를 Cherry blossoms are nice *but* so are plum blossoms보다도 오히려 … ***and*** so are … 로, 반대 제안이 아니라 같은 종류의 소개 형태를 취한 편이 원래의 의미를 잘 전한다. 한국어의 조사는 포함하는 뜻이 많아 "또는"의 의미의 조사 "(이)나"는 or보다도 and에 가까운 의미로 사용되는 수가 많다.

아래의 각론에서 각각의 접속사에 대해 고찰하여 본다.

3.8.2 접속사 각론

■ although / though

총론에서 언급한 조사 "(이)나"가 나오는 한국어의 영역으로 자주 활용되는 것이 이 *although*로, "본 해석에서는 평면 벽을 가정하였으나 얻어진 결과는 관 벽에도 응용될 수 있을 것이다."를 예를 들어본다.

(1) **Although** this analysis assumed a plane wall, the results obtained should well be applicable also to tube walls.
[→ ***While*** this analysis assumed a plane wall, the results should well be applicable ··· / This analysis assumed a plane wall, ***but*** the results should ···]

"평면 벽"과 "관 벽"은 서로 대립·상반되는 대상임에는 틀림없으나, 저자의 의도는 그 대조적인 사실에 주목을 집중시키는 것이 아니고, 목표는 후속 주절의 "관 벽에도 응용 가능"이라는 점에 있기 때문에, *although*가 의미하는 "대조성의 지적"은 저자의 의도에 맞지 않는다.

*although*만큼 대조성을 강조하지 않고, 어느 정도 대비적인 사상을 끌어내는 데 적합한 접속사가 개정안의 *while*이며, *but*도 *although*만큼 강조적이지 않다. 또한 이 의미로서는 *although*를 *though*로 치환해도 "마찬가지로 대조성의 강조"라는 정도에 있어서는 두 단어가 완전히 대등하다.

다른 예문을 들어본다.

(2) **Although** [→ ***While***] both models show a similar trend, the present model gives a less conservative estimation.

"두 모델이 비슷한 경향을 보이나, 본 모델쪽이 덜 보전적인 추정을 보인다."로 여기에서 although가 "두 모델의 유사경향"이라는 명제와 "본 모델쪽이 덜 보전적인 추정"이란 명제를 대결시키는 형태로 우스꽝스럽게 되어 있으나, 이 구문을 약간 바꾸어서 다음과 같이 하면 대조의 예로 든 명제가 더욱 한정되어 "덜 보전적인"과 "경향이 비슷하다."의 두 가지 성격으로 압축되어 합리적인 형태가 된다.

(3) The present model gives a less conservative — *although* similarly tending — estimation.

"점잖고 힘센"을 이상적인 남성이 겸비한 소양의 대조성을 표출시킨 기술이라고 하면 다음과 같이 나타낸다.

> (**4A**) Although gentle of mind, he was strong of muscles.

만약 "점잖다"쪽에 역점을 두고, "힘이 세면서도 점잖은"이란 느낌을 나타내려면 다음과 같이 표현한다.

> (**4B**) He was gentle of mind, *although*/ *though* strong of muscles.
> 또는 He was strong of muscles, *yet* gentle of mind.

■ anyway

"어쨌든"의 영역으로 논문에서는 너무 딱딱해서 좋지 않으므로, ***in every event***/ ***be that as it may*** 등으로 치환한다.

■ and

(a) or → and

> (**5**) These fluctuations affect the heat transfer **or**[(a)] [→ ***and***] capture processes of neutrons, and sometimes cause mechanical vibrations in the control rods **or**[(b)] [→ ***and***] fuel elements.

"이들 변동은 중성자의 열전달과정 또는[(a)] 포획과정에 영향을 미치고, 때로는 제어봉 또는[(b)] 연료요소의 기계적 진동의 원인이 된다."

여기서 (a)의 or는 열전달과정과 포획과정을 묶는 접속사이나 이들 2개의 과정에 대해서 "변동의 영향"은 항상 양쪽에 균등하게 미친다고는 볼 수 없고, 경우에 따라서는 어느 한쪽에만 영향을 미치는 경우도 있다는 이유로 원안은 *and*가 아니고 or를 사용하였다고 여겨진다. 그런데 여기서 저자가 문제로 삼고 있는 사항은 이와 같은 "영향이 생기는 쪽"이 아니고 이 단계에서는 아직 "고려 대상으로 해야 할 영향의 종류"를 열거해서 소개하고 있는 것에 지나지 않으므로, 이 단계에서부터 너무 앞의 일까지 논제 중에 포함시키면 도리어 혼란스럽다.

(b)의 or도 제어봉과 연료요소의 진동을 묶는 과정에서 한쪽만이 진동해 버리고 다른 쪽은 가만히 있는 경우를 고려해서 or로 한 것이다. 이것도 (a)의 경우와 마찬가지 이유로 *and*가 좋다. 물품을 소개하는 카탈로그에서 물품의 작동법까지 상세히 설명하고 있는 듯하여 이야기가 다소 복잡하게 된다.

(b) and → or

> (**6**) This r' may differ r on account of slowing down, **and** equal to r[→ ***or else*** equal to r] if no slowing down is involved.

"이 r'은 감속의 영향으로 r과 달라지든가, 만일 감속이 없으면 r과 같다"로, 여기서는 r'을 얻는 모습에 대해서 "이런 경우도 저런 경우도 있다."로 전체적인 항목을 열거하고 있는 것이 아니라, (가) $r'=r$, (나) $r'\neq r$ 2개밖에 없는 경우의 하나하나에 대해 기술하고 있기 때문에 and로 둘 모두를 모아서 정리하려는 자세는 적절하지 않다.

> (**7**) We will here discuss disturbances of simple nature such as a step change **and** [→ ***or***] drift of system gain.

"여기서 논의하고자 하는 것은 스텝 변화나 시스템 이득의 drift 등 단순한 형태의 외란에 관해서이다."로, 이 경우에는 이야기가 아직은 총론의 단계이기는 하나 "단순한 형태의"라고 하였으므로, 예시한 "외란"은 복합된 듯한 것은 고려하지 않고, 하나씩 단독으로 제시하는 인상을 주기 위해서 and가 아니라 *or*를 선택한다.

(c) and+등위절 → to+종속절

"버스를 타고 집에 돌아왔다.", "미국에 가서 죽었다."와 같이 전후하는 2개의 동작을 병기시키는 경우에는 I took a bus *and* went home으로 *and*로 연결한 중문형식도 괜찮으나, *to*를 사용하여 복문으로 하는 편이 보다 문체가 정리되는 경우가 많다.

> (**8**) I took a bus *to go* home ; He went over to America *to die* there.

이 경우 버스를 탈 때는 집에 돌아오는 것을 예정하고 있었다고 해도 미국으로 갈 때는 죽는 것까지 생각한 것은 확실히 아니지만, 이와 같은 복문에서 *to*에 이어지는 종속절은 반드시 "목적"을 기술하는 것이 아니라 때로는 "결과"를 나타내는 경우도 있다. 예를 들면, He will live *to be* ninety "그는 90세가 될 때까지 살 것이다.", What have I done *to offend* you? "내가 뭔가 해서 화가 나신 것입니까?".

> (**9**) The flow separates from the particle surface **and** *forms*[→ ***to*** *form*] a laminar wake.

"유동은 입체 표면으로부터 박리되어 층류상태의 후류를 형성한다."

(d) 부정형 구문

① "*A*, *B* 모두 없다.", ② "*A*, *B*의 모두는 없다.", ③ "*A*, *B*가 모두 없지는 않다(=한쪽은 반드시 있다)."에 대한 표현의 정석으로는 ① *Neither A nor B* are …, ② *A and B cannot both* be …, ③ *A and B cannot both not* be … =*Either A or B has to* be … 를 사용한다.

"Inner iteration 및 outer iteration 어느쪽의 계산에도 속산법은 사용하지 않는다."를 영역해 본다.

> (**10**) **Any** rapid method is **not** used for the inner **and** outer iterations. →***No*** rapid method is used for ***either*** the inner ***or*** the other iterations.

다음으로 접속사 *nor*는 *neither*와 대구(對句)를 이루며, *either*에는 *nor*를 붙이지 않고 반드시 *or*로 한다. 또 *neither*는 주동사에 대한 부정을 내장하고 있어 *neither* … *nor* … is는 *either* … *or* … is *not* 또는 *any* … *and* … is *not*과 같이 사용해서는 안 되는 구문 대신에 사용할 수 있다. 단, 예문 (10)

의 개정안에서는 주어에 *no*를 미리 써넣었기 때문에 나머지 구문은 긍정형으로 *either* … *or*로 이어졌다.

또한 부정형에 대해서는 형용사 각론 **no / not**항을 참조하기 바란다.

(e) 인과관계를 나타내는 and

"비가 와서 가지 않았다.", "술을 먹고 취했다." 등 한국어에서 접속사나 동사의 변형으로 표현할 수 있는 가벼운 의미의 인과관계에 *and*를 사용한다.

> (11) This phenomenon has become the subject of extensive studies, *and* the mechanism is now thoroughly understood.

"본 현상은 널리 연구되어, 그 메커니즘은 이미 잘 규명되어 있다."

(f) and so on / and so forth / etc.

국어에서 자주 쓰이는 "등"은 제대로 영역하지 않으면 엉성한 느낌의 문장이 되어, 내용의 정확도까지 의심받게 된다. 만약 설명을 위해 예를 든다면, 그로 인하여 설명 대상의 범위가 불명확하게 되지 않도록 적용한계를 나타내는 종류의 명칭을 반드시 써야 한다.

> (12) … busses, trains **etc.** [→ busses, trains ***and other means of public transport*** / … ***public means of transport***, ***such as busses and trains***.]

■ as

> (13) ***As*** already noted, we are here dealing with very dilute concentrations.

"이미 지적한 바와 같이 여기서는 아주 희박한 농도에 대해서 취급한다."

> (14) ***As*** the detector was displaced upstream, it registered a gradually rising value.

"검출기를 상류쪽으로 이동함에 따라 점차로 높은 값이 측정되었다."

> (15) ***As*** we have adopted separate forms of the function ϕ for the two different ranges of y, we will correspondingly distinguish the two ranges of y in defining ν.

"함수 ϕ는 y의 2영역에 대해 서로 다른 형태의 것을 채택하고 있으므로, ν의 정의에도 y의 2영역을 구별하는 것으로 한다." 이들 3예가 나타내듯이 *as*의 전형적인 사용법은 "… 와 같이"(참조), "… 에 따라"(관련적 변화), "… 이므로"(이유)이다. 그런데 이 중 마지막의 이유를 기술하는 경우에 *as*를 사용하지 않는 구문이나 *as*로는 적합하지 않은 예를 소개한다.

(a) since를 사용한다

예문 (15)를 그대로 as만 *since*로 치환하여 *since* we have adopted … 로 하면, 이와 같이 원인을 기술하는 절이 주절에 선행하는 구문이 되어 "원인에의 의존성"이 더욱 강해져서 "… 채택한 이상에는 …"과 같은 느낌이 든다.

그러나 *since*를 사용하더라도 이 단어를 선두에 둔 이유절을 주절의 뒤로 가져오면, 위에 기술한 예와 같이 "원인 의존성"이 강한 의미는 다소 완화된다.

> (15A) In defining ν, we will distinguish two separate ranges of y, *since* in these two ranges we have adopted separate forms of ϕ.

한편 「주절 → 이유절」의 순서가 역순인 「이유절 → 주절」보다 영어에서는 자연스러운 구문이라는 것을 몇 번인가 지적하였다. 그런데 *as*로 시작되는 이유절은 주절보다 선행되기 때문에, 이 구속에 의해 부자연스러운 구문이 되지 않도록 노력하는 것보다는 「*since*로 주절 → 이유절」의 순서를 지키는 쪽이 훨씬 적절하다.

> (16A) **As** the nuclear power plant cost data are too scanty to be reliable, the data have been taken from corresponding statistics covering chemical plants.

> (**16B**) The data adopted for deriving costs have been taken from statistics covering chemical plants, ***since*** corresponding values the power plants are too scanty to be reliable.

"발전소의 원가 자료는 신뢰하기에는 부족하기 때문에 화학 플랜트의 자료를 사용했다."

(b) 의인법

"인과관계"를 기술하는 데 의인법을 사용하는 것은 여러 차례 기회 있을 때마다 추천해 왔으나, 예문 (16)에 대해 다시 한번 고려해 보면 다음과 같이 표현할 수 있다.

> (**16C**) The scanty statistics data available today covering power plants *have led us* to utilize corresponding data covering chemical plants in order obtain to reliable results.

이 경우 예문 (16A)에 좀더 충실하게 The too scanty to be reliable statistics data available today covering power plants have … 로서는 주동사 have가 나올 때까지의 주어에 상당하는 구가 13단어나 되어 머리부분이 너무 큰 악문이 되어 버리므로, (16C)에서는 "신뢰를 갖는"이라는 수식구는 형태를 바꾸어 문장 끝에 붙였다.

의인법은 위의 예와는 반대로 훨씬 더 간단한 구문에 사용하여도 세련된 표현을 얻을 수 있다.

> (**17A**) **As** these figures **reveal**, [→ The figures ***reveal that***] the decomposition rate decreases with increasing saturation pressure.

"이들 그림으로부터 포화압력이 상승함에 따라 분해속도가 감소함을 알 수 있다." 또한 의인법에 준하는 표현으로는 다음 예와 같이 *it*을 사용하는 것도 좋다.

(**17B**) ***It*** is revealed from these figures ***that*** ⋯ ; ***It*** is seen from fig. 4 ***that***⋯.

(c) 중문 / 복문

예문 (16C)에서는 의인법을 사용할 경우 주어가 너무 길어지는 것이 문제가 되었으나, 의인법을 사용하면서 이 주어 문제를 처리하는 하나의 방법은 다음 예와 같이 중문 또는 복문형식을 채택하는 것이다.

(**16D**) Data available today covering power plants are two scanty to be reliable, ***and** this induced us*/ ***which** induced us* to utilize corresponding data from chemical plants.

이 중문(복문)방식을 사용하면 이유의 기술이 아무리 길어도 충분히 대처할 수 있다.

(**18**) These temperature are closely related to the energy released during the transients, with the temperature-reactivity relation taking part, ***and** this induced us* to adopt spatially-lumped parameters for dealing with the heat transfer system.

"이들 온도는 온도-반응도의 관계도 관여되어 과도시에 방출되는 에너지량과 밀접한 관련이 있으므로 본 열전달 시스템을 다루기 위해 공간 통합 파라미터 모형을 사용했다."

중문의 접속사구에는 *and* 외에 아래 예문과 같이 *so that*도 사용할 수 있다.

(**19**) The selenium ions were located within several millimeters of the molybdenum fraction, *so that* they could not be prevented from contaminating the molybdenum to some extent.

"Se 이온은 Mo으로부터 수 mm에 위치하므로, 이것이 어느 정도 Mo을 오염시키는 것은 피할 수 없었다."

■ **because**

이 접속사는 논문에 사용하기에는 다소 가벼운 느낌을 주며, 이를 피하고자 한다면 아래의 예와 같이 다른 표현으로 바꾸는 것도 가능하다.

(**20**) For the blanket, the corresponding value relevant to the core is utilized, **because** no fuel is contained in the blanket. → (a) ***since/ for the reason that*** no fuel is … / (b) no fuel ***being*** contained … / (c) For the blanket, ***which contains no fuel***, the corresponding value relevant to the core is utilized.

개정안 (a)는 예문 (15)에 준하여 *since*를 사용한 외에 *for the reason that*도 사용할 수 있음을 나타냈다. (b)는 be의 과거분사로 이유를 기술하는데 사용한 예이다. (c)는 예문 (16C)와 마찬가지로 의인법을 응용하여 이유를 주어의 수식어구 중에 포함시킨 것으로 문 중의 blanket이라는 단어의 반복도 피할 수 있어 가장 영어다운 표현이다.

(**21**) This cannot be verified, **because** *there is* no practical means of measuring the actual value. [→ …, ***for lack of*** practical means of …]

(**22**) This method was found to be the most suitable, **because of** *the avoidance of* dispersion of the nuclides. [→ …, ***for its*** *avoiding* nuclides dispersion.]

"이 방법은 핵종의 분산이 방지될 수 있어서 가장 적당한 것임을 알 수 있었다."

위의 두 예는 이유의 기술을 전치사 *for*로 시작하는 구로 표현한 것이나, 이 *for*로 시작되는 구에 대해 주의할 점은 다음과 같다.

① ⋯ *for* lack of information ; ⋯ *for* insufficient data ; ⋯ *for* excessive noise 등의 부사구에는 관사 없이 표현한다.

② 특정의 것을 골라내어 그 성질을 기술할 때에는 for *its* / *their* 등 소유대명사를 붙인다.

(23) The Korean are known *for their diligence.*
(24) The LWR concept is the most widely adopted for power generation, *for its* accepted merits.

"LWR형은 그 인정된 장점 때문에 발전용으로 가장 널리 채용되고 있다."

■ but

총론에서 소개한 한국어의 조사 "(이)나"의 영역으로, *although* / *though*와 같이 무비판적으로 사용하면 직역한 느낌이 강한 어색한 문장이 된다. "이들 연구는 귀중한 내용을 제공하고 있기는 하나, 안정한계를 예측하는 일반적인 방법은 아직 확립되어 있지 않다."는 다음과 같이 표현된다.

(25) These studies have provided us with valuable information, **but** a general method for predicting the stability boundary has yet to be established.
→ ***While*** these studies have provided us with valuable information, a general method for predicting the stability boundary has yet to be established.

but 이라는 접속사는 대조성이 매우 강한 주제를 도입하는 것으로, I tried, *but* failed라면 "노력"이 당연히 예상되는 "성공"의 기대에 미치지 못해 "실패"하고만 것이다.

앞에서 들었던 although 등과 함께 대조성의 강조 정도를 나열해 보면 *although* = *though* > *but* > *while* 이다. "이상적인 남성"을 예로 들면 다음과 같다.

(**26**) Although gentle of mind, he was strong of muscles. (점잖음에도 불구하고 …) → He was gentle of mind, but strong ….
(점잖으나, …) → While gentle of mind, he was …. (점잖아도 …)

또 *although, while* 등으로 시작되는 구를 주절의 뒤에 배치하면, 대조성의 정도가 약화된다.

■ (in) case

(a) in (—) case는 논문과는 관계 없음

(**27**) I'll take an umbrella, *in case* it rains.
(**28**) *In case* of fire, dial 119.

위 예는 *case*가 단수이며 무관사인 상태로, 예문 (27)은 "비가 올리는 없으나 만일 내릴 경우에 대비해서"의 의미가 포함된 표현이며, 동시에 스스럼 없는 구어체이기도 하다. 또 예문 (28)은 전화기에 붙어 있는 안내문으로, 도로표지의 no left turn(is permitted) 등과 같은 간략문으로서 in *the* case of … 의 *the*가 생략된 변칙적인 구문으로 보아도 좋다.

따라서 이 접속사구를 in case of로 단수 무관사로 사용하는 것은 논문에는 어울리지 않는다.

(b) in the case …

(**29**) *In the case* of sintered UO_2 some CH_3I appears to be directly released.

이것은 "금속 U의 경우"의 대조로서 "UO_2의 경우"를 기술한 것으로, *case*에 정관사가 붙는 것은 그 직후에 계속되는 of … UO_2로 이 명사가 한정되기 때문에 당연하다(3.3.5항 identity의 선취 참조). 논문으로서는 이 형태가 표준이다.

(c) in a case …

(**30**) *in* such a case, ….
(**31**) *In a case* where the shape of the source can be simulated by a simple formula, ….

"소스의 형상이 간단한 식으로 근사할 수 있다면 그 경우는 …."

정관사가 붙는 것이 정형적인 형태라고 한다면, 부정관사를 붙이는 목적은 "다수의 경우 중에 그런 것도 있다고 한다면 …"으로 그 경우가 정석에서 벗어난 기타의 이례적인 예인 것을 강조한 형태이다.

단수의 부정관사 대신에 *In such cases* … ; *In cases where* … 등으로 복수 무관사로 하면, 상술한 "이례성(異例性)"의 강조가 완화되어 "… 와 같은 경우라면 …" 정도의 느낌이다.

(d) 다른 표현방법이 좋은 경우

"… 의 경우"가 한국어에서는 지나치게 많이 사용되기 때문에, 그것에 이끌려 다음 예문과 같이 확실하게 할 수 있는 것을 일부러 돌려서 표현하는 수가 있다.

(**32**) This function can be effectively used **in case** [→ ***when***] the eigenvalue is very small.

"이 함수는 고유값이 매우 작은 경우에는 유효하게 사용될 수 있다."로, 원안은 관사를 생략하여 case를 사용하고 있기 때문에 번거롭게 빙빙 돌려서 하는 말투로서, 또한 "고유값이 작게 되지는 않을 것이나, 만일 작게 되었을 때는 …"로 본의 아니게 쓸데없는 의미를 포함시킨 문장으로 되어 버렸다.

(**33**) **In the case of** gas of high iodide content, the dry type generator is used. [→ Gas of high iodide content *is produced with* dry type generator.]

"높은 요오드화물 함유가스를 얻는 경우에는 건식발생기를 사용한다."를 영역한 것으로, 이 예문에서의 "경우"는 별로 존재의 의미를 갖지 못하고 "…가스는 … 로 만든다."로 충분히 의미가 통함에도, 일부러 "경우"에 집착하여 번역하였기 때문에 어울리지 않는 표현이 되었다.

> (34) The state regulator problem of a point reactor *which occurs* **in the case of** *deviation* from equilibrium. [→ The state regulator problem *relevant to* a point reactor *deviating* from equilibrium.]

"평형으로부터 벗어난 경우에 …"로 개정안에서는 case를 없애고 deviation(명사)을 사용하였지만, "평형으로부터 벗어나고 있는 점로"를 의미하고 있지 않은 점에 주의하기 바란다. 또한 원안이 "… problems … which occurs …"로 occur를 활용함으로써 어지러운 복문으로 되어 있는 것을, 개정안에서는 "… problems relevant to …"와 같이 적절한 전치사구 relevant를 기용함으로써 말끔한 단문구조로 하였다.

■ however

"그러나", "그럼에도 불구하고"의 의미에 사용되는 이 접속사를 문두에 가져오면 문체가 어딘지 모르게 어색하게 되는 것은 therefore의 경우와 비슷하다. 이하 그 대책을 기술한다.

(a) 문두를 피해서 however를 사용한다

> (35) This method is effective for separating ^{99}Mo from ^{95}Zr-^{95}Nb and ^{103}Ru. **However**, the separated Mo fraction $^{(a)}$still $^{(b)}$contains $^{(c)}$the bulk of ^{239}Np activity.

"이 방법은 ^{99}Mo을 ^{95}Zr-^{95}Nb 및 ^{103}Ru으로부터 분리시키는 데 유효하다. 그러나 분리된 Mo 유분은 ^{239}Np 방사능의 대부분을 여전히 함유하고 있다.

however는 접속사이나 therefore와 마찬가지로 부사로 보고, 문장 중의 동사 contains 전후의 (a), (b) 또는 (c)의 위치로 옮기면 구문이 안정된다.

그 중에서도 원래 있는 부사 still과 동사의 사이인 (b)에 쉼표로 가두지 않고 그대로 삽입하여, the … fraction still ***however*** contains … 로 하는 것이 가장 무리가 없는 자연스런 형태이다. (b) 이외의 위치에 *however*를 놓는다면 (a)는 선행되는 주어(the separated Mo fraction)가 이 접속사와 결합되어 "이와 같이 분리된 Mo 유분이라고 하더라도 …"로 되고, (c)는 *however*가 후속되는 목적어와 관련되어, "… 그렇더라도 또한 ^{239}Np 방사능은 대부분 남는다."의 의미로 된다.

원문 중에 별도의 부사가 존재하지 않는 예문은 다음과 같으며, 이 경우에도 *however*를 문두로부터 (a) 또는 (b)로 옮기는 것이 좋다.

> (36) **However**, the dynamics of the two-phase flow [(a)] are [(b)] very complicated.

(b) 다른 접속사로 치환한다

■ but으로 치환

> (37) Many studies have been reported in this domain. **However**, none of them can be directly utilized in industrial applications. [→ … in this domain, ***but*** none of them can …]

"이 분야에서는 많은 연구가 발표되어 있으나, 어느 것도 그대로는 공업적으로 응용될 수 없다. 이 정도의 가벼운 반대관계의 대조성을 표현하는 데 **however**는 지나치게 과장되며 ***but***이 더 적절하다.

■ nevertheless = nonetheless

앞의 but과 반대로 반대관계의 대조성을 강조하고 싶은 경우에 사용한다.

> (38) All of the components cannot be made to incorporate fail-safe properties individually. **However**[→ ***nevertheless*** / ***nonetheless***], the reactor control system as a whole must essentially be fail-safe.

"전체 구성기기의 각각에 fail-safe 특성을 갖게 할 수는 없으나 그럼에도 제어계통 전체로서는 본질적으로 fail-safe이어야만 한다."

■ or

(**39A**) Kernel migration, *or* ameba effect, was observed in irradiated UC_2.

(**40A**) The reagents were obtained from Wako Pure Chemical Industries *or* Samduk Chemical Industries.

같은 or로 묶은 2개의 명칭이라도 예문 (39A)는 동일 사상의 별명, (40A)는 사상 자체가 별개로서 그것들 중 하나가 해당되는 양자택일의 상태이다. 이러한 or의 사용구분은 위의 예의 경우 쉼표의 유무로 어느 정도 예견할 수 있으나, 더 정확하게 구별된 표현을 생각해 본다.

■ 동일 사상의 별명은 대시를 사이에 두고 끼워넣는다

(**39B**) Kernel migration — also known as ameba effect — was observed. / What is known as ameba effect — *i.e.* kernel effect — was observed.

문 도중 및 말미에 설명을 끼워넣기 위해서는 이 예와 같이 대시를 사용하는 것이 명확해서 좋다.

■ 양자택일 상태에는 either … or … 또는 … or else …

(**40B**) The reagents were obtained from ***either*** Wako … ***or*** Samduk ….

(**41**) The fuel plates were ***either*** 1.57 ***or*** 3.12 mm thick.

(**42**) The samples were transferred into the test chamber for analysis, ***or else*** into a vacuum desiccator for preservation.

"시료는 분석을 위해 시험 체임버(이 시험 체임버는 동일 논문 중 이미 언급되었기에 정관사) 또는 보존을 위해 건조기(논문에 처음 등장하기 때문에 부정관사)로 옮겼다."

■ or를 and로 바꾼다

*and*에서 이미 상술한 바와 같이 기술의 목적에 따라서는, 예를 들어 그들 사상이 실제 출현할 때에는 양자택일 상태이더라도, 당면한 문제가 출현상태보다 사상 자체를 열거하여 소개하는 것이라면 접속사로서는 *or*보다 *and*가 적절하다.

(43) The upper **or** [→ ***and***] lower limits are determined using Eq. (9).

상한 · 하한이 동시에 계산될 수 없어도 순차적으로 계산하여 결국 양쪽의 답을 계산해 낸다면 *and*이다. *or*로는 상한 또는 하한의 한쪽만 계산하는 의미가 된다.

(44) The values of x at t_1 **or** [→ ***and***] t_2 were 1.2 **or** [→ ***and***] 1.5, respectively.

■ since

접속사로서는 본래 Never heard of ***since*** he left "출발 이후 무소식" 등으로 시간적인 관계를 나타내나 그 뜻이 변하여 It must be true, ***since*** you say so "당신이 그렇게 말하였<u>으니까</u> 정말이겠지요."와 같은 인과관계의 표현에도 사용된다. 어순은 일반적으로 since(이유) …, (결론) … 을 취한다.

(45) ***Since*** the individual variables do not vary markedly, optimization is not difficult.

"개개의 변수가 심하게 변하지 않기 <u>때문에</u> 최적화는 어렵지 않다."의 의미가 된다.

■ than

대비되는 사상 *a*, *b*에 대해 *a*>*b*인 관계일 때 *a*와 *b*를 접속사 than으로 연결하는데, 이것을 표현하는 구문은 어순을 정리하면 더욱 명확한 의미가 되도록 개선할 수 있다.

간단하게 *A*>*B*라고 할 때에는 *A* is larger ***than*** *B*이나, 실제의 경우 "호랑이는 고양이보다 크다."라는 단순한 주체끼리의 비교에 한정되지 않고, 대비되는 사상이 같은 주체 중의 다른 부분(예를 들면, 같은 동물의 앞다리와 뒷다리)이든지, 같은 주체가 다른 조건하에 있는 상태이든지, 기타 기술 내용이 복잡하게 됨에 따라 구문이 길어지고 명쾌한 감이 줄어든다.

(**46**) The legs of kangaroos are more developed ***than*** their paws. [→ Kangaroos have more developed legs ***than*** paws.]

(**47**) **Young** cats are sweeter ***than*** old ones. [→ Cats are sweeter when young ***than*** old.]

위의 예 모두 원문 그대로 전혀 잘못된 점은 없으나, 여기서 지적하고 싶은 것은 명쾌함을 생명으로 하는 논문에서 조금이라도 독해를 쉽게 하기 위해 "무엇과 무엇을 대상으로 대비하고 있는 것인지"를 명확하게 해야 한다는 점이다. 이 대비대상이 예문 (46)에서는 앞다리와 뒷다리, (47)에서는 젊음과 늙음이며 모두 캥거루나 고양이라는 주체 그 자체는 아니므로, 대비사상만을 주체로부터 분리하여 *than* 전후에 배치하는 것이 이런 구문에서 핵심사항이다.

그러기 위해서는 대비사상을 나타내는 어구가 주어와 연결되어 취급되는 한 구문상의 제약을 받아 단어배치가 생각한 만큼 좋지 않으나, 이것을 주어로부터 분리하여 동사쪽에 부속시킴으로써 해결된다. 즉, 예문 (46)에서는 stronger legs than paws가 동사 have의 목적어로 되어 있고, (47)에서도 young than old로 동사 are의 보어 안에 속해 있다.

(**48**) Hexagonal lattice shows better convergence ***than*** square lattice. [→ Convergence is better with hexagonal ***than*** with square lattice.]

(**49**) The spectrum in a smaller system is cooler ***than*** that in a larger system. [→ The spectrum is cooler in a smaller ***than*** in a larger system.]

위의 예문 (48), (49)에서도 대비사상을 than 전후에 집약하여 대비를 명백하게 하였으며, 부산물로서 대비사상의 명칭 중에 포함되어 있던 명사의 반복이 해소되었다.

(**50**) Grain boundaries in the peripheral zones of both sintered and swaged specimens were attacked more deeply ***than*** those in the central core. [→ In both sintered and swaged specimens, the grain boundaries were attacked more deeply in the peripheral zones ***than*** in the central core.]

이 예문에서 대비사상 peripheral zones / central core는 주체인 grain boundaries 그 자체가 아니고 그것의 존재조건이며, 또한 대비방법이 of both sintered and swaged specimens로 부기되는 등 번잡한 내용으로 되어 있기 때문에, 원안에서는 2개의 대비사상인 peripheral zones와 central core 사이에 14단어가 삽입된 문장이 되었다. 이 때문에 원안은 "어느 것과 어느 것을 대비사상으로 하고 있는지" 한 번 읽어서는 이해하기 어렵다. 반면, 개정안에서는 대비사상과 대비양태를 동사 were attacked의 목적으로 정리하고, 주체 grain boundaries는 주어, 대비조건은 동사의 수식어로서 문두에 정리함으로써 말끔하게 정리된 문장이 되었다.

(**51**) We neglect moments of higher order ***than*** the third. [→ We neglect moments of orderhigher ***than*** the third.]

"3차보다 높은 차원의 모멘트는 무시하기로 한다."로, 본 예는 사상 A와 B를 서로 비교하여 상대적으로 평가하는 것이 아니라, 하나의 절대적 기준인

"3차"를 제시하여 그것과의 비교를 명제로 하고 있는 것이다. 개정안과 원안과의 차이는 higher와 order를 서로 바꾼 것에 지나지 않으나, 지금까지 지켜온 원칙에 비추어 보면 대비상대인 higher가 ***than***에 인접하고, we부터 order까지가 than과 직접 연관이 없는 부분으로서 일관되게 문두에 정리되었다.

■ then

시간적 전후관계인 "그 다음에"와 인과관계인 "그렇다면" 등의 의미로 사용되나, 어순에 따라 구별하여 사용된다.

> (52) The irradiated powder was spread on a nickel plate, which *was* ***then*** heated to 500℃.

"조사 분말을 Ni판에 깐 다음에 500℃로 가열되었다."

> (53) The design problem ***then*** *becomes* one of optimization.

"그렇다면 설계문제는 최적화 문제가 된다".

즉, 예문 (52)의 시간적 전후관계에서 ***then***을 동사 뒤에, (53)의 인과관계에서는 동사 앞에 배치한다. then을 문두에 배치하는 것은 어느 의미로 사용되는지 전후 상황으로부터 독자가 판단하도록 하는 형태가 되므로 좋지 않다.

■ thereupon

then과 같이 "시간적 전후관계", "인과관계"의 두 의미로 사용되나, then보다도 절박감, 밀접감이 더욱 강한 느낌이다.

> (54) The heated powder *was* ***thereupon*** immediately sealed in vacuum to prevent oxidation.

"가열된 분말은 산화를 방지하기 위해 즉시 진공으로 밀봉하였다."

> (55) The design problem ***thereupon*** is reduced to a simple one of optimization.

"그렇게 함으로써 설계의 문제는 단지 최적화 문제가 된다."

사용된 의미를 동사와의 전후관계로부터 구분하는 것은 then의 경우와 동일하다.

■ whether

(a) if가 아니라 whether를 사용한다

"… 인지 어떤지"의 의미로 사용한다. "반응은 발열반응인지 흡열반응인지 정해져 있지 않다."는 다음과 같이 나타낼 수 있다.

> (56) It is not clear ***whether*** the reaction is exothermic or endothermic.

이와 같은 구문에서 종종 ***whether***를 **if**로 대용시켜, … not clear **if** … 로 하지만 **if**로는 부족하다.

(b) whether or not의 사용방법

"*A*이든 아니든"이라고 할 때 *whether* 단독이 아니라 *whether* ***or not***으로 보충하는 편이 보다 명쾌하다. 또 이 ***or not***은 *whether*에 인접하여 배치하는 것이 좋으며, 일부러 ***or not***을 떨어뜨리는 것은 좋지 않다.

> (57) It is important to know *whether* identification of the ^{7}Li tracks is possible **or not**. [→ (a) … to know *whether* ***or not*** identification of the ^{7}Li tracks is possible / (b) … *whether* ***or not*** the ^{7}Li tracks are identifiable. / (c) … the ^{7}Li tracks can be identified.]

개정안 (a)에서는 원안의 or not을 *whether*의 옆으로 옮기고, (b)에서는 identification is possible(명사 기본구문) are identifiable(형용사 기본구문)로 하고, (c)에서는 can be identified(동사 기본구문)로 구문 전환을 시도하였다 [3.1.1항, 3.4.1 (3)항, 3.5.1 (1)항 참조]. 이 예의 경우 (a)는 직역의 어색함이 남아 있고, (b)는 초점이 불명확한 느낌이 들어 (c)가 가장 적당하다고 생각된다.

3.8.3 외래어

논문에 사용되는 일반적인 외래어로서 주의가 요구되는 것은 라틴어 명사의 변칙적인 복수형과 etc., vs. 등의 약어에 관한 것이다.

(1) 라틴어 명사의 복수형

라틴어 명사는 *formula*–*formulae*, *index*–*indices* 등으로, 영어와 같이 s를 붙이면 그대로 복수가 되지 않으나, 다행히 상당수가 영어화되어 단순히 s를 붙인 복수형도 통용되고 있기 때문에 그것에 따를 것을 권한다. 예를 들어, *cupola*의 복수를 *cupolae*, *terminus*를 *termini*로 하지 않고 간단히 *cupolas*, *terminuses*로 하면 되는데, 학술용어라고 해서 갑자기 라틴어의 문법을 가져와 쓴다고 하여 논문의 격조가 올라가는 것은 아니다.

추천 복수형 [← 정식 라틴어 복수형]에 관한 몇 가지 예를 들어본다.

> *formula*–***formulas*** [← formulae] ; *index*–***indexes*** [← indices] ; *matrix*–***matrixes*** [← matrices] ; *maximum*–***maximums*** [← maxima] ; *minimum*–***minimums*** [← minima] ; *apparatus*–***apparatuses*** [← apparatus] ; *focus*–***focuses*** [← foci] ; *locus*–***locuses*** [← loci].

다만, 아직까지 영어화되지 않고 라틴어의 복수형이 그대로 쓰이는 것으로 다음과 같은 것들이 있다.

> bas*is*–bas*es* ; thes*is*–thes*es* ; analys*is*–analys*es* ; synthes*is*–synthes*es*.

또 *data*는 *datum*의 복수형이나 현대 영어에서는 각각 다른 의미를 갖고 있으며, *datum*의 복수는 *datums*, *data*의 단수는 존재하지 않고, 꼭 단수로 하고 싶은 경우는 *one of the data*로 한다.

(2) 라틴어 어구의 관용 약어

논문에서 널리 쓰이는 라틴어 어구의 약어로는 *etc.*, *i.e.*, *vs.* 등이 있으며,

이것들 모두 이미 외래어로서 의식되지 않을 정도로 영어 속에 흡수되어 마치 기호와 같이 사용되고 있다. 그만큼 무의식적으로 *et. al*이나 *vs*와 같이 마침표 찍기의 잘못이나 and *etc.*로 "말에서 떨어져 낙마하였다." 식의 중복을 저질러, 모처럼의 격조 높은 논문조를 불협화음으로 깨뜨리게 된다.

고작 점하나 차이라고 경시하지 말고, 한국어에서 "대평양", "태서양"이라고 쓴다면 이상한 것처럼 약간의 주의를 기울임으로써 실수를 미연에 막을 수 있을 것이다.

■ e.g.

라틴어의 *exempli gratia*=for instance의 약어이다. 괄호나 대시 사이에 예를 둘러싸서 간결하게 나타내고 싶은 경우에, approx., max., min. 등의 약어와 동일한 방법으로 사용한다.

> (58) Light water reactors(*e.g.* PWR's) are today the most widely used for power generation.

"경수로(예를 들어, 가압수형로)가 오늘날 가장 널리 발전용으로 사용되고 있다." 이때 *e.*과 *g.*은 각각 한 단어의 약어이므로 마침표를 각각에 붙여야 한다. 또한 *e.g.,*와 같이 뒤에 쉼표를 붙이는 것은 틀린 것은 아니나 없는 쪽이 간결하다.

예시가 괄호나 대시로 둘러싸인 형태가 아니고, 문장 중에 그냥 기술되어 있는 경우에는 이와 같은 약어를 사용하지 않는 것이 자연스럽다. 이 경우, 한국어의 "예를 들어…"는 대개 for **example**로 번역되나, 영어권에서는 for ***instance***로 말하는 경우가 많고, 또한 문장에서도 이쪽이 더욱 영어답다.

> (59) Steam generator tube denting has been experienced ***for instance*** [→ **for example** / **e.g.**] in the Surry 1 and 2 reactors.

■ *et al.*

et alii=and others의 약어로 참조하는 논문 등의 저자들 중에 필두의 저자만을 제시하고, 나머지 저자의 이름을 생략하는 경우에 사용한다. 사용시 주

의할 점은 *et*는 짧더라도 약어가 아니므로 마침표를 붙이지 않는다.

공저자명은 특별한 이유가 없는 한 필두의 저자만을 들고 이외의 저자들 대신에 *et al.*로 하는 편이 간결해서 좋다. 특히 언급하는 논문이 다음 예와 같이 두 편 이상인 경우 각 저자명을 전부 열거하면 그 중 누구와 누가 함께 한 편의 논문을 썼는지 불명확해지기 쉽다.

(60A) Wall and Stover, and Myong and Hong
(60B) Wall & Stover and Myong & Hong
(60C) Wall *et al.* and Myong *et al.*

위의 예는 각각 2명의 공저에 관계되는 두 편의 논문을 나타내고 있으나, 예문 (60A)에서는 각 논문의 공저자군 사이에 쉼표로 구분하기는 하였으나, 짧은 구간에 and가 3회나 반복되어 좋지 않다. 예문 (60B)는 공저자의 접속에 &라는 약호를 사용해서 구분하려고 한 것이나, 이 &는 … & Co., Ltd., 이외에 그다지 사용되지 않으므로 부자연스럽다. 예문 (60C)와 같은 깔끔한 해결방법이 있는데 굳이 어려운 방식을 택할 필요는 없을 것이다. 또한 논문 중에서 인명을 열거할 때에는 성만을 기술하고, 경칭이나 이름은 곁들이지 않는 것이 원칙이다.

■ *etc.*

et = and, *cetera* = the rest(= 등)의 의미를 가진다. 즉, *etc.*는 이미 and를 내장하고 있으므로, and *etc.*는 중복 기재이다. 한국어에서는 "등"이라는 단어가 빈번하게 사용되고 있으나, 이것을 전부 번역하면 *etc.* 투성이의 번역문이 되어 버릴 것이다.

그러면 한국어에서의 "등"을 어떻게 처리하면 좋을지 생각해 보기로 한다.

(a) "등"을 무시한다

(61) I've never read any of your papers. = 너의 논문 따위는 읽어 본 적이 없어. ; The experimental results agreed well with calculations by ANISN. = 실험결과는 ANISN 등에 따른 계산과 잘 일치하였다.

위의 예에서의 "등"은 예시라기보다는 문장에 맛을 내는 조미료와 같은 것으로 무시하든지 별도로 영문다운 맛을 내든지 해야 된다.

(b) 큰 범주를 규정한다

(**62**) Seoul, Incheon and other neighboring cities＝서울 및 인천 등
; Seoul, Busan and other major Korean cities＝서울, 부산 등
; Strontium and other long-lived isotopes＝Sr 등.

한국어라면 예시 항목의 선정방법에 따라 "서울, 인천"이라면 수도권 도시, Sr이라면 장반감기 핵종 등, 상대에게 바로 이해된다고 생각되면 독자의 양식에 호소해서 새롭게 적용 범위를 한정시키지 않고 마감하는 경우가 있다. 그러나 영어에서는 이렇게 하면 저자의 책임을 다하지 못한 것이 되므로, 위의 예문과 같이 반드시 저자가 설정하는 큰 범주를 나타내는 총칭적인 명칭을 첨가해서 써야 한다.

큰 범주를 앞에 기술하면, 예시는 단순한 보충설명으로 문장내용은 한층 더 명확하게 된다.

(**63**) Major Korean cities like Seoul and Incheon ; Long-lived nuclides such as Sr ; Seoul and its neighboring cities, including Incheon.

■ *i.e.*

id est＝that is "즉"이란 의미로, *e.g.*가 "예시"라면 *i.e.*는 동일 사상의 "바꾸어 말하기"로 선행어구와 내용・범위도 똑같은 동일 사상을 독자의 이해를 촉진시킬 목적으로 별도의 표현으로 상세하게 기술하든지, 역으로 선행문에서 잡다하게 기술한 것을 독자의 머릿속에 정리해 주기 위해서 한 마디로 바꾸어 말하는 경우에 사용된다.

(**64**) In such a case, the breeding ratio < 1, *i.e.* the reactor is no longer a breeder.

"그와 같은 경우에 증식률 < 1, 즉 노는 이미 증식로가 아니다."

> (65) The value represents the product of the number of neutrons per unit volume, their velocity and the duration of irradiation - *i.e.* the neutron fluence.

"이 값은 단위체적당 중성자수, 중성자의 속도, 조사 시간의 곱, 즉 중성자 fluence를 나타낸다."

*i.e.*는 *et al.*과 달리 원어가 짧더라도 반드시 축약해서 쓰는 것이 관습이므로 마침표는 각 글자에 붙인다.

또한 한국어에서는 같은 "즉"이라도 "원인은 세 가지 생각할 수 있다. 즉, (a) …, (b) …, (c) …" 등으로 선행문의 총칭적 표현의 내역을 전부 열거해서 보충할 경우에는 i.e. 대신에 *viz.*=namely를 사용하면 정확히 들어맞는다.

> (66) Three causes can be considered - *viz.* (a) …, (b) …, (c) ….

■ *vs.*

versus=against란 의미이나, 영어에서는 쉽게 문중에 삽입하면 위화감을 주기 때문에 주의할 필요가 있다.

도표의 표제 및 괄호로 둘러싼 설명구의 간략화한 기술에 잘 들어맞으나, 일반적인 문장 중에 장소를 가리지 않고 이 외래어를 집어넣으면 독해에 지장을 주지는 않으나 문장의 균형이 깨지게 된다.

> (67) **Figure 4** shows the logarithm of pressure plotted **vs.** [→ **against**] reciprocal temperature.

3.9
약호, 기호, 숫자 및 기타

3.9.1 약호 및 기호

(1) 약호의 남용

한국어에서는 PR, MC, PRO와 같이 외래어의 약어가 남용되고 있기 때문에, "우리도 알고 있는 단어이므로 영어를 할 수 있는 독자라면 당연히 …"라고 생각하여 논문 중에 아무런 양해도 없이 KIST, KACRA, RIST 등을 연발하는 것도 무리는 아니다. 그러나 국내기관의 약칭이 세계에 걸쳐 명성을 얻고 있다고는 할 수 없다.

비록 논문에 처음 등장하는 곳에서 그 약호를 독자에게 소개한다고 해도 그 독자입장에서 보면 익숙하지 않은 문자의 나열에 불과한 부호의 의미를 새로이 암기해야 하는 부담에 반발감을 느낄 것이다. 한국어로는 "라디오아이소토프"로 쓰면 따분하고 기다란 느낌이 드나, 영어로는 radioisotope로 번잡할 정도로 긴 어구가 아니므로 RI로 굳이 줄일 필요가 없다. 따라서 약어의 남용을 피하고, 전체 단어를 써내는 노력을 기울여야 한다.

(2) 약호, 기호는 문두를 피할 것

(1) *g* is generally used for representing the acceleration of gravity. [→ The symbol *g* is generally used for ….]

문장의 서두는 대문자로 정해져 있으므로 이 원안과 같이 *g* 라는 소문자가 나타나는 것은 좋지 않다. 이밖에 숫자 및 기호도 마찬가지이다.

(2) **2 g** of the liquid were sampled. [→ ***Two grams*** of the liquid …]
(3) ^{128}**I** is a good example of such short-lived isotopes. [→ A good example of such short-lived isotopes is ^{128}***I***]

형태로 보면 약호이더라도 대문자로 시작되면 문두에 와도 문제가 없어야 될 듯하나, 이것도 기피해야 한다.

(4) **Fig.** 5 [→ ***Figure 5***] presents the results obtained.

약호·기호 등이 문두에 나타나는 것을 방지하는 대책으로서 이상의 세 가지 예에서 괄호 안에 보였듯이 아래의 원칙을 따른다.

(a) 약호로 하지 않고 전부를 쓴다

예문 (2), (4)와 같이 전부를 쓰며, 특히 (2)에서는 문두의 한 단어만 전부 써서 *Two* ***g*** of the liquid도 좋을 것 같으나, 이렇게 하면 모양이 나쁘기 때문에 이와 같은 숙어 또는 연어(連語)는 전부 쓴다. 연어의 예를 들어본다.

(5) *Europium* and ***gadolinium*** [← *Europium* and **Gd**] were eluted with the same solution.

(b) 문두에 한두 단어로 머리를 씌운다

예문 (1)과 같이 기호 g 앞에 the symbol의 두 단어를 붙여 보통 단어의 대문자로 문장이 시작되게 하였다. 앞의 (a)에서 숙어, 연어는 모두 전서(全書)한다고 하였으나, 기호와 같이 다른 종류의 단어라면 비록 관사 하나라도 문두에 두면, 이어지는 두 번째 단어는 약기해도 좋다.

(c) 구문을 세련되게 고친다

예문 (3) 참조.

(d) 선행문과 이어 붙여 해결한다

(6) Here t_i and t_e are respectively the internal and external temperatures. $\boldsymbol{p}$ is the pressure. [→ … internal and external temperatures, ***while*** $\boldsymbol{p}$ is ….]

또한 세미콜론을 사용해서 문장을 연결한 예를 들어보면 다음과 같다.

(7) The block *K* represents the total gain. ***R*** is the point reactor, and ***F*** the temperature feedback. [→ ⋯*K* represents the total gains ; ***R*** is ⋯]

3.9.2 숫 자

(1) 수치의 기술

"*M*값은 10초라고 가정하였다."는 다음과 같이 표현된다.

(8) **The** *M*-**value** was assumed to be **10 sec.** → ***A value of 10 sec*** was assumed for *M*.

저자가 자신의 판단으로 가정하는 수치는 독자에게는 처음 듣는 사항으로, 부정관사를 붙여야 한다(3.3.15항 관사의 정리 참조). 그렇다고 해서, **a** 10 seconds로 복수명사에 단수관사는 붙이지 않으므로, ***a value of*** 10 sec로 머리를 씌우든지, ***a 10-sec*** *M*-value로 수치를 형용사 상당구로 전환시킨다. 본 예는 문장의 전체 길이가 짧고, 후자의 방식으로는 주어가 차지하는 비율이 너무 길기 때문에 전자의 방식을 선택하였다.

그런데 한국어와 동일한 형태의 구문으로 해서는 The *M-value* was assumed to be a *value of* 10 sec가 되어 *value*의 근접반복(2.3.2항 단어의 중복 참조)으로 모양새가 나빠지는 것 외에도, 이것으로는 문두의 주어에 정관사가 붙는데(이 관사는 전후의 관계에서 정관사가 되어야 함) 이 주어를 설명하는 역할의 보어가 부정관사를 취해서는 용두사미 또는 주객전도의 느낌이 들기 때문에, 이것을 「부정관사 → 정관사」의 정상적인 순서가 되도록 세련되게 고친 것이 예문 (8)의 개정안이다. "10 g의 시료"는 다음과 같이 표현된다.

(9) (a) ***Ten grams*** of sample / (b) A sample of ***10 g*** / (c) A sample, weighing ***10 g***

(a)는 다량의 모집단으로부터 시료로서 채취한 10 g, (b)는 다수의 덩어리로서 존재하는 모집단으로부터 10 g인 것을 찾아 시료로 한 것, (c)는 (b)와 마찬가지의 모집단으로부터 무작위로 들어올렸더니 마침 10 g짜리 시료(3.7.6항의 전치사 각론 of 참조)라는 의미가 된다.

(2) 차원의 기술

"길이 1 m의 봉"은 (a) a rod of 1 m *length*, (b) a 1 m *long* rod로 표현할 수 있으며, 수치를 나타내는 차원(여기서는 길이)에는 "명사 어간"과 "형용사 어간"을 사용할 수 있다.

(**10A**) An ion exchanger resin of 100 mesh was packed in a column of 8 mm **diameter**(명사) and 30 cm **length**(명사).
(**10B**) … a column 8 mm ***in diameter***(형용사구) and 30 cm ***long***(형용사).
(**10C**) … a column 8 mm ***diameter*** × 30 cm ***long***(형용사로 기호 겸용).

예문 (10A)는 명사 어간을 사용하였으나 딱딱한 감이 들고, (10B)는 형용사 어간, (10C)는 마찬가지로 기호 겸용으로 간결하게 정리되어 있다. 또 예문 (10C)의 diameter는 *in* diameter의 *in*을 생략한 형태로 보아도 된다.

(3) 숫자의 표기

숫자를 표기하는 데에는 산술용 숫자(아라비아 숫자), 시계 숫자(로마자), 알파벳으로 전부 쓰기의 세 가지 방법이 있다. 산술용 숫자는 가장 일반적인 표기법이고, 시계 숫자는 예를 들어 제 1 권은 vol. I, 제 2 부는 part II, 제 3 장은 chapter III 등 비교적 대분류의 순서를 나타내는 수에 사용되며, 특히 그림과 구별하여 표의 기호에 table I, table II 등으로 이 시계 숫자가 사용되는 경우도 있다. 그러나 옛날에는 연도 등의 표기에도 사용되었던 이 표기 방법은 점차로 용도가 좁아지는 경향이며, 오늘날에는 위에 기술한 예를 모두 산술용 숫자로 바꾸어 쓰기도 한다.

알파벳 표기는 수표 등의 금액에 한국에서도 일, 십 등으로 쓰는 것과 마찬가지로 변조방지의 목적으로 사용하기도 하고, 예문 (2)와 같이 문두에 오는 산술용 숫자의 대용으로 사용하는 것 외에 "하나, 둘"과 같이 세어나가는 듯한 수에 대해서도 이 표기방법을 사용하면 자연스러우며 저항 없이 읽을 수 있다.

> (11) The first ***three*** terms of the cosine series = 코사인 함수의 최초의 3항 / A sample containing ***seventeen*** elements = 17원소를 포함한 시료.

그러나 이것도 20을 초과하면 산술용 숫자를 사용해도 어색하지 않으며, 또 100 이상에서는 거꾸로 길게 느껴진다.

> (12) A square lattice of ***529*** elements, constituted of ***twenty-three***[=*23*] rows of ***twenty three***[=*23*] elements. [=A square lattice of *23×23=529* elements]

(4) 수십, 수백의 표현

several/ *several hundred*/ *several thousand* 등과 같이 10^0 / 10^2 / 10^3 정도에 대해서는 국어로 "수개, 수백 개, …"에 상당하는 표현이 있으나, 곤란한 것은 "수십, 수만, 수십만 …" 등과 같이 위에 기술한 것 이외의 지수를 갖는 수이다.

several tens는 불가능하며, 다만 *several decades*는 보통 "수십 년"의 의미로 한정되어 사용된다. *several dozen*/ *tens of thousands* 등은 어법상으로 잘못은 없다고 하여도 논문용어로는 너무 평이한 느낌이고, 무리하게 *several dozen* **curies**, *tens of thousands* of **volts**와 같이 정식단위를 붙이는 것도 좋지 않다. 어떻게 해서든 영어로 해야만 하는 해결책으로는 다음과 같이 "10과 100 사이"보다도 상한·하한을 더욱 수렴된 값으로 표시할 수 있으면, between *50* and *70*과 같이 상황에 맞춰 값을 집어넣는다.

> (13) ***between 10 and 100 V*** = 수십 볼트 / an input ***of the order of*** $\boldsymbol{10^4}$ *V* = 수만 볼트의 전압.

(5) 숫자의 1

문장 중의 1은 알파벳 I 및 로마자 I과 혼동하기 쉽다. 또한 one은 3.9.2 (3)항에 나타낸 "열거(列擧)"의 경우와 혼동되기 때문에, 논문에서는 1 대신에 unity로 쓰는 것이 관습으로 되어 있다.

> (14) The values have been normalized to ***unity*** at $t = 0$.

(6) 수량에 대한 표현

■ 다수의 / 소수의

> (15) A (large) number of / Only a small number of esters have been synthesized by this method.

■ 다량의 / 소량의

> (16) A **large / considerable / substantial / significant amount of** chlorine is generated by the side reaction.
>
> (17) A **small / negligible / insignificant amount of** chlorine is generated by the side.

■ ~배 ~하다 (비교)

> (18) The hydrogenation rate is **2 to 3 times** the isomerizatlon rate. / The rate of hydrogenation is **2 to 3 times that of** isomerization.
>
> (19) *A* is **5 times more soluble** in hexane than in water. / The solubility of *A* is **5 times as high** in hexane **as** in water.
>
> (20) The solubility of *A* in hexane is **10 times as high as that of** *B*.

(21) *A* is **10 times more soluble** in hexane than is *B*. / *A* is **10 times more soluble** in hexane than *B* is.
(22) **A ten-fold increase** in the rate of hydrogenation is achieved using the new catalyst.

■ ~만큼 ~하다 (비교)

(23) The yield of the product was **30 % larger than that** previously reported. / The yieid of the product **increased by**(up to) **30 %**.
(24) The rate of the reaction increased **by a factor of** 4 / **by** two **orders of magnitude**.

■ ~의 비율로 ~하다

(25) *X* and *Y* were mixed **in a mole ratio of** 1 : 2.
(26) The mixture contains **30 % by weight** of *A* and **5 % by weight** of *B*. / The mixture contains **30 w.-%** of *A* and **5 w.-%** of *B*.
(27) A solution containing **3 parts** by weight of polyvinyl alcohol and **100 parts** of water was prepared.
(28) The temperature of the solution was raised **at a rate of** 1℃ per minute.

■ 까지의 / ~이하 · 이상의 (범위)

(29) The solution is fluid *at temperatures* ***down to*** *−20℃*/*at a temperature* ***as low as*** *−20℃*.
(30) The mixture is solid at temperatures **up to** 80℃.
(31) The solution must be kept *at −78℃* ***or below***/*at 50℃* ***or above***.

■ 최대(최소)로 하(되)다

(32) The yield **reaches a maximum** / **is at a maximum** at a reaction temperature of 40℃.
(33) To **maximize the yield** the water content in the solvent must **be kept to a minimum**.

■ 약 ~ / ~ 정도의

(34) **About** / **Approximately** / **Roughly** 20 m*l* of water is added to the reaction mixture.
(35) The yield is **about** / **around** / **in the neighborhood of** / **in the vicinity of** 30 %.
(36) The yield is **nearly** / **close to** 100 %. / The yield is **nearly** quantitative.
(37) A concentration of *A* **on the order of** 10^{-2} mol/*l* may be used.
(38) The concentration of *A* used was **on the order of** 10^{-2} mol/*l*.

■ 평균하여 ~(가 되다)

(39) Each molecule has **on the average** six nearest neighbor molecules. / Aliphatic molecules have a carbon-carbon bond length **on the average** of about 1.53 Å.
(40) The carbon-carbon bond lengths **average** 1.53 Å.

■ 합계하여 ~(가 되다)

(41) The yield of the products thus **amounts to** / **totals** about 70 %.
(42) The **combined** yield of the products is about 70 %.

■ ~간격으로 (빈도)

(43) The conversion of A to B was monitored **at 10 min intervals / at intervals of 10 min / once every 10 min**.

■ ~의 영역 (범위)

(44) The temperature was kept **in the range of** 50℃ **to** 70℃ / **in the** 50~70℃ **range / between** 50℃ **and** 70℃.
(45) The reaction was carried out at temperatures **ranging from** 0℃ **to** 80℃ / **varying from** 0℃ **to** 80℃ / **ranging up to** 80℃.
(46) A thermometer **having a range of** 0℃ to 100℃ is used.

3.9.3 기 호

식 등에 사용하는 기호를 문장 중에서 소개하는 경우, 예를 들어 "압력 P는 …"을 the pressure P is …, 또는 "경계층의 두께 δ …"를 the boundary layer thickness δ …로 써도 별다른 문제는 없으나, 소개하는 기술내용이 길어지면 중요한 기호를 문장 중의 어느 장소에 넣어야 할지를 잘 생각해 보아야 한다. "열에너지를 기계적 에너지로 전환하는 효율 η …"는 다음과 같다.

(47) The efficiency of converting the heat energy into **mechanical work**, η … [→ The efficiency η of converting …]

한국어에서는 주어를 한정하는 형용사가 주어보다 앞에 오기 때문에 소개하려는 기호 η를 주어의 뒤에 써 넣으면 설명어와 기호가 인접하여 매우 좋다. 이 형태를 동일하게 영문에 적용시켜 소개하는 기호를 문장 끝에 쓴 것이 처음에 제시한 원안으로, 이 구문에서는 η가 그것과 직접 관계없이 **mechanical work** 직후에 이어져 "기계적 일 η"로 독자가 잘못 읽을 수 있는 원인을 제공하고 있다. 이 불친절한 구문에서 work와 η 사이에 콤마를 넣는 것만으로는 독자의 이해를 돕기 위한 해결책이 되지 못한다. 소개하려는 기호를 그 기호가 나타내는 사상 efficiency 직후에 우선 쓰고, 그 후에 침착하게 기호의 설명을 잇는 것이 올바르다.

(**48**) The amplitude of the pressure variations calculated from the measured **velocity**, *a*, …[→ The amplitude *a* of the pressure variations, calculated from …]

이 예문의 원안은 예문 (47) 이상으로 일부러 잘못 읽기를 유도하는 듯한 구문으로, 이것으로는 당연히 "측정한 속도 *a* 로부터 산출한 압력변화의 진폭"으로 해석된다. 앞의 예에서와 같이 괄호 안의 개정안처럼 기호를 설명어의 직후로 옮기는 것만으로, 그것이 설명어의 "동격어"(apposition)가 됨으로써 잘못된 독해를 완전하게 방지할 수 있게 된다.

3.9.4 식의 소개

(1) 문중에 식의 삽입

영어구문에서 기호를 소개하는 데 따른 불편함으로 한층 더 배려가 요구되었으나, 식을 소개하는 경우는 반대로 한국어의 불편함이 종종 그대로 영문에 들어가서 이상한 문장이 되어 버린다. 한국어의 보어나 목적어는 동사 앞에 오기 때문에, 보어나 목적어가 식일 경우 이런 이질적인 기술이 중간에 끼어서 문장을 중단시키는 형태가 되어 버린다. 따라서 식이 길어지면 문장의 형태가 보존되지 않아, 궁여지책으로 "압력은 다음 식으로 표현된다." 등으로 식 앞에서 문장이 완결되도록 하고, "다음 식"이 이어지게 한다. 영어에서는 원래 보어나 목적어가 문장 끝에 올 수 있기 때문에 식을 문 뒤에 쓰면, 그 식이 보어나 목적어의 역할을 하게 되어 아주 자연스럽게 문장의 말미를 구성한다.

(**49**) The integral in Eq. (65) becomes [← The integral in Eq. (65) becomes **as follows**]

<*equation*>

원안은 한국어의 부자연스러움을 그대로 재현한 형태로, 개정안과 같이 식을 자연스럽게 문 중에 넣는 것이 가능한데 원안의 구문에서는 **as follows** 로 여분의 수식어를 끼워넣어 문을 완결시킴으로써 식을 일부러 소외시키고 있다.

식은 위의 예와 같이 보어로서 문장에 넣는 외에 다음과 같이 목적어로서도 같은 형태를 취할 수 있다.

(**50**) Substituting this into Eq. (15), we obtain

<*equation*>

(2) 식을 문장의 말미에 동격의 형태로 취함

(**51**) The entropy of steam is evaluated from the following Eq. (3). [→ … from the ***equation***]

<*equation*>

원안에서는 한국어의 정석을 그대로 답습한 것으로, 정중하게 식의 번호까지 써넣어 필요없는 중복을 하고 있다. 개정안과 같이 ***equation*** 으로 일단 문장을 중단하면, 이어지는 수식은 예문 (48)의 기호와 마찬가지로 선행사의 동격어로서 문장 중에 포함된다. 다른 예를 들어본다.

(**52**) The Laguerre function is given by the **following recurrence formula**. [→ … by the ***recurrence formula***]

<*equation*>

이와 같이 식과 문장의 일체화를 위해서는 식의 동격어가 문장 말미에 위치해야 하며 따라서 구문을 정리할 필요가 있다.

(**53**) The bubble rise velocity is given by the **following expression**, as long as the Reynolds number based on bubble diameter is fairly large. [→ In the range of fairly large Reynolds number based on bubble diameter, the bubble rise velocity is given by the ***expression***]

<*equation*>

"기포 입경을 기초로 한 레이놀즈수가 비교적 큰 영역에서 기포의 상승속도는 다음 식으로 주어진다."로, 이 예에서 수식의 동격이 되는 문중의 단어는 ***expression*** 으로, 이것을 문장 끝에 가져오려면 개정안과 같이 구문을 바꾸지 않으면 안 된다. 다른 예를 들어본다.

(54) All of the hydrogen generated by the **following reaction** is released into the cover gas. [→ All of the hydrogen is released into the cover gas, upon its generation by the ***reaction***]

<*equation*>

(55) The **basic equation** is derived **as follows** from the material balance. [→ From the material balance is derived the ***basic equation***]

<*equation*>

예문 (55)에서는 후속되는 수식의 동격어 ***equation*** 을 문장 끝에 가져오나, 주어이기 때문에 주어와 동사 사이에 도치가 이루어졌다. 수식을 설명하는 동격어로는 위 예의 *equation, expression, formula* 외에도 더욱 추상적인 *in the form* 이라는 표현도 사용할 수 있다.

(56) Thus, we can express v ***in the form***

<*equation*>

(3) 콜론의 사용

식을 도입하는 데 콜론(:)을 잘 사용하면 간결한 표현이 될 수 있다.

(57) Newton has expressed a_n as a function of mass number A :

<*equation*>

(58) The α-hydroxy alkyl radical formed by this reaction shows a behavior similar to acids and bases :

<*equation*>

위의 두 가지 예와 같이 콜론 기호는 "즉"의 의미로 독자의 눈에 비친다.

(4) 식과 문장의 완전한 일체화

식과 문장의 일체화는 더욱 전진하여 동사까지 식의 중간에 넣어, 식을 완전하게 문장 중에 융합시킬 수 있다.

(59) For a simple process, the separation factor [← … the separation factor $\boldsymbol{\alpha_p}$ **is**]

$$\alpha_p = \cdots$$

괄호 안의 원래 구문에서는 α_p가 반복되고, 동사 **is**가 식 중의 *equals*와 중복되는 듯하여 매우 장황한 표현으로 비친다. 반면에 개정안에서는 문장 중의 동사는 식의 =기호이다. 따라서 독자는 … the separation factor α_p equals(=) … 로 계속 읽어 내려가 식을 문장과 불가분의 일부로 이해하게 된다. 다른 예를 들어보기로 한다.

(60) It is obvious that [← It is obvious that **the following relation holds.**]

<*equation*>

개정안이 영어권에서 보면 지극히 자연스런 표현으로서 이러한 같은 형태가 식과 문장 일체화의 궁극적인 의의라고도 할 수 있다.

3.9.5 구 두 점

(1) 콜 론(:)

"힘은 가속도에 비례한다. 즉, $F \propto a$"에서 "즉"의 의미를 전달하는 기호가 콜론이다.

(**61**) Force is proportional to acceleration :

$$F \propto a$$

예문 (25), (26)의 수식의 소개에서 콜론을 사용한 것도 바로 이 "즉"의 의미이다. 콜론은 수식 소개 이외에도 "즉"의 의미를 나타내기 위해서 사용된다.

(**62**) Two techniques are currently used for activation analysis : (a) fixed point and (b) transfer.

(**63**) This requirement could be satisfied by such means as : (a) ……, (b) ……

(2) 세미콜론(;)

세미콜론의 정확한 용도는 콤마보다는 강하고 마침표보다는 약한 매듭을 짓기 위한 것이다.

(**64**) Do not be shy of using the semicolon ; it can serve you quite well.

"세미콜론을 사용하는 것을 망설이지 말라. 사용해 보면 꽤 도움이 될 수 있다."

한국어로 번역하면 두 문장이 마침표로 나누어지나, 영어 문장에서는 선행문과 후속문 사이에 "즉"과는 또 다른 의미로 문맥이 이어지고 있다. 영어에서 이와 같이 마침표와 콤마의 중간 역할을 하는 것이 세미콜론이다.

(**65**) Models incorporating beryllium provide large nuclear heating ; it is smaller with the lead chloride model.

"Be를 넣은 모델은 높은 핵가열이 얻어지나, $PbCl_2$ 모델에서는 그것이 더 낮다."로, 이 예에서는 세미콜론이 한국어의 "(이)나"라는 함축성 있는 조사의 의미를 잘 표현하고 있다. 세미콜론은 이밖에 3.9.1 (2)항에서 소개한 "약호, 기호의 문두 회피"의 수단으로도 종종 사용된다.

(**66**) The block K represents the total gain ; R is the point reactor, and F the temperature feedback.

여기에서 "점로인 R"와 "온도 피드백 F"는 같은 종류의 기호이기 때문에 이들 2개에 관한 설명은 콤마로 연결하고, 다른 "전체 이득 K"는 그림상의 표시가 블록 형태로서 다른 기호와 구별되어 세미콜론으로 표시한 것이다.

(3) 콤 마 (,)

a) 기호의 소개

3.9.3항의 "기호"에서는 일반적인 방법에 대해 기술하였으나, 이와 관련하여 특히 콤마의 용법으로 The temperature, t, is … 와 같이 기호의 전후를 콤마로 둘러싸는 것은 문맥의 흐름을 어지럽게 하기 때문에 피해야 한다.

b) and 앞의 콤마

A, B, C and D 등으로 열거하는 각 단어는 콤마로 나누고 맨 뒤에 오는 and 에서는 콤마를 빼는 것이 상식으로 되어 있다. 이것에 반대할 의도는 없으나 이 콤마 생략은 기술의 명확함을 희생하면서까지 꼭 지켜야 하는 철칙은 아님을 강조하고 싶다.

(**67**) Heat exchanger types include cross flow, double wall, *and* shell ***and*** tube.

이와 같이 열거하는 어구 중에 ***and***를 포함하는 것이 있는 경우, 최후의 콤마를 없애면 명확성이 파손된다. 어구의 열거가 아니라 문장을 구성하는 절을 and로 연결하여 만든 중문의 경우에서도 콤마를 생략해야만 한다는 학설이 있는 듯하다. 그러나 이 학설에 따라 다음 예문의 콤마를 없애면 얼마나 문의를 파악하기 어려운지 생각해 보라고 하고 싶다.

(**68**) He was a scholar, and his neighbor too.

이 문장은 콤마가 있다면 "그는 학자이며 그의 이웃에 사는 사람도 또한 학자이다."라는 것이 되나, 이 콤마를 빼버리면 "그는 학자이며 또한 그의 이웃사람이기도 하다."가 된다.

c) 열거 형용사를 구분하는 콤마

(**69**) vertical, cylindrical, steel tank = "수직형 원통 철제 탱크"

이 예는 콤마가 있어도 틀린 것은 아니나, 맨 뒤의 steel과 tank 사이는 원래 콤마가 들어갈 여지가 없는 어간이다.

(**70**) Three dimensional, neutron transport equation [→ Three-dimensional neutron-transport equation] = "3차원 중성자 수송방정식"

이와 같이 복합형용사가 들어가면 콤마로 구분하는 것보다 복합형용사 쪽을 하이픈으로 정리하고 콤마는 생략하는 편이 간결하다 [후술하는 3.9.5 (5)항 하이픈 참조].

(4) 대 시 (—)

대시는 "말의 전환"을 나타내는 기호이다. 이것도 한국어에서는 "즉"으로 콜론과 공통점이 있으나, 대시는 그것보다 가벼운 정도로 생각하면 된다.

(**71**) The value must have been quite small — possibility about 0.1.

예문에서도 알 수 있듯이, 콜론은 최종적인 결론인 듯한 것을 도입할 때사용되는 것에 반해 대시는 아주 가벼운 부언인 듯한 보조적인 부기의 표시이다. 이와 같은 부기를 문장 중에 삽입하려면 그 전후를 대시로 묶는다.

(72) In this process, all the radioactive wastes — whether liquid or solid — are mixed with asphalt.

이런 종류의 중간구는 주어와 주동사 사이에 들어가는 경우가 많으나, 이때 주동사는 삽입된 구를 무시하고 본문의 주어와 직결된다. 예문 (72)에서 동사 are는 본문 주어의 wastes를 받아 복수가 되며, 바로 가까이에 있는 solid에 이끌려 단수로 써서는 안 된다.

(5) 하이픈 (-)

논문에서 하이픈이 가장 문제가 되는 것은 복합형용사(2개 단어 이상을 조합해서 만든 형용사)의 경우이다. 이런 종류의 형용사에는 여러 가지의 조합이 존재한다.「부사+분사」highly-alloyed,「형용사+형용사(분사)」three-dimensional ; single-acting,「명사+형용사(분사)」energy-dependent ; gas-cooled,「형용사(분사)+명사」high-temperature ; circulating-fluid,「명사+명사」neutron-transport,「구」time-of-flight 등이다. 복합형용사를 하이픈을 사용해서 하나의 단어로 이어 맞추는 이유를 예를 들어 생각해 본다.

(73A) Cerium solubility in oxygen-containing sodium
(73B) Cerium solubility in oxygen containing sodium

예문 (73A)에서는 산소가 나트륨을, (73B)에서는 나트륨이 산소를 포함하게 되어, 자칫 이러한 형태의 복합형용사는 하이픈이 있고 없음에 따라 의미가 변하거나 정확하게 파악되지 않기 때문에 하이픈으로 명확하게 해야 한다.

형태는 비슷해도 복합형용사가 아닌 경우는 하이픈을 붙이지 않는다.

(74) In the case of the rod-drop[(a)] experiment, the shape of the neutron flux is not the same before and after the rod drop[(b)].

이 예문에서 (a)의 rod-drop은 experiment를 한정하는 형용사, (b)는 부사구 중 독립된 명사이다. 또 형용사라도 명사 뒤에 위치하는 보통 형태의 보어라면 하이픈은 불필요하다.

(**75A**) The letter was badly written.=“편지는 악필로 쓰여 있었다.”
(**75B**) A badly-written letter was sent out.=“악필로 쓴 편지가 보내져 왔다.”

형용사가 보어로 사용되었을 때도 「명사+분사」 형태와 같이 변칙적인 경우에는 역시 하이픈을 붙인다.

(**76**) The specimen was solution-treated at 1050℃.

복합형용사가 몇 개 중복되는 경우는 예문 (70)과 같이 의미에 따라서 분할하여 하이픈을 붙인다. 또 복합형용사 중의 한 단어가 공통으로 사용되면 space-, time- and energy-dependent neutron-transport equation과 같이 하이픈으로 구분하여 단어를 늘어놓을 수 있다. 마지막으로 제 0 번째, 제 n 번째와 같은 서수는 first, twentieth 등 이미 만들어진 것은 별도로 하고, zero-th, n-th와 같이 하이픈을 끼워 넣는다.

인용문헌

(1) Gowers, E. : “The Complete Plain Words,” Her Majesty's Stationery Office, London, 1958.
(2) Fowler, H. W. : “A Dictionary of Modern English Usage,” Oxford Univ. Press, London, 1958.

CHAPTER 04

구두 의사소통

실제로 구두로 의사소통(oral communication)을 하는 것은 문서로 의사소통(written communication)을 하는 것만큼 중요하다. 즉, 여러분 자신이 연구한 논문을 학회 논문집에 게재하는 경우는 문서로 의사소통이 가능하나, 많은 경우 학회나 세미나 등에서 자신이 직접 영어로 발표 또는 소개해야 하는 경우에는 구두로 의사소통을 하여야 한다.

그러나 영어를 사용하여 구두로 의사소통을 하는 것은 직접 상대방과 동시적으로 의사소통을 하는 것이 되므로, 문서로 의사소통을 하는 것보다 상당히 어려울 수도 있다.

또한 구두발표와 논문은 다음과 같이 명확히 차이가 나기 때문에 똑같은 영어 스타일을 사용할 수 없다.

	구두발표용 원고	논문용 원고
한 가지 사실	3분마다	몇 가지라도 좋음
반 복	많 음	최 소
장황한 표현	많 음	없 음
스타일	회화적 (짧은 문장을 "and"나 "but"으로 연결해서 강조)	공식적 (문장구조로 강조)
문헌인용 및 감사	최소한	필요한 정도
눈에 띄는 표현	가 능	제한 있음
농 담	가능(때에 따라 필요)	좋지 않음
그림 및 삽화	가능한 한 알기 쉽고 재미 있게	공식적
길 이	다소 여유를 가지고 끝냄	가능한 한 짧게

구두발표와 논문은 앞의 표와 같이 명확한 차이가 있다. 구두발표의 회화적 스타일에 대해 추가적으로 설명하면, 회화적 스타일은 친구와 이야기하는 것 같은 스타일로 문장을 간단하고, 직접적이며 짧게 하는 것이다. 따라서 가능한 한 수동태를 사용하지 않는 것이 좋다.

또한 구두발표에서 중요한 것은 "간단 · 명료"이므로 여러분의 발표 문장은 완전할 필요가 없으며, 문법적으로 올바르지 않아도 크게 문제되지 않는다.

이 장에서는 여러분이 영어를 사용하여 구두로 의사소통을 하는 경우를 몇 가지 상황으로 나누어 각각의 경우에 맞는 영어표현 예를 제시하여 의사소통을 하는 데 도움을 주고자 한다.

4.1 학회에서의 Oral presentation

4.1.1 서 론

과학적 또는 기술적인 정보를 빔 프로젝터나 슬라이드 또는 OHP transparencies / **시트**를 사용해서 **구두발표**하는 것을 oral presentation이라고 한다. 일반적으로 발표시간은 일반 oral presentation에서는 10～15분, 심포지움에서는 30분, 세미나에서는 60분 정도이다. 또한 발표 후 영어로 토론하는 것은 여러분에게 무척 어려울지도 모르나, 토론이 많다는 것은 그만큼 여러분의 발표가 흥미를 불러일으켰다는 것으로 염려할 필요는 없다. 지금 여러분에게 가장 중요한 것은 oral presentation 준비와 발표연습을 충분히 해 두는 것이다.

(1) 시 간

oral presentation에서 중요한 것은 발표시간이다. 어떤 사람은 10분의 주어진 시간에 30분의 내용을 3배 속도로 발표하려고 하나, 그러면 청중은 발표내용이 무엇인지 잘 이해하지 못하는 사이에 지나가 버리기 때문에 좋지 않다.

우선 발표시간이 10분 주어졌다면 최초의 30초는 청중이 아직 여러분의 발표를 들을 준비가 되어 있지 않다고 생각하기 바란다. 앞의 발표자의 영향이 남아 있으며, 또는 좌석을 일어서는 사람, 좌석을 찾고 있는 사람, 여러분의 복장에 먼저 흥미를 가지는 사람 등, 과학자도 인간이기 때문이다.

단상에 오를 때는 침착하고 당당하게 자신을 가지고 등장해, 좌장 및 청중을 친구와 같이 생각하기 바란다. 사람은 긴장하면 자신도 알지 못하는 여러 가지 버릇이 나온다. 따라서 뒤에 기술하는 바와 같이 발표를 연단 위에서 하는 것과 똑같이 연습하여 주위 사람들의 충고를 받는 것이 좋다.

다음의 30초는 인사말이나 Introduction을 시작해 청중이 들을 준비가 되도록 한다. 최후의 1분은 요약으로 남겨 놓는다. 그리고 전기를 켜거나 끄는데 1분 정도를 고려하면, 실제로 여러분은 7분밖에 말할 시간이 없다. 따라서 1개의 슬라이드 설명에 1～2분 걸린다면 10분의 시간에 6～7매의 슬라이드로 한정시키는 것이 좋다.

교육심리학자에 따르면 청중이 한 가지 새로운 사실을 이해하는 데 3분 걸린다고 한다. 그렇다면 10분 사이에 겨우 세 가지 사실밖에 말할 수 없다. 일부러 외국까지 와서 세 가지 사실밖에 말할 수 없다고 불만일 수 있으나, 이것만이라도 완전히 청중에게 이해시켜 강한 인상을 남겼다면 그만한 가치가 있다고 볼 수 있다.

(2) 자료의 선택

아마도 여러분은 애써 고생해서 얻은 데이터를 모두 제시하고 싶다고 생각하기 때문에, 발표하는 데이터를 선정하는 것은 의외로 어려운 일이다. 그러나 모든 데이터를 제시하기에는 대체로 시간이 부족하다. 설사 시간이 충분하더라도 이야기가 여러 갈래로 분산되면 초점이 흐려진다. 따라서 데이터의 선택과 제외가 필요하다. 가장 중요한 결과 데이터를 약 20% 정도만 선택하여 좋은 내용으로 꾸며 청중이 후에 여러분의 논문을 읽고 싶다고 생각할 정도, 또는 후에 질문이 나올 정도의 매력을 갖도록 하기 바란다. 또한 논문을 제출하였을 때보다 더욱 흥미 있는 것이 그 후에 발견되었으면 그것을 포함시킬 필요가 있을지도 모르며, 잘하면 토론에서 이야기할 기회도 있다. 그러나 중요한 것은 결단을 가지고 제외하는 것이다.

(3) 발표 순서

일반적으로 oral presentation은 서론(introduction), 이론(theory) 또는 실험방법(experimental procedure), 결과 및 고찰(results and discussion), 결론(concluding remarks)으로 구성된다(이론 및 실험은 독립시키지 않고 결과 및 고찰항에서 수시로 설명하여도 무방하다). 슬라이드의 내용과 여러분의 발표내용이 잘 배합되도록 생각해 두는 것이 중요하다. 여러분이 제기하는 문제의 중요성과 해결책의 우수성을 이해시키기 위해서는 먼저 배경이 되는 지식, 중요한 용어의 의미를 서론에서 설명할 필요가 있으며, 무엇에 관해서, 어느 정도 다룰지를 준비단계에서 충분히 검토해야 한다. 결과 및 고찰에서는 주된 사항은 무엇인가, 그것을 지지하는 데이터는 무엇인지를 명확히 하고, 주된 사항과 관련되는 데이터를 어떤 순서로 나타내는 것인 효과적인가를 검토한다. 또한 효과적인 발표를 하기 위해서는 청중이 무엇을 알고 싶은지를 잘 분석해 둘 필요가 있다.

한편 Introduction을 이야기할 때 전기가 켜져 있으면 슬라이드를 사용할 때에는 “May I have the first slide, please.”로 어둡게 한다. 그리고 최후까지 어둠 속에서 진행한다. 10분 동안에 전기가 수 차례 켜지거나 꺼지면 청중은 그것만으로 짜증이 나서 들을 마음이 생기지 않게 된다. 그러나 어둠 속에서 끝나지 않고 슬라이드의 필요가 없으면, “Light, please.”로 전기를 켜게 한 후 최후의 결말을 진술하여, 한번 더 청중과 접촉하는 것이 보다 효과적이다. 실제 여러분의 발표가 시작되면 어둠 속에서 여러분보다도 여러분의 이야기에 청중의 관심을 집중시키고, 최후에 한번 더 나타나 결론을 말하고 토론하는 것이 좋다.

데이터는 후술하는 바와 같이 시각적으로 나타내는 것이 효과적이다. 따라서 bar graph, line graph, pie graph, 표 등의 시각교재(visual aids)를 사용하는 것이 좋다. 또한 도표 밑에는 데이터가 의미하는 간결한 문장 또는 어구를 나타내는 것이 훨씬 이해를 돕는다.

일반적으로 듣는 쪽의 주의력은 도중에서 산만해지기 쉬우나, 거의 끝나간다고 생각되면 다시 집중하게 된다. 따라서 거의 끝나간다는 것을 Finally, … 라는 단어나 Concluding remark로 주의를 환기시키고, Conclusion에서 여러분의 주된 사항을 정확히 전하면 된다.

(4) 발표 연습

우선 발표원고를 실제와 같이 써보고 시간을 조정하면서 다시 고친다. 순서를 바꾸든지 다소 첨삭을 하기도 한다. 이 사이에 좀더 적당한 슬라이드를 고쳐 쓰는 것도 생각할 수 있다(따라서 슬라이드로 만드는 것은 마지막에 하는 것이 좋다). 대체로 문장이 완성되면 시계를 준비해서 시간을 측정하기 바란다. 녹음기가 있으면 더욱 좋다. 녹음기는 이러한 경우에 매우 유익하다. 시간적으로는 1～1.5분 빨리 끝날 정도의 여유를 두기 바란다.

(5) 중간 연습

능숙한 발표를 하기 위해서는 연습이 제일 중요하다. 따라서 발표 3주 전에는 친구, 선배, 교수 앞에서 실제로 구두 발표를 하여 발표 내용, 슬라이드 등에 관해서 개선해야 될 점을 지적받는 것이 좋다. 그리고 다시 수정하여 한번 더 연습하여 문제가 없으면 슬라이드를 완성시킨다. 손으로 쓴 것은 지저분하여 내용까지 신용할 수 없는 인상을 주므로 슬라이드는 가능한 한 깔끔하게 만들기 바란다.

여러 가지 시간적 여유를 보아 가능한 한 일찍부터 준비를 시작하는 것이 좋다. 이것은 특히 외국까지 가는 경우에는 출발이 가까워지면 여러 가지 다른 준비로 바빠져 가장 중요한 여러분의 발표준비가 만족스럽지 못한 상태로 출발하게 될 수도 있기 때문에 매우 중요하다.

그리고 이때에 메모카드(prompting card)를 만든다. 이것은 여러분이 발표장에서 사용할 원고이다. 또 예상질문에 대한 답변을 반드시 준비해 두어야 한다.

(6) 최후 연습

출발 2주 전에는 슬라이드를 만들고, 다시 한번 친구 앞에서 연습한다. 이것으로 문제가 없다면 이번에는 매일 스스로 또는 가족 앞에서 연습하기 바란다.

앞에서도 기술하였지만 긴장하면 무의식적으로 포인터를 흔들어 대든지, 눈을 깜빡깜빡하든지, 연단을 왔다갔다 하는 등 여러 가지 습관이 나온다. 따라서 이러한 행동을 하지 않도록 주의하기 바란다.

(7) 발표 당일

발표 전날에는 어느 건물의 어느 방인가, 마이크는 어떻게 사용하는가, 포인터 등은 있는가 등을 조사해 둔다. 그리고 슬라이드와 메모카드가 순서대로 되어 있는지를 한번 더 확인한다. 드디어 발표할 순간이 오면 냉정하게 자신감을 가지고 메모카드만을 가지고 등단하여 발표한다.

4.1.2 Oral presentation의 실제

(1) 모의 발표

여기서는 여러분이 Dr. Kim이 되었다고 생각하고 모의발표를 하는 것으로 한다. 예시한 슬라이드 또는 OHP 시트(이하 "슬라이드"라고만 명기한다)는 골격만을 갖춘 것으로, 그때에 말할 단어(이하 "대사"라고 한다)는 긴요한 부분만 나타내었다. 따라서 슬라이드에 써 있지 않은 것은 각자 별도로 준비해 두어야 한다.

드디어 여러분이 발표할 차례(오후 세션의 세 번째)이다. 좌장(사회자를 말함)이 다음과 같이 말할 것이다.

- The third paper this afternoon is on "……" by Dr. Kim and Dr. Myong of Hanguk University. The paper will be presented by Dr. Kim. Dr. Kim.

a) Introduction

서두는 다음과 같이 말하는 것이 무난하다.

- Thank you, Mr. chairman. Ladies and gentlemen.

다음에 다른 사람이 슬라이드 프로젝터를 조작해 주는 경우에는 다음과 같이 정해진 문구를 말한다(자신이 리모콘 조작할 경우나 OHP를 사용할 경우에는 필요하지 않다).

- May I have the first slide, please?

첫 번째 슬라이드가 스크린에 비추어진다.

■ No. 1

Title

Authors(s)
Affiliation(s)

Contents / Outline

- …………
- …………

- I would like to present the results of our study on … and explain the implications of our findings.

(레이저)포인터로 표제를 가리키면서 슬라이드의 우측에 예시한 대사를 말한다.

다음에 Contents / Outline을 가리키며 이렇게 말한다.

- Here you see the outline of my talk.

여기서 시간적 여유가 있으면 말하려는 항목의 개요를 읽어도 좋다.
두 번째의 슬라이드를 부탁한다.

- Next slide, please.

■ No. 2

Background
• statement • statement • statement

- During the past twenty years metal oxide catalysts have received much interest due to ….

슬라이드의 우측에 예시한 대사를 말하고 내용(statements)을 설명한다.
다시 세 번째 슬라이드를 부탁하고 슬라이드의 우측에 예시한 대사를 말한다.

■ No. 3

Questions to be addressed
• ………… • ………… • …………

- There are a number of questions which we can ask ….
- First, why … ?
- Second, what … ?
- Third, how … ?
- And finally, why … ?

여기서부터는 슬라이드와 대사만을 나타내나, 여러분은 지금까지와 동일한 요령으로 Dr. Kim을 연기하면서 모의발표를 개선하기 바란다.

■ No. 4

Objectives

- to ………….
- to ………….
- to ………….

- The objectives of our study were: first to prepare …, second to characterize …, and finally to determine the mechanism of ….

■ No. 5

Approach

…. were studied :

- by ……
- with ……
-

- Our approach to the problem was to study … by temperature programmed desorption which we'll refer to as TPD.

b) Experimental

■ No. 6

Catalyst Preparation

- ………….
- ………….
- ………….

- This slide shows the preparative method of ….

c) Results and Discussion

실험결과를 도표로 정리해서 나타내도록 한다.

■ 말하고 싶은 중요한 사항의 수

I'll present three important findings of the study.

■ 최초의 화제

The first finding concerns ….

■ No. 7

Fig.

• This figure shows you ….

■ No. 8 ~ 10

Table	Fig.	Fig.

■ No. 11

Requirements for ….

1) .....
2) .....
3) .....

Possible explanations for support effects

• ………….
• ………….

• This is the summary of ….

■ No. 12 ~ 16

Fig.	Fig.	Fig.
Fig.	Fig.	• Finally, I'll show you here the results of ….

d) Conclusion

■ No. 17

Conclusions
• statement • statement

• In conclusion, we can say : first, …, second , …, finally ….

e) Acknowledgement

■ No. 18

Acknowledgement
• Prof. ..... • Dr. ..... • Foundation

• I'd like to thank Prof. Han for the infrared measurements, …, and Korea Science Foundation for a financial support.

f) 맺음말

• Thank you very much for your kind attention.

이것으로 여러분의 발표는 끝나고, 남은 것은 질의응답시간이다. 위의 예를 참고로 해서 자기의 연구내용에 맞춘 발표원고를 만들기 바란다.

또한 참고로 청중이 보고 싶은 것은 시각교재와 함께 여러분의 뒷모습이나 등이 아닌 안정된 표정을 짓고 있는 여러분의 얼굴이다. 따라서 시각교재 설명에 도취되어 청중을 잃어버리지 말고 가급적 청중과 눈맞춤을 하는 것이 좋다.

이와 함께 구두발표시 발표원고를 보면서 읽는 발표자가 많으나, 이 경우 눈이 아래를 향해 청중이 여러분의 얼굴 표정을 볼 수 없고, 연단 뒤로 여러분이 숨겨져 청중이 볼 수 없어 청중이 어떤 반응을 나타내는지를 알 수 없는 등 여러 가지 결점이 많으므로 가능한 한 원고 없이 발표하는 습관을 가지는 것이 좋다. 어쩔 수 없이 발표원고를 보면서 읽는 경우에는 짧은 문장을 연속적으로 사용하고 원고만을 보지 말고 가끔 청중을 둘러보며, 요점과 요점 사이에 시간차를 두어 마치 여러분이 말하고 있는 것 같이 하는 것이 좋다.

(2) 슬라이드 / Transparency를 만든다

여기서는 슬라이드/Transparency를 만들 때의 표현상의 요점에 대해서 간략히 설명한다. 일반적으로 슬라이드/Transparency는 8행 이상을 쓰지 않는 것이 좋다. 또한 문장보다는 핵심단어나 절로 쓰는 것이 좋으며, 여러분이 작성한 풍자만화(cartoon)도 있으면 사용해도 좋다. 슬라이드/Transparency를 만드는 작업순서, 기법 등에 대해서는 4.2.2 (1)항을 참조하기 바란다.

■ No. 1의 슬라이드에 대해서

Contents/Outline 대신에 Sponsor를 나타내는 경우도 있다(Sponsor는 감사의 말에 포함시키는 경우가 많다).

■ No. 2의 슬라이드에 대해서

연구테마의 배경을 간결하게 나타내면 듣는 쪽의 흥미가 배가 된다.

■ No. 3의 슬라이드에 대해서

Questions to be addressed 대신에 Motivation이라는 표제어를 사용하는 경우도 있으며, Questions to be addressed를 Questions to be addressed about alkane activation과 같이 좀더 상세한 표제어를 붙이는 경우도 있다.

■ Objectives(No. 4)와 Approach(No. 5)를 1장으로 나타낸 예

Objectives

- ············
- ············

Approach

- Catalyst
- Reagent
- ······

이와 같이 하는 것은 발표시간이 짧은 경우에 적절하다.

■ 결과의 설명 도중에 포함시키는 작은 정리

하나의 토픽에 관한 일련의 도표를 나타낸 후, 그 토픽의 "정리" 슬라이드를 삽입하면 더욱 이해를 도모할 수 있다.

4.1.3 Oral presentation의 표현 예

4.1.2 (1)항에는 언급하는 정도의 대사를 나타냈으나, 이것만으로는 상당히 부족하다고 여겨진다. 또한 한 슬라이드로부터 다음 슬라이드로 옮겨가는 때에 침묵시간이 생기거나, 일률적인 표현만으로 싫증이 나든지, 구체적인 설명 예가 없어서 등 여러 가지 면에서 부족함이 느껴진다고 생각한다. 따라서 여기서는 기본적이고 공통적인 표현 예를 가급적 많이 제시한다.

■ 서 두

- Mr. chairman, ladies and gentlemen. (일반 발표인 경우)
- Thank you very much, Professor Lee, for a kind introduction. Ladies and gentlemen. (초대강연인 경우 : 초대에 대한 감사를 표시하는 것도 좋다)

■ 논제에 대해서

- Today I would like to talk about work carried out in our laboratory for last several years.
- I'd like to tell you this afternoon about an extremely selective catalyst for conversion of normal parafins into aromatics.
- During the past twenty years phthalocyanines have received much interest due to their unique optical and electrochemical properties.
- Surface grafting of poly(ethylene oxides) is a commonly used technique where minimal protein-surface interaction is desired.

■ 앞서 행해진 강연과 자신의 강연과의 관련

- The previous speaker has talked about the methane activation on oxides. I will focus on the activation of alkanes on nickel, and we think that this is of importance because ⋯.

■ 연구 목적

- Our approach is based on self-assembly of nanometer-scale colloidal gold particles onto macroscopic, polymer-coated substrates.
- This study was done in order to ⋯.
- We are particularly concerned with ⋯.
- For the purpose of ⋯.
- Previous study in our laboratory has shown that ⋯. Let me have the first slide in which I'll identify the motivation and background of this work.

■ 이야기하고 싶은 중요한 사항의 개수

- I will present two / three / four important findings of our study.

■ 최초의 화제

- The first finding concerns ⋯.
- I'd like to start with ⋯.

■ 두 번째 이후의 슬라이드로 옮길 때

- I'd like to move on the next slide.
- In the next slide, we'll see ⋯.

- The next slide describes thew preparation of the catalyst.
- Here we have the products. Products were almost exclusively aromatics as will be shown in the next slide.
- The next slide shows the results, next please.
- The next transparency* will show ⋯.

* 간혹 Transparency / OHP sheet를 OHP라고 말하는 사람도 있으나, OHP는 장치를 의미하므로 틀리지 않도록 주의하기 바란다. 또한 슬라이드 투사위치를 올리고 / 내리고 싶은 경우에는 Can you shift it *up/down*? 이라고 하면 된다.

■ 그래프나 표의 설명

"설명한다"라는 것은 그림 중의 숫자를 하나하나 읽는 것이 아니고, 그림이 전체적으로 의미하고 있는 것(예를 들어, 변화의 정도, 경향 등)을 기술하는 것이다.

- Here we see ⋯. 라고 말하는 것이 핵심이다.
- This figure shows you ⋯.
- This illustrates that ⋯.
- ⋯ is summarized in this cartoon.
- As you can see by looking at this bar graph, ⋯.
- Here's a schematic diagram showing ⋯.
- In green / red, I have shown ⋯.
- Blue / red line shows ⋯.

이것들은 그림의 선이나 심볼의 색이 갖는 의미를 설명할 경우에 사용하는 표현 예이다. 흑백 그림보다는 복수의 색을 사용한 그림쪽이 보다 효과적이다. 그러나 배색이 중요한 만큼 각별히 신경쓰도록 한다.

- We see two peaks here. (스펙트럼 설명할 때 등에 사용하는 표현)
- Here we have a comparison between Ru/TiO_2 and Ru/SiO_2 under similar conditions. (비교할 경우에 사용하는 표현)

■ 그림의 직선, 곡선의 변화상태를 상세히 설명하는 형용사 및 부사

- rapid, sudden, substantial, significant, slight, gradual
- rapidly, suddenly, sharply, considerably, steadily

■ 듣는 쪽의 주의를 끌어 결과의 의미를 기술하고 싶은 때

- What does this imply? It implies that ….
- What are the implications of these findings?
- What information can be learned from them?
- What are other implications which might be drawn from this information?

■ 결과를 단적으로 나타내고 싶을 때

- So, the key points are ….
- So, we now have ….
- This slide summarizes …. This is the summary of ….

(이것들과 같이 1개의 토픽마다 요점을 정리해두는 것이 이해하기 쉽다)

■ 결과를 고찰할 때

- This results show / indicate / confirm that ….
  (결과의 의미가 명확한 경우)
- This suggests that …. / This would seem to show that ….
  (의문이 있는 경우)
- The results seem to suggest the possibility that ….
  (바람직하지 않은 경우)
- The explanation for this is that ….
- How do we explain these data?
- These results are interpreted(explained) in terms of ….
- From these results we propose ….

■ 이야기를 조금 전으로 돌리고 싶을 때

- Let's get back to ….
- Coming back to this model, ….

■ 두 번째 이후의 토픽으로 옮길 때

- The second finding concerns ….
- Let me move to ….
- The last topic is ….
- Finally, I'll show you the result of ….

■ 마지막에 가까워졌을 때 (Concluding Remark)

- We thus conclude that …. / Our conclusion is that ….
- In conclusion, we can say that ….
- Now, I'd like to close my talk by emphasizing that ….
- The last slide summarizes ….

■ 감사의 말

- Thank you (very much) for your (kind) attention.

4.1.4 질문에 대한 답변

이제 발표가 끝나고, 좌장이 다음과 같이 말할 것이다.

- Now the paper is open for discussion. Are there any questions or comments ?

청중의 질문에 대해 여러분은 다음과 같이 대답한다.

■ 질문에 대답하기 전의 표현

- Thank you. That is an interesting point.

맨처음 질문이 나왔을 때 이렇게 말하면 다른 사람도 질문하기 쉽게 된다.

■ 상대방 질문 내용이 이해하기 어려운 경우

- I am sorry. I could not understand exactly what you meant?
- Do you mean, why did I add *X* instead of *Y*? Am I correct?
- Please would you repeat your questions?

■ 상대방 질문 내용의 일부가 이해되지 않은 경우

예를 들어, We (①) found (②) that *X* (③) was converted (④) to *Y* (⑤).에서 각 번호의 해당부분이 이해되지 않는 경우 다음과 같이 표현하면 좋다.

① Who found that *X* was converted to *Y*?
② You did what?
③ You found that what was converted to *Y*?
④ You found that *X* was what?
⑤ You found that *X* was converted to what?

■ 핵심을 찌른 질문이 나온 때

- That's a very good question.

이러한 표현을 지나치게 자주 사용하는 것은 금물이나, 적절히 사용하면 질문자가 기뻐한다.

■ 질문이 발표 내용으로부터 벗어난 때

- That is another issue.

이때 issue와 problem의 구분 사용에 주의해야 하며, 이 경우는 issue가 올바르다.

■ 수행하지 않은 실험에 대해 질문 받을 경우

- No, I haven't done that experiment, but there is a report showing ….

단순하게 "No, I have not done that."로 답하는 것은 그다지 좋은 답변이 되지 못하고, 무언가 특별히 하지 않은 이유를 생각해서 위와 같이 답변을 하는 것이 바람직하다.

■ 답변을 위해 슬라이드를 사용하는 경우

- Please will you put on this slide(또는 slide 4 again).

■ 답변이 길고 복잡한 경우

- That is too big a question to answer now. I would like to talk to you about it after this session.

이 후의 답변은 자신이 만들기 바란다. 상정 문답집은 매우 효과가 있을 것이다.

4.1.5 질문 / 코멘트

우선 자신의 이름, 소속을 말한다. 다음에 상대의 발표에 대해서의 감상을 말하고, 자신이 관심을 가지고 있는 것으로 화제를 돌린다. 이것은 갑자기 의문문으로 질문하면 듣고 싶은 것이 상대에게 전해지지 않는 경우가 많기 때문이다. 질문의 배경을 이해시킨 후 질문이 몇 개 있는가를 말하고, 최초의 질문은 …, 두 번째 질문은 … 라는 식으로 조리 있게 말한다. 영어의 표현 예는 다음과 같다.

- Dr. Kim of Kookmin University. Professor Wang, I find your results very interesting. But, I have one question. In the second slide from the end you showed that the yield and molecular weight of the polymer formed depend strongly the solvent used. What do you think causes that dependency?

이후는 이 절 (1), (2)항을 참고해서 자신에게 맞는 질문형식을 만들기 바란다. 질문이 아니고 단지 자신의 의견을 진술하고 싶은 때에는 최초에 "이것은 코멘트입니다."라고 말한다.

(1) 구체적인 질문사항 전후에 오는 표현 예

a) 구체적인 질문사항 전의 표현

- Dr. Wang, you spoke of the influence of temperature on the yield of ….
- You mentioned that you could improve the selectivity of the reaction by ….
- Did I understand you to say that ….
- Many reports showed that …. But you mentioned that ….
- There are two questions which I would like to ask.

b) 구체적인 질문사항 후

■ 정말로 그렇게 생각하는가?

- Do you really believe that … ?

■ 설명해주겠는가?

- I am intrigued by your statement that …. I am wondering why this is so. Would you offer us an explanation?
- Would you specify what you mean by a co-catalyst?

■ 어떻게 설명하겠는가?

- How do you explain the U-shaped curve you obtained in … ?
- How would you account for the discrepancy between ….
- In the IR spectrum of A, how do you assign the bend near 1,450 cm^{-1} ?

* 여기서 cm^{-1}은 wavenumber라고 발음한다.

■ … 을 검토하였는가?

- I wonder whether / if you looked into that possibility ?
- It is hard to believe that the reaction could occur under such conditions. Have you considered the possibility that … ?

(2) 구체적인 사항에 관한 질문 예

■ 실험조건

- What were the experimental conditions for the determination of the rate constants ?
- What was the solvent for the CIDNP measurements ?

■ 수 식

- In the left-hand side of Equation (7), what do the numerator and denominator represent, respectively ?

■ 그래프 선의 의미, 종축 및 횡축

- In Fig. 3, what do the solid line, dotted line and broken line stand for ?

- In the slide second from the last, the ordinate is A, but what is the abscissa?

■ 메커니즘의 근거

- Why do you favor mechanism A without any concrete evidence?
- I don't think your mechanism is fully substantiated by the experimental results.

■ 계산 결과

- I am not familiar with your method of calculation, but I feel that we should examine this problem in more detail before we accept your conclusions.
- Do you plan to carry out experiments in order to check your calculation?

■ 응용 가능성

- Your talk sounds fine, but I feel that we should consider this problem from a wider viewpoint. Would you care to comment on any potential connection of your reaction with the utilization of solar energy?

(3) 코 멘 트

■ 시작할 때

- I would like to comment on the mechanism you proposed ….

■ 자신의 의견을 말할 때

> • Your interpretation of the data sounds a little questionable. I have a different idea ; let me tell you about it ….

4.1.6 발표장에서의 사회 요령

언젠가 여러분도 좌장(또는 사회자)을 보게 될 것이라고 본다. 그 날을 위해 지금부터 준비해 두기로 하자.

(1) 좌장의 인사와 강연자 소개

■ 일반강연인 경우

> • Good afternoon. I am Tom Bell from M.I.T. The afternoon session will now be open. The first paper this afternoon is on "Design and synthesis of phthalocyanine polymers" by Dr. Spanbler and Dr. Hall of University of Miami. The paper will be presented by Dr. Hall. Dr. Hall.

■ 의뢰강연인 경우

> • Good afternoon, ladies and gentlemen. It is my great pleasure to introduce to you our guest speaker, Professor Peter J. Taylor of New York State University. Professor Taylor graduated from University of Michigan in 1960, obtained his Ph. D. from University of California, Berkeley in 1964, and immediately joined the faculty of chemistry at New York State University where he is now on the photochemistry of phenone and related compounds. This afternoon, Professor Taylor is going to give us a talk on recent developments of the photo-

chemistry of phenone compounds. He will allow us some time for questions and answers after his talk. Professor Taylor.

(2) 강연 종료시에 강연자에 대해서

- Thank you very much, Dr. Smith.
- Thank you very much for your inspiring / stimulating talk, Dr. Smith. (강연에 대한 감상을 더한 예)

(3) 질의응답

■ 청중에게 질의응답의 개시를 알린다

- Now the paper is open for discussion. Are there any questions or comments?

■ 좌장이 질문을 촉구할 때 (질문이 나오지 않는 경우)

- Dr. Adams, would you begin?
- Dr. Thomas, what is your opinion?

■ 거수를 한 질문자를 지명할 때

- (Yes) Dr. Brown.
- Please come to the microphone.
  (회장이 넓을 때에는 마이크가 준비되어 있다. 그 마이크를 사용하지 않고 이야기를 시작하는 사람에 대한 표현 예)
- Please wait, Dr. Curtis. Let us see what Dr. Brown has to say.
  (복수의 사람이 거수하고, Dr. Brown을 먼저 지명하고, Dr. Curtis를 기다리게 할 때)

■ 질문이 계속 이어질 때

- Could you please come to your points / the point ?
- What connection does your question have with the present topic ?

■ 질문시간이 얼마 남지 않았을 때

- Is there a final question or comment ?
- Is there a short question ?

■ 강연자에 다시 한번 감사한다

- If not, we'd like to thank Dr. Smith again. (질문이 없으므로)

■ 다음 발표로 옮긴다

- We'd like to move now to the third paper of the morning session. The paper is coauthored by Professor Yongsik Kim and Dongsu Kang of Seoul National University and titled "……". The paper will be presented by Professor Kim.
- I would like to move on the next paper. The paper will be presented by ….

■ 세션을 끝낼 때

- It's the time to close this session. Thank you for your kind cooperation.

4.2
학회에서의 포스터 발표

포스터를 시각교재로 하는 구두발표를 포스터 발표(poster presentation)라고 한다. 발표 건수가 많으면 한정된 학회의 회기 내에 모든 것의 발표를 구두발표로서 접수하는 것이 불가능하다. 이와 같은 배경도 있어 포스터 발표를 병행하는 학회가 증가하고 있다. 또한 포스터 발표에는 구두발표에는 없는 장점이 있다. 최대의 장점은 질의응답시간을 길게 잡을 수 있다는 것이다. 대화형식으로서 알고 싶은 것을 납득할 때까지 묻고, 철저하게 토론할 수 있다. 그만큼 발표자는 충분한 영어 청취력, 회화를 몸에 익힐 필요가 있다. 여기서는 포스터 발표에 필요한 표현 예를 보인다. 또한 효과적인 포스터 만드는 방법도 설명한다.

4.2.1 기본적 · 공통적인 표현 예

(1) 청중이 왔을 때

- Can I explain it to you?

Yes라고 답하면 설명을 시작한다. 설명방법은 구두발표의 경우와 기본적으로는 같다. 예를 들어, During the past twenty years metal oxide catalysts have received much interest due to … 와 같이 이야기를 시작한다.

(2) 질문을 받았을 때

■ 상대방이 말하는 것이 이해되지 않을 때

- Excuse me, unfortunately I couldn't catch your point. Would you mind repeating it?
- Excuse me, I don't understand the last part of your question. Would you mind repeating the last part?

- Do you mean … ?
- I don't understand what you mean.

■ 모르는 분야의 이야기가 나왔을 때

- I am sorry. I am not familiar with Raman scattering. Could you explain what information is obtained from Raman scattering ?

■ 핵심을 찌르는 질문이 나왔을 때

- That's a very good question. I think that ….

■ 질문에의 회답이 현 단계에서 곤란한 때

- It is a question very difficult to answer at the present stage of our investigation, because, in order to decide which mechanism is correct, we will have to make measurements of ….

■ 아직 토론의 여지가 있을 때

- It is still a matter of controversy.
- Unfortunately I cannot say which mechanism is correct, but my feeling is that ….

■ 현상 A는 원인 B에 의해 발생할 것이다

- A is presumably caused by B. (거의 확실한 경우)
- A is probably caused by B. (다소 명확성이 떨어짐)

다음의 순서대로 명확성이 떨어진다.

- A may be caused by B.
- A may possibly be caused by B.
- A may possibly be caused by B.
- A may conceivably be caused by B.

■ … 일 것이다

- The A phenomenon is consistent with the B theory.
(현상 A는 가정 B(이론)와는 모순하지 않는다)
- The A phenomenon is in agreement with the B theory.
(현상 A는 가정 B(이론)와 일치한다)
- The A phenomenon is explained by the B theory.
(현상 A는 가정 B(이론)으로 설명할 수 있다)

■ 오해하였을 때

- What I mean is that ….
- I mean ….
- My point is ….
- I'm afraid you misunderstood what I meant.

■ 이해하였을 때

- I am glad you understood my point.

■ 코멘트를 받았을 때

- I am glad you understood my point.

(3) 참가자로서 질문할 때

■ 말을 걸 때

- May I trouble you with a question?
- May I ask you a question?

■ 의견을 듣고 싶을 때

- Could you please tell us(what you think / how you feel about) … ?
- Would you give us your opinion of … ?

■ 확인하고 싶을 때

- Excuse me, but did you say … ?
- When you said …, did you mean … ?

■ 이해되지 않았을 때

- Could you repeat what you said about …, please?
- I didn't understand what you said about … ; could you repeat that(part), please?

■ 상세히 더 알고 싶을 때

- Would you explain the experimental in more detail?
- May I ask you to show me the details of your experiments?
- Could you please explain … more fully?
- Could you please explain … in another way?
- Could you please give us an example of … ?
- Your conclusion sounds very convincing.

- I am not sure whether this formula is correct.
- Your derivation of the formula appears correct.
- What do you mean by … ?

■ 발표자의 결과를 높이 평가할 때

- The results of your investigation are very important.
- I find your results very interesting.
- I think your results are very useful.

■ 발표자의 견해에 부정적인 입장일 때

- I don't think so.
- Unfortunately, I cannot agree with your idea, because ….

■ 비판할 때

- I am surprised that the rate constant reaches such a high value. (그런 일은 있을 수 없다)
- I strongly suggest that you make the measurement at much higher frequencies, say 1 MHz.
- I don't understand your conclusion.
- There seems to be something wrong in this figure.
- What is the basis of your assumption that … ?

■ 기 타

- Have you already published the results anywhere ?
  [Yes, we have published the preliminary results in ….]
  [Not, yet. We are now preparing a manuscript.]

- What journal are you submitting it to?
  [Journal of Fluid Mechanics]
- We have already submitted the manuscript to Chemical Communications.
- Since we received the notice of acceptance, it will be published in a few months. I will be happy to send you a reprint if you like.
  [Oh, that would be fine. I'd appreciate receiving it.]

(4) 헤어질 때

■ **상대를 칭찬한다**

- I have been very much impressed by your useful and extensive investigations.

4.2.2 시각교재 만드는 방법

일련의 구두발표 중에 깨끗한 시각교재를 사용한 발표가 있으면 자연히 눈이 끌리게 된다. 깨끗한 것에 본능적으로 끌리게 되면서, 시각교재에까지 세심한 신경을 쓴 발표자의 연구자세에 경의와 공감을 느낄 것이다.

시각교재가 포스터용인가 OHP용인가에 따라 작성기술 및 기법이 따로 있는 것이 아니므로, 다음 절에서는 일괄적으로 설명하기로 한다. 최근에는 다양한 컴퓨터 소프트웨어를 사용해서 작성할 수 있게 되었으나, 각각의 소프트의 장점을 알고 사용하기에는 어느 정도 지식이 필요하다. 여기서는 특정한 소프트웨어는 소개하지 않겠으며, 현재 한국에서 가장 많이 사용하고 있는 것을 기본으로 하여 시각교재의 작성방법을 소개한다.

(1) 소프트웨어의 활용 예

실험데이터(수치)로부터 멋진 포스터가 되기까지의 순서도를 다음 항에 나타낸다.

a) 수치 데이터로부터 표를 만든다 (표계산 소프트를 이용)

일단 실험으로 얻어진 수치(여기서는 매 시각에 대한 각종 부탄의 조성이다)를 Excel과 같은 "표계산 소프트웨어(spread sheet software)"의 표 지정장소에 넣는다(입력). 표만을 만드는 것이라면 집계용지를 사용하면 그만이지만, 표계산 소프트웨어로 만든 표는 단순한 표가 아니라 이 표의 수치를 기본으로 하여 각종 계산 결과를 만들어낼 수 있다(데이터 처리). 여기서는 표의 종축에 써넣는 Conversion이라는 수치를 계산한다.

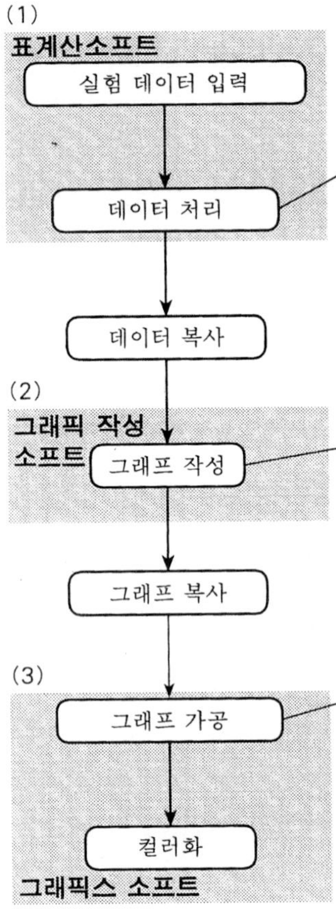

표 1

Catalyst A						Catalyst B
time/min	1-Buten/%	c-2-Buten/%	t-2-Buten/%	cis/trans	Conversion/%	time/min
0	100.0	0.0	0.0		0	0
2	98.0	1.6	0.4	4.5	2.0	2
15	96.5	2.5	1.1	2.4	3.6	15
39	91.4	5.8	2.8	2.1	8.6	39
53	89.1	7.0	3.9	1.9	10.9	53
66	86.8	8.6	4.6	2.0	13.2	66
90	82.6	11.2	6.2	1.9	17.4	90
120	77.4	14.7	7.9	2.0	22.6	120

그림 1

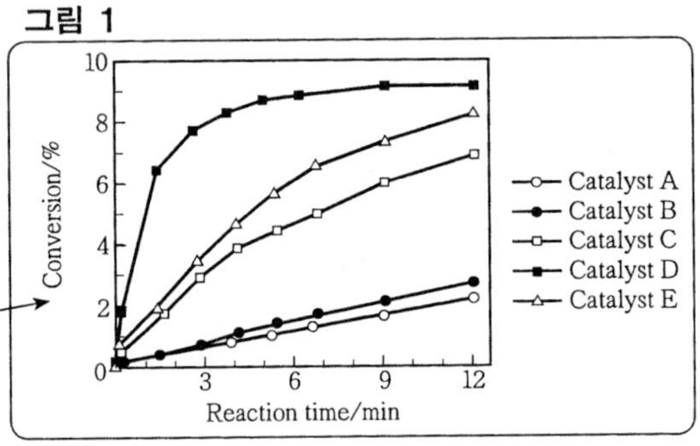

그림 2

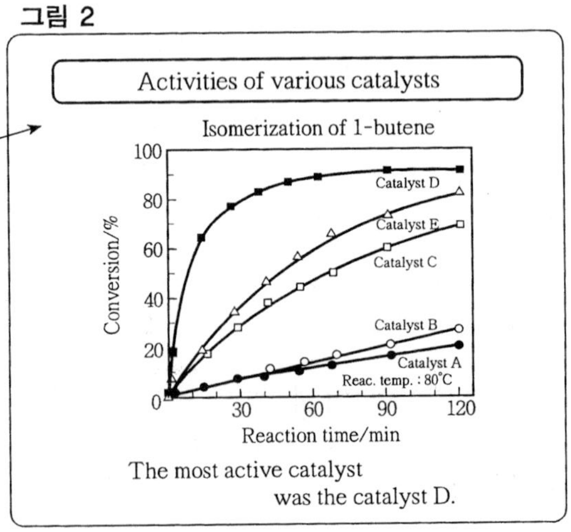

b) 표로부터 그래프(원도)를 만든다

그래프를 만들기 위해서는 앞에서 작성한 표 1의 데이터를 "그래프 작성 소프트웨어"에 복사해서 그리거나, 표계산 소프트웨어의 자체 기능을 이용한다. 여기서 복사란 하나의 소프트에서 작성한 데이터를 다른 소프트웨어로로 복제하는 것을 의미한다. 전문적인 그래프를 원하면 origin 등과 같은 전용의 이공계용 그래프 작성 소프트웨어를 이용하나, 최근의 표계산 소프트웨어에서도 상당한 수준의 공학용 그래프가 가능하므로 각자의 취향에 따른다.

다음에 작성하고 싶은 그래프의 스타일(막대그래프, 원그래프, 꺾은선그래프, …)을 지정한다. 여기서는 꺾은선그래프를 지정하여 그림 1을 만들었다. 이것으로도 충분히 사용할 수 있다.

실험결과를 고찰하기 위해서는 역시 그래프를 작성해 시각적으로 데이터를 보는 것이 가장 좋다. 이러한 소프트웨어를 사용하면 간단히 그래프가 그려질 뿐만 아니라 회귀곡선을 추가하거나 그 식의 상관계수도 손쉽게 표시할 수 있다. 또한 문자 크기나 배치를 기억하여 같은 서식의 그래프를 간단하게 만들 수 있는 기능을 가진 소프트웨어도 있다. 최근에 출시되고 있는 제품들은 거의 이러한 기능을 가지고 있으므로 능숙하게 활용하는 것이 좋을 것이다.

c) 그림을 돋보이게 한다

■ 그래프를 복사한다

그림 1을 보다 보기 좋게 만들어 본다. 멋진 포스터, OHP 시트(이하 포스터로 약칭함)를 작성하기 위해서는 PowerPoint와 같은 프리젠테이션 소프트웨어를 사용한다. 전용의 "그래픽스 소프트웨어(graphics software)"가 편리한 경우가 많다. 물론 최근에는 표계산 소프트웨어나 그래프 작성 소프트웨어 중에서도 자체 내에 이와 유사한 기능까지 포함하고 있으므로 이를 활용하는 것도 좋은 방법이다. 우선 그림 1을 프리젠테이션이나 그래픽스 소프트웨어에 복사한다. "붙이기(paste)"하는 것만으로 복사가 간단히 된다.

■ 그래프의 수정

필요한 그래프를 복사하였으면, 이번에는 수정을 가한다. 주된 수정점으로는 그래프의 곡선을 매끄러운 곡선으로 처리하거나 심벌의 변경, 그래프 중에 설명의 삽입, 필요한 문자를 상첨자·하첨자로 고치는 등의 작업이 수반된다.

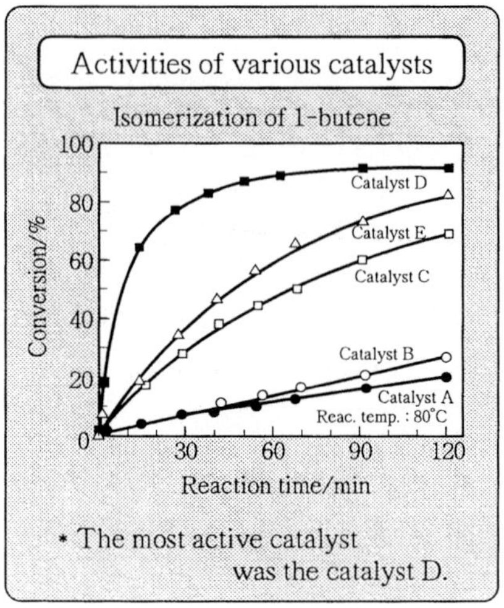

그림 3

가장 중요한 수정점은 배치이다. 보통 시선은 위에서 아래로 이동한다. 따라서 그림의 상부에 "무엇을 조사하였는가"를 쓰고, "실험결과"를 중앙부의 도표에 나타내며, 하부에 그 "도표가 의미하는 결론"을 나타내면 이해하기 쉬워진다.

d) 그림의 돋보임을 더욱 개선한다

주의를 끌고 싶은 문장은 큰 문자로 눈에 띄게 하면 좋을 것이다. bold나 italic 등의 글꼴을 사용하는 것도 효과적이다(너무 자주 쓰는 것은 오히려 좋지 않다). 또한 표제, 심벌 등을 사각, 타원 등의 도형으로 둘러싸는 것도 눈에 띄게 한다. 이렇게 해서 만들어진 그림 2를 그림 1과 비교해 보기 바란다. 역시 다를 것이다.

마감작업으로 포스터를 컬러화한다(그림 3). 배경색과 그림색을 다르게 함으로써 그림이 훨씬 더 눈에 띄게 된다(예 : 배경이 하늘색, 그림이 노란색 등). 그림의 선의 색을 바꾸면 판별하기 쉽다. 또한 상부의 표제어와 하부의 결론에 사용한 색이 다르면 사고흐름에 강약장단이 있게 된다(예 : 각각 청색 및 적색).

그림 3을 그림 2, 그림 1과 비교해 보기 바란다(배색까지 보일 수 없는 것이 유감이다). 어느 것이 가장 여러분의 주의를 끄는지 판단해 보기 바란다.

배치 · 배색은 그 사람의 감각에 크게 의존하므로 다른 사람의 포스터를 참고로 해서 감각을 연마하는 것이 중요하다(여러 차례 시행착오를 통해서).

(2) 시각교재의 디자인 : 포스터용인가 OHP용인가

OHP 시트는 수십 초에서 수 분 정도밖에 비추어지지 않는 데 반해, 포스터는 수시간의 장시간에 걸쳐 많은 사람의 시선을 받게 된다. 1매의 포스터, 1매의 OHP 시트를 보는 시간의 차이는 그것에 포함시키는 정보량의 차이로 나타난다. 이 점이 각각의 원안을 디자인할 때에 고려해야 할 사항이다. OHP 시트에서는 전후 시트와의 논리적인 흐름에 주의해서 요점을 간결하게 나타내는 것이 핵심이라고 할 수 있다. 반면 포스터에서는 1매당의 문자정보를 많게 할 수 있다. 도저히 읽기 어려우면 가까이 다가서면 되기 때문이다.

(3) 포스터의 디자인과 배치

포스터 발표에서는 포스터를 만든 솜씨가 특히 중요하다. 또한 참가자의 시선을 끌어 발을 멈추게 하지 않으면 발표를 시작할 수 없는데, 이는 청중이 기다리고 있는 단상에 올라가면 곧 발표를 시작하는 구두발표와는 본질적으로 다르다. 더욱이 1매의 포스터를 만든 솜씨 외에 복수의 포스터 배치도 중요하다.

포스터의 디자인과 배치 예를 두 가지 보인다. 많이 볼 수 있는 것은 예 1이고, 예 2는 최근에 본 것을 소개한 것이다. 여기서 참고로 예 1의 경우에는 각 용지의 크기가 전부 A4이다. 일반적으로 보급되어 있는 프린터가 이 크기이므로 가장 손쉽게 제작할 수 있어 흔히 사용되는 배치가 예 1인 것이다. shareware 중에서 Poster라는 것이 있다. 이를 사용하면 매우 큰 포스터나 배너도 쉽게 출력이 가능하다. 물론 A4 크기로 여러 장에 걸쳐서 출력된 것을 붙이면 된다. 따라서 출력 크기에도 더 이상 제약은 없을 것이다. 또한 최근에는 프린터 및 프린터 드라이버도 이와 유사한 분할출력의 기능을 내장하고 있으므로 손쉽게 구현할 수 있다.

이러한 상태에서 예 1과 예 2의 어느쪽이 좋은가는 여러분이 판단할 일이나, 예 2라고 한다면 왜 그런지 분석해 보기로 한다. 표제어에 키워드를 효과적으로 사용하고 문제점은 무엇인가(problems), 무엇을 연구하였는가(What was investigated), 어떤 시료를 사용하였는가(samples) 등을 알기 쉽게 나타내고 있어 상세히 읽고 싶은 기분이 들지 않는가? 이는 What, Why, How로 시작하는 의문문을 보면 반사적으로 답을 내려고 하는 입시공부의 후유증인지도 모르겠다. 알기 쉬운 포스터의 디자인과 배치는 예 2에 한정되지 않는다. 관심을 갖고 보다 많은 포스터를 접하여 자신에게 맞는 스타일을 익히기 바란다.

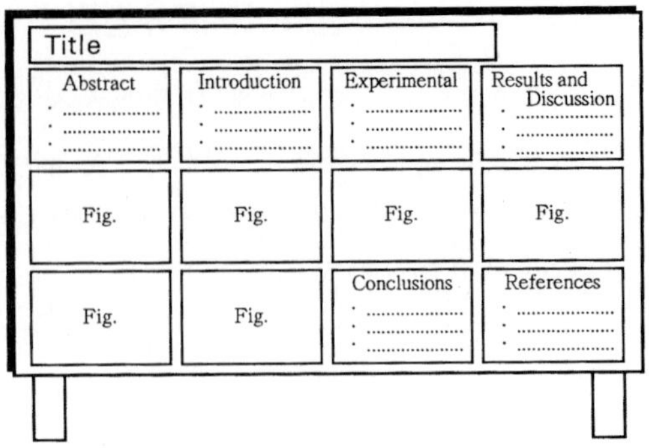

예 1

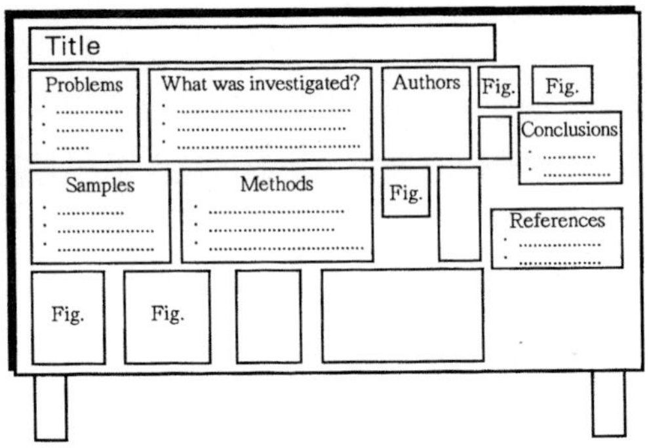

예 2

4.3 기 타

4.3.1 영어로 논문소개

최근 국제화시대에 맞춰 영어 의사소통에 익숙해지기 위하여 연구실에서 영어논문을 읽고 내용을 영어로 소개하는 경우가 늘고 있다. 이때 발표자는 문헌에 있는 유용한 표현 예를 직접 자신의 입을 통해 말함으로써 기억하는 기회로, 듣고 있는 청중은 그것을 기억하는 좋은 기회라고 여겨진다. 영어로 논문을 소개하는 데는 정해진 방법이 없으나, 대체로 다음 순서대로 행해진다.

■ 인사를 한다

• Good afternoon / evening, everyone.

■ 토픽과 듣는 쪽의 관련성에 관해서 언급한다

• I would like to share some information with you from an article on ….

■ 논문의 표제, 저자 등에 관해 언급한다

• I will summarize an article from Journal of …. The title of the article is : "……". It was coauthored by … and ….

■ 요지를 진술한다

(1) 요점의 수를 말한다.

• The authors make four major points in their article.

(2) 요점을 말한다.

• The authors' first point is ….
• The second point that the authors make is ….

(3) 의견, 아이디어의 근거가 되는 데이터를 제시한다.

• The authors provide their point by noting that ….
• To support their opinion, they point out that ….

■ 도표를 설명한다

• The abscissa represents B.

- The solid line is A, the dotted line is B, and the broken line is C.

■ 소개하는 논문에 대한 자신의 견해를 제시한다

(1) 그 논문이 여러 가지 지식을 제공해 주는 경우

- I think we can apply the authors' points in our experiment because ….
- We should consider adopting the authors' ideas because ….
- It may be difficult to apply these ideas to our work because ….

(2) 그 논문에 설득력이 있는 경우, 없는 경우

- I agree with the authors' main point because ….
- I can't agree with the authors when they say ….

■ 거의 끝나가고 있음을 알린다

- So, in conclusion, I think that Professor Brown's findings are very useful for us and we should try to apply them whenever possible.

4.3.2 연구실에서 외국인 방문자를 맞이함

(1) 실험장치 근처에서 자신의 연구를 소개한다

■ 인 사

- Good afternoon / evening, Professor Brown.
- I would like to introduce myself. My name is Kildong Hong,

and I am a second-year graduate student working for a Master's Degree under the guidance of Professor Kim.

■ 토픽과 그것의 중요성을 진술한다

- I am working on the total synthesis of ….
- Can I talk a little bit about my work?
(Yes. By all means. 또는 Yes. I am very much interested in that field. 등으로 말해 줄 것이므로 다음으로 진행한다)
- To begin with ….
- Secondly, ….
- Then / Next, ….
- Finally / Lastly, ….

■ 장래의 전망에 관해 진술한다

- In conclusion I hope I will be able to make useful contributions to this field.

■ 감 사

- Thank you very much.

(2) 실험장치 및 실험내용을 설명한다

■ 대화의 실마리

- We are looking for ways to ….
- The project's success was the result of …. / was due to …. / was brought about by ….
- This is the equipment that we use …. I will explain how it works.

■ 단계적으로 설명한다

- Several steps are involved in this procedure. The first step is to …. When this is done, the next step is to ….

■ 주의할 점을 말한다

- The one thing you have to remember is ….
- If you do not do this, … will happen.
- These are the steps necessary to ….

■ 방문자가 질문하게 한다

- Do you have any questions ?
- Is any part not clear to you ?

■ 결론을 진술한다

- If all of the steps mentioned above are followed, a perfect X-ray picture will be produced.

■ 감 사

- Thank you.

4.3.3 세미나에서 자신의 연구내용 설명

■ 인 사

- Good afternoon / evening, ladies and gentlemen.

- I appreciate the opportunity to talk to you today about the recent progress made in our laboratory in developing ….

■ 토픽과 그것의 중요성을 진술한다

- Let me begin by showing how we have become interested in control of the secondary structures of ….
- I would like to begin by describing ….
- As you (probably) know, ….
- As you remember, ….
- (I believe) you are familiar with the fact that, ….

■ 연구내용에 대해서 진술한다

- Here are the three routes to achieve this goal. one is ….
- There are three reasons. First … ; Second … ; Finally ….

주의 : Introduce new information in a step-by-step manner.

■ 도표를 설명한다

- The abscissa represents B.
- The solid line is A, the dotted line is B, and the broken line is C.

■ 장래의 전망에 관해 진술한다

- The next major target will be ….
- I'd like to finish by emphasizing that ….

■ 감 사

- Thank you very much for your kind attention, and I would be most happy to answer questions if you have any.

4.3.4 강연장에서의 문제

강연장에서 발표하는 경우에 생각지도 않은 일들이 발생하므로 충분히 준비해 둘 필요가 있다. 그러나 예상 외로 할 수 있는 것도 있으므로 다음과 같은 문장을 알고 있으면 도움이 된다.

- Please could someone show these slides for me?
- How do you work this project?
- Please would you focus that slide?
- Please would you move the image up(down) a bit.
- Please will you show the previous slide once more.
- Please will you show slides 3 and 4 together.
- Please omit slide 5 and slide 6.
- That is the wrong slide. Please show slide 7.
- This slide is upside down. Please show it the right way up.
- This slide is back to front. Please turn it round.
- This is not my slide. My slides are in a red box.
- Where is the pointer (light switch, chalk, microphone, projector)?
- Can you hear me alright at the back?
- How do you make this microphone louder?

참 고 문 헌

1. 吉田正男, 영어논문을 쓰다 — 영문지 투고자를 위해서, 일본원자력학회
   : 이 편저의 2장과 3장의 전반적인 내용은 이 책이 근간을 이룸

2. 일본물리학회 편집, 과학기술논문의 모든 것, 丸善
   : 1장의 이공계 논문의 체재와 관련된 내용은 이 책을 다수 참고함

3. 多田旭南 외 3인, 액티브 과학영어, 三共出版 (주)
   : 1장의 풍부한 예문 및 4장의 내용을 다수 인용함

4. Peter Donovan, Basic English for Science, Oxford University Press, 1979

찾아보기

영문편

ㄱ

ㄴ,ㄷ,ㄹ

ㅁ, ㅂ

ㅅ

ㅇ

ㅈ

ㅊ, ㅋ, ㅌ

ㅍ, ㅎ

저/자/약/력

명 현 국

서울대학교 기계공학과 학사
한국과학기술원(KAIST) 기계공학과 석사
동경대학 대학원 기계공학 전공, 공학박사
현재, 국민대학교 기계·자동차공학부 교수

홍 희 기

서울대학교 기계공학과 학사·석사
동경공업대학 대학원 기계공학 전공, 공학박사
현재, 경희대학교 기계산업시스템공학부 교수

제3판
이공계 연구자를 위한 영어논문작성법

초판발행 | 1997년 12월 1일
3판6쇄발행 | 2012년 8월 10일

지은이 | 명현국·홍희기
발행인 | 이성범
발행처 | 문운당
주 소 | 서울시 종로구 혜화로5길 16 (명륜1가 45-3)
출판등록 | 1962년 7월 4일 제 1-139
전 화 | (02)762-6010
팩 스 | 영업 (02)745-0265 / 편집 (02)762-8758
홈페이지 | http://munundang.co.kr
이메일 | munun2@chol.com

ISBN 89-7393-099-0 93500

정가 27,000원